Kurt A. Richter: Sich ändern – statt ärgern

Machen Sie sich fit im Umgang mit arroganten, nörglerischen, vorwurfsvollen, eifersüchtigen, rechthaberischen, neidischen und zynischen Zeitgenossen.

Erkennen Sie die inneren Ursachen negativer Gefühlszustände, die Ihr Selbstbewusstsein und Ihre besten Qualitäten unterdrücken.

Entdecken Sie anhand von 22 inspirierenden Gesprächen, ähnlich der Dialog-Methode von Sokrates, völlig neue Möglichkeiten mit verbalen Tiefschlägen und turbulenten Gefühlszuständen wie Ärger, Schuldgefühlen, Streit, Sorgen, Prüfungsängsten und Schlafstörungen umzugehen.

‚Update your brain' heißt: Aktualisieren Sie Ihr Denken und bringen Sie Ihre soziale Kreativität auf den neuesten Stand.

Kurt A. Richter ist Diplom-Psychologe und Psychotherapeut. Er absolvierte eine Ausbildung in kognitiver Therapie (USA) und leitete Weiterbildungsseminare in dieser Therapieform in Deutschland und der Schweiz. Außerdem verfügt er über eine langjährige Berufserfahrung im klinischen Bereich, als Seminarleiter und in eigener Praxis. Er entwickelte das ‚Update your brain'-Training und integrierte den sokratischen Dialog als Methode der Wissensvermittlung.

Kurt A. Richter

Sich ändern – statt ärgern

Vom Umgang mit turbulenten Gefühlen

Update your brain®

Wichtiger Hinweis:
Der Autor und der Verlag übernehmen keine Verantwortung und keine Haftung für die Folgen, die aus der Benutzung und Anwendung der in dem Buch enthaltenden Informationen und Strategien entstehen. Bei den Dialogen in diesem Buch handelt es sich nicht um Aufzeichnungen von Psychotherapie-Gesprächen.

1. Auflage 2008
Verlag Via Nova, Alte Landstr. 12, 36100 Petersberg
Telefon: (06 61) 6 29 73
Fax: (06 61) 96 79 560
E-Mail: info@verlag-vianova.de
Internet: www.verlag-vianova.de
Umschlaggestaltung: Andrea Barth, Kommunikationsdesign Guter Punkt, München
Satz: Sebastian Carl
Druck und Verarbeitung: Fuldaer Verlagsanstalt, 36037 Fulda

© Alle Rechte vorbehalten

ISBN 978-3-86616-124-5

Reagiere klug,
auch wenn man dich unklug behandelt.

Lao-Tse

In dir ist das Leben.
In dir ist das Licht.
Vielleicht bist du ja erleuchtet
und du weißt es nur nicht.

Kuari

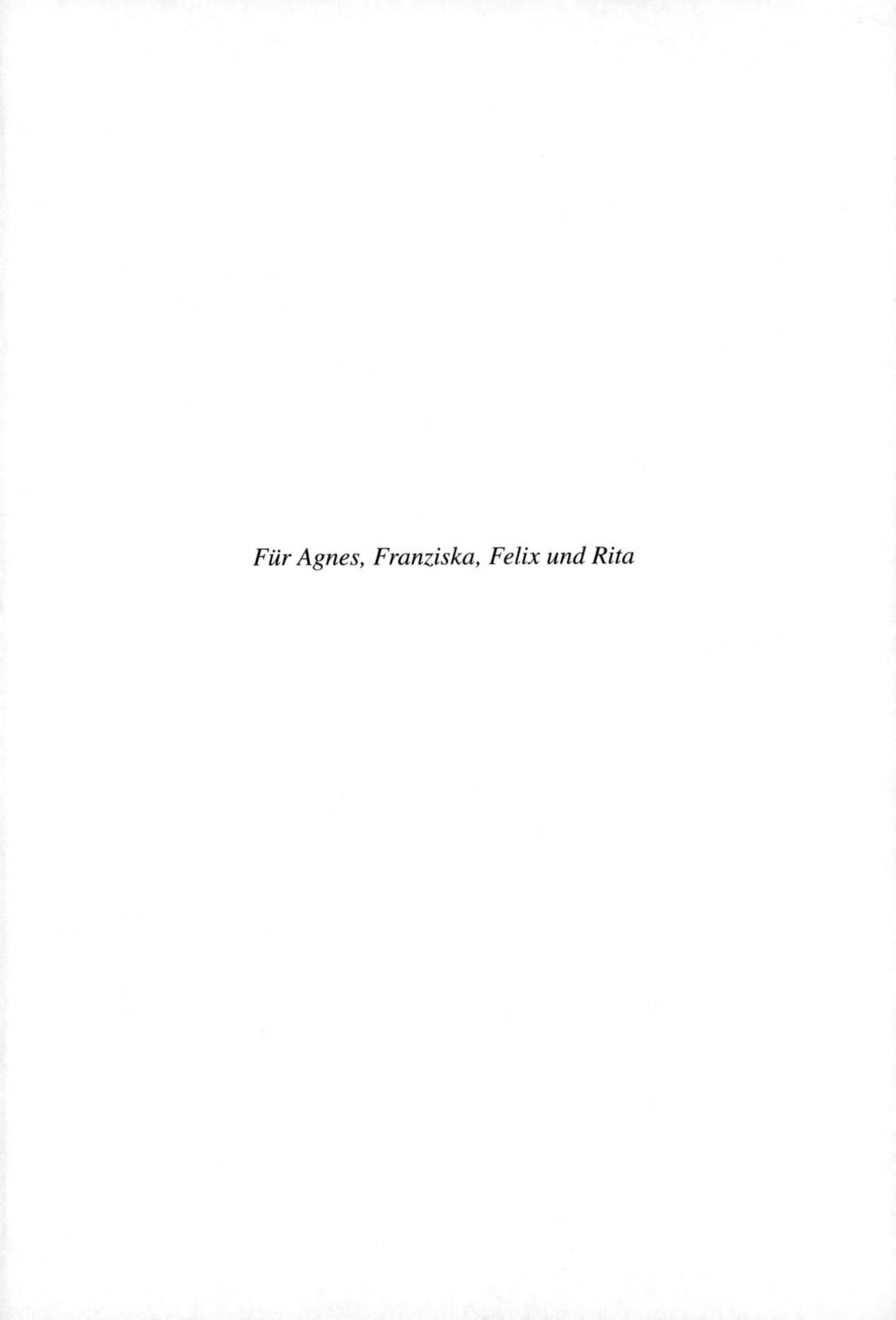

Für Agnes, Franziska, Felix und Rita

INHALT

VORWORT

Der menschliche Geist ist das Größte, das die Natur bisher hervorgebracht hat. Er ist das größte Wunder, denn nur durch diesen Geist ist es möglich, auch die anderen Wunder des Lebens zu erkennen und sich daran zu erfreuen. Das Gehirn, als Schaltzentrale aller menschlichen Funktionen und Gefühle, könnte man mit einem Mega-Computer vergleichen, der sich kontinuierlich weiterentwickelt und verbessert. In diesem Bio-Computer steckt die Entwicklungsarbeit von Millionen von Jahren mit der Kreativität, dem Know-how und der Weisheit einer Super-Intelligenz, die das menschliche Denken bei weitem übersteigt.

Wie jeder Computer durch Viren in seinen Funktionen beeinträchtigt und geschädigt werden kann, so ist auch der beste Bio-Computer durch geistige Viren gefährdet. Diese Viren lassen diesen Bio-Computer oft regelrecht verrückt spielen. Sie verdunkeln die schönsten Gefühle und Eigenschaften und unterdrücken die besten menschlichen Qualitäten. Sie richten verheerenden Schaden an für das Selbstbewusstsein, die Gesundheit und das Lebensglück eines jeden Einzelnen.

„Update" heißt „auf den neuesten Stand bringen". Nach dem Update eines Computerprogramms stehen dem Anwender plötzlich viele neue Funktionen zur Verfügung, um besser, leichter, schneller und oft auch mit mehr Freude seine Aufgaben zu bewältigen. Wenn die Computerviren beseitigt sind, laufen alle Programme wieder wie ursprünglich vorgesehen. „Update your brain" heißt: Update für deinen Geist ... dein Gemüt ... dein Wohlbefinden ... deine Leistungsfähigkeit ... deine Lebendigkeit ... dein Glückserleben ... deine Liebe ... deine Lebensfreude ... deine Kreativität ... deine Inspiration ... deine Leidenschaft ... deine Energie ... deinen Humor.

Anhand von 22 Dialogen, ähnlich der Dialog-Methode von Sokrates, erfährt der Leser in millimeterkleinen Überzeugungsschritten:

* Welche geistige Viren und veraltete mentalen Programme führen bei mir zu turbulenten störenden Gefühlszuständen und machen mich unglücklich?

* Wie erkenne ich bei mir, aber auch bei anderen, die 5 wichtigsten geistigen Viren und überholten Programme, die unglücklich machen?

- Wie kann ich mich mit der „Frag-dich-frei"-Methode von veralteten geistigen Programmen und Viren lösen bzw. davor schützen?

- Wie kann ich eskalierende Gesprächsverläufe frühzeitig stoppen und jeden Streit in einen spannenden Dialog verwandeln?

- Wie kann ich mich von Schlafstörungen, Prüfungsängsten, Grübeln, Schuldgefühlen und anderen turbulenten Gefühlszuständen befreien?

- Wie entwickle ich eine völlig neue Bewältigungskompetenz im Umgang mit verbalen Angriffen und verletzenden Worten?

- Wie bewahre ich einen klaren Kopf bei verbalen Tiefschlägen, falschen Unterstellungen und Bevormundungen?

- Wie mache ich mich fit im Umgang mit arroganten, nörglerischen, vorwurfsvollen, eifersüchtigen, rechthaberischen, neidischen und zynischen Zeitgenossen?

- Wie befreie ich mich von negativen turbulenten Gefühlen, die mein Selbstbewusstsein und meine besten menschlichen Qualitäten unterdrücken?

Das Buch zeigt, wie durch ein „Update für den Geist" mit der „Frag-dich-frei"-Methode sich oft völlig neue und ungewöhnliche Perspektiven für alte emotionale Probleme finden lassen.

EINLEITUNG

Mach' dich fit im Umgang mit arroganten, nörglerischen, vorwurfsvollen, eifersüchtigen, rechthaberischen, neidischen und zynischen Zeitgenossen.

Der beste Schutz gegen verbale Angriffe und verletzende Worte ist Wissen.

Eigne dir das Wissen an, das dich in die Lage versetzt, mit verbalen Angriffen unterschiedlichster Art geschickt, kreativ und flexibel umzugehen. Die Tage sind gezählt, da du noch Angst vor den verbalen Entgleisungen deiner Mitmenschen hattest. Weder offene Beleidigungen noch versteckte spitze Bemerkungen haben die Kraft, dich aus dem Gleichgewicht zu bringen. Weder dreiste Arroganz noch feinsinniger Zynismus oder gar verächtlicher Spott und Häme werden deinem Selbstbewusstsein schaden können oder dein Gemüt in tiefe Abgründe stürzen.

Entdecke deine Fähigkeit, mit verbalen Tiefschlägen klug und geschickt umzugehen. Ich sage deshalb „entdecken", weil du diese Fähigkeit bereits besitzt. Du machst vielleicht nur zu wenig Gebrauch von ihr, weil du nicht weißt, dass du sie hast. Deshalb ist weder ein langwieriges Training notwendig, noch brauchst du dafür ein besonders starkes Selbstbewusstsein.

Es ist ganz einfach. Ganz einfach, wenn man weiß, wie es geht. Ähnlich der Zahlenkombination eines Zahlenschlosses. Wer die Codezahl kennt, kann das Schloss ganz leicht öffnen. Wer die Codezahl nicht kennt, tut sich sehr schwer. Es scheint dann unmöglich zu sein, das Schloss zu öffnen. Durch Versuch und Irrtum, also durch häufiges Ausprobieren auf die richtige Zahl zu kommen, kann ewig dauern. Wissen spart Zeit. Wissen macht frei und unabhängig. Wissen befreit dein Selbstbewusstsein. Wissen gibt Kraft. Wissen lässt völlig neue Möglichkeiten zu.

Ob es sich um bissige Bemerkungen deiner Schwiegermutter handelt, falsche Unterstellungen vom Chef, ob ein Kunde deine Fachkompetenz anzweifelt, dein Partner eine Eifersuchtsszene macht oder dir jemand unlautere Motive unterstellt – verbale Angriffe jeder Form können in ihrer Struktur erkannt und auf ganz neue Art beantwortet werden – und zwar ohne dass sie *wehtun*. Ja, du hast richtig gelesen – ohne wehzutun.

Entwickle eine ganz neuartige Bewältigungskompetenz im Umgang mit verbalen Angriffen und verletzenden Worten wie

- spitze, gehässige, aggressive oder zynische Bemerkungen

- nörglerisches, arrogantes, neidisches, rechthaberisches, bevormundendes oder eifersüchtiges Verhalten

- unberechtigte, versteckte oder stumme Vorwürfe

- unsachliche und übertriebene Kritik

- nicht zutreffende Unterstellungen ….

Kennst du die Faktoren, die bei verbalen Angriffen dein Denken, dein Sprechen, deinen innersten Gefühlszustand und dein Verhalten steuern? Weißt du, woran es liegt, dass du bei verbalen Angriffen „wie auf Knopfdruck" reagierst, nicht mehr klar denken kannst, dich blockiert fühlst oder überreagierst?

Du brauchst kein dickes Fell. Du musst weder hart noch abgebrüht sein. Du musst nicht vor Selbstbewusstsein strotzen. Du musst auch kein Meister in Verbal-Karate sein. Bleibe Mensch. Bleibe sensibel. Nutze einfach nur deine vorhandene Kraft, deine Fähigkeiten und dein Wissen auf eine völlig neue Art. Nutze die Kraft der Wahrnehmung. Entdecke, wie und wo man den Hebel ansetzt, um die größte Wirkung mühelos zu erzielen.

Verblüffe dein Gegenüber durch eine völlig neue und ungewohnte Handhabe seiner verbalen Angriffe. Die Voraussetzung ist ein klarer Kopf, Geistesgegenwart und das richtige Wissen, worauf es wirklich ankommt.

Know-how statt Hau-drauf … heißt die Devise.

Setze die Kraft der Wahrnehmung ein.
Verstehe auch den Gegenwind zu nutzen.

Entdecke,

- wie du bei verbalen Attacken und bei destruktiver Kritik einen klaren Kopf behalten und emotional stabil und aktionsfähig bleiben kannst;

- wie du verbale Tiefschläge gut verkraften kannst – mit Sensibilität, innerer Stärke und hoher Selbstachtung;

- wie du dich nach verbalen Tiefschlägen schnell wieder erholen kannst, wenn dir die Abwehr mal nicht so gut gelungen ist;

- wie du auch mit den destruktiven Verhaltensweisen anderer konstruktiv umgehen kannst; z.B., wie du Nörgler stoppen kannst, ohne dich aufregen zu müssen;

- völlig neue und ungewohnte Reaktions-, Lösungs- und Erfahrungsmöglichkeiten;

- wie du eskalierende Gesprächsverläufe rechtzeitig erkennen, vermeiden oder stoppen kannst;

- wie du unkonventionell, kreativ und flexibel agieren kannst.

Die Update-your-brain-Methode ist sehr präzise. Sie beruht auf langjähriger Entwicklungsarbeit. Die Ergebnisse sind deutlich wahrnehmbar, spürbar, immer wieder aufs Neue überraschend, verblüffend einfach. Sie eröffnet ganz neue Möglichkeiten, mit einer ganzen Reihe von sonst recht schwierigen Verhaltensweisen deiner Mitmenschen stabiler, kreativer und somit auch effektiver umzugehen.

Ich wiederhole noch einmal: Der beste Schutz gegen verbale Angriffe und verletzende Worte ist Wissen.
Wissen macht frei. Wissen macht stark. Wissen spart Zeit. Wissen befreit von Angst und Unsicherheit. Wissen gibt Sicherheit. Wissen eröffnet neue Möglichkeiten.

DIALOG 1

Herzlich willkommen! Update your brain!

Das Thema, das wir heute besprechen, ist der Umgang mit verbalen Angriffen aller Art. Wie ich jedoch dieses Thema mit dir behandle, ist etwas ungewöhnlich.

Der Umgang mit verbalen Angriffen aller Art dient nur als ein Beispiel, als eine Möglichkeit, den Update-your-brain-Ansatz deutlich zu machen. Wenn du am Beispiel verbaler Angriffe neuartige und wertvolle Erkenntnisse und Hilfestellungen gewinnst, kannst du sie sehr leicht auch auf andere Gebiete deines Lebens übertragen.

Heißt das, ich könnte dann auch mit Schlafstörungen, Prüfungsängsten oder sexuellen Problemen besser umgehen?

Ja, sicher. Auch wenn diese Probleme, oberflächlich betrachtet, mit verbalen Angriffen nichts zu tun haben.

Das klingt interessant.

Alles, was du darüber lernen möchtest, kannst du schon, du weißt es nur noch nicht.

Ich kann es bereits? Ich weiß nur nicht, dass ich es kann?

Ja, so ist es. Du musst nur entdecken, dass du es kannst. Du wirst es kaum glauben, dass du es kannst, dass du es jetzt schon kannst.

Kaum zu glauben!

Ja, du wirst entdecken, dass du mit verbalen Angriffen aller Art super umgehen kannst, und zwar jetzt schon. Du musst nichts einüben. Du musst nichts antrainieren. Wir brauchen auch nichts im Rollenspiel zu üben. Du weißt, wie man's macht. Du weißt, wie es geht, und du kannst es bereits.

Ich hab da so meine Zweifel.

Das ist gut so. Nichts von dem, was ich sage, musst du glauben. Du kannst alles hinterfragen und prüfen, ob es für dich stimmt und hilfreich ist. Und nur, was du geprüft hast, was du für wahr und brauchbar hältst, das zählt.

Also darf ich auch sehr skeptisch sein?

Ja, das Beste ist es, wenn du sehr skeptisch bist und alles hinterfragst. Glaube nichts. Übernimm nichts ungeprüft. Sei wie ein Wissenschaftler, der genau prüft und nachforscht.

OK. Ich werde es versuchen.

Die didaktische Hauptstrategie dieses Kurses sind Fragen, Fragen und noch einmal Fragen. Mein Motto heißt: **Lernen durch Fragen.** Wir stellen uns Fragen über Fragen und entdecken die Antworten. Das ist ein äußerst spannender und aufregender Prozess. Ich bringe dir nichts bei. Ich frage nur und wir suchen nach Antworten. Nach neuen Antworten. Das ist alles. Manchmal sind die Fragen so einfach, dass du dich nicht ernst genommen fühlen könntest. Manchmal sind sie provozierend. Manche klingen wie Suggestiv-Fragen, doch suche immer nach einer ehrlichen Antwort. Widerstehe dem Drang, reflexartig zu antworten. Befreie dich vom Erwartungsdruck, so zu antworten, wie du denkst, dass ich es von dir erwarte, nur um einen guten Eindruck zu machen. Auch bei der simpelsten Frage suche nach einer wirklichen Antwort.

Ja, ich versuche es.

Meine Aufgabe ist es nicht, dich zu loben oder dich aufzubauen. Erwarte also nicht, dass ich dich lobe. Wenn du für dich herausfindest, was wirklich funktioniert und was dir super Ergebnisse bringt, dann brauchst du dafür kein Lob und keine Anerkennung. Die selbst entdeckte Superlösung, das ist der Hit! Das ist der Kick! Das ist so stark, dass du gar nicht mehr daran denkst, dafür noch von irgendjemandem gelobt werden zu müssen.

Aber woher merke ich denn, dass ich richtig liege, wenn nicht durch das Lob und die Anerkennung von jemandem, der es besser weiß?

Du erkennst unzweideutig für dich selbst, was richtig, günstig, effektiv oder sogar zauberhaft ist. Du brauchst dafür keine Anerkennung von außen. Oft wirst du sie erhalten und tausendfach spüren, doch du brauchst sie nicht. Du wartest nicht darauf. Du wirst nicht gesteuert durch Lob und Anerkennung von außen, sondern …?

Von innen? Ich erkenne es selbst an den positiven Folgen? Und an dem guten Gefühl in mir?

Ja, du merkst es selbst, sogar wenn andere dich kritisieren oder ablehnen. Wenn jemand dich lobt und dir Anerkennung gibt, so ist das gut für den Betreffenden. Denn echte Anerkennung zu geben, wirkliche Bewunderung zu zeigen und Wertschätzung auszudrücken tut einem selber gut, wenn sie echt ist und nicht einfach als Taktik eingesetzt wird, um etwas bei beifallsüchtigen Menschen zu erreichen.

Hui, so hab ich es noch nicht gesehen.

Wenn dich jemand ehrlich lobt und dir Anerkennung und Wertschätzung gibt, dann ist es super für ihn selbst.

Das würde ja auch heißen, wenn ich anderen aufrichtiges Lob, Anerkennung und Wertschätzung entgegenbringe ... das tut mir gut?

Ja. So ist es. Freue dich einfach darüber, wenn der andere das Effektive und Wertvolle sehen und von Herzen loben und Anerkennung geben kann. Und freue dich darüber, wenn du diese Fähigkeiten bei dir selbst wahrnimmst und zum Ausdruck bringen kannst: Loben, Anerkennen, Wertschätzen.

Da fehlt nur noch danke sagen!

Schmunzle ruhig – oder ist das ironisch gemeint?

Ja, etwas. Das klingt mir alles so missionarisch. Aber ich freue mich über deine begeisternde und mitreißende Art.

Danke. Wo waren wir stehen geblieben? Jetzt muss ich doch erst mal lachen. Also, ich werde dich nicht loben, das brauchst du nicht. Ich werde dich nicht aufbauen, das ist deine Angelegenheit. Wenn ich dir Anerkennung gebe, wenn ich dich wertschätze, dann ist das meine Sache, dann tut das mir einfach gut.

Das hab ich verstanden. Wenn ich für dich Wertschätzung empfinde, dann tut das mir selbst gut. Wenn du für mich Wertschätzung empfindest, dann tut dir das selbst gut. Richtig?

Ja. Lass uns einen Schritt weitergehen. Wir sprachen davon, dass es etwas Besseres gibt als das oberflächliche Lob von anderen, das eben auch oft manipulativ eingesetzt werden kann ...,

Und das ist?

Wenn du auf völlig neuartige Lösungen kommst, wo jedes Lob von andern überflüssig wird. Wenn du ein inneres Gespür entwickelst für die richtigen, effektiven, konstruktiven und manchmal genialen Lösungen.

Einen inneren Sinn für optimale Lösungen sozusagen?

... für immer bessere und hilfreichere Reaktionen. Deinen inneren Kompass, der dir untrüglich den richtigen Weg zeigt. Du kannst deinem inneren Gespür wieder vertrauen. Du kannst dir selbst wieder voll vertrauen, unabhängig vom Lob oder dem Tadel anderer.

Lob und Tadel anderer als Richtschnur für mich bzw. für „richtiges" Verhalten zu nehmen würde ja dann mehr und mehr ausscheiden, oder?

Du findest zurück zu deinem inneren Gespür, zu deinem ganz persönlichen Erfolgskurs, wo du immer klarer siehst, was für dich richtig ist und was die besten Ergebnisse für dich und andere bringt.

Jetzt dämmert mir, wie du das meinst. Wenn ich im Schuhladen Schuhe anprobiere und die Schuhe drücken mich, dann stelle ich selbst fest, dass das nicht die richtigen für mich sind. Ich sage nicht, dass die Schuhe schlecht sind, aber sie sind eben nicht die richtigen für mich. Basta. Der Verkäufer kann dann noch so viel lobhudeln, wie toll die Schuhe sind und wie großartig die Passform ist. Mir passen sie nicht. Ich hab da ein Gespür dafür – fertig. Da kann der Verkäufer mit noch so viel Honig kommen, das nützt ihm gar nichts.

Kann Lob und Tadel von anderen wirklich der letzte und alleinige Maßstab unseres Handelns sein?

Sicher nicht. Das sehe ich jetzt. Doch die meisten nehmen es als Maßstab. Als sei Lob und Tadel anderer das Kriterium für richtiges und falsches Handeln. Das ist ja bitter. Aber haben wir wirklich dieses innere Gespür? Den inneren Sinn? Den inneren Kompass, wie du sagst? Und wie kann ich ihn wiederfinden? Wie kann ich mir und meinem inneren Sinn vertrauen? Welche Kriterien habe ich dafür?

Stichwort Honig. Ich denke da gerade an eine Biene. Stell dir vor, da ist ein Zimmer, das voller künstlicher Blumen ist. Alles künstliche Blumen in den schönsten Farben: Seidenblumen, Plastikblumen, Papierblumen, gemalte Blumen, aus Wachs geformte Blumen. Unter all diesen künstlichen Blumen ist jedoch eine einzige echte Blume. Du öffnest das Fenster und eine Biene fliegt herein. Sie mag viele der künstlichen Blumen kurz streifen und checken, doch steuert sie zielsicher auf die echte Blume zu. Meinst du, die Biene ist scharf auf Papier?

Nein, sicher nicht.

Meinst du, sie ist scharf auf Plastik, Wachs oder Seide?

Nein, ganz bestimmt nicht. Sie ist auch nicht scharf auf Kunst.

Richtig. **Sie ist scharf auf den Nektar.** Und den findet sie nur in der echten Blume. Dafür hat sie ein Gespür! Das findet sie heraus. Unter Hunderten von künstlichen Blumen findet sie die echte Blume mit dem Nektar heraus. Sie braucht kein Lob, sie braucht keine Anerkennung. Der Nektar selbst ist für sie der Hit, der Kick, das, was sie wirklich sucht. Das, was sie wirklich braucht. Wenn du nun die Biene lobst für ihr erfolgreiches Nektarfinden, wenn du sie bewunderst, wie sie das hinkriegt, so gibt dir deine Wertschätzung und Bewunderung ein gutes Gefühl. Für die Biene ist dein Beifall nicht notwendig, sie hat ein inneres Gespür für den Nektar. Sie weiß, was für sie wichtig ist, und sie hat die notwendige Unterscheidungskraft.

Hui. Und du glaubst, dass jeder von uns so ein Gespür hat, dass jeder von uns zu dem findet, was er wirklich braucht? Wonach er sich wirklich sehnt?

Es kommt nicht darauf an, was ich glaube. Es kommt überhaupt nicht darauf an, was ich für wahr halte. Nur was du selbst für dich geprüft hast, kann dir Kraft und Klarheit geben. Finde dein inneres Gespür. Finde deinen inneren Kompass und er wird dich sicher leiten. Mit großer Präzision. Anfänglich wirst du oft von deinem Kurs abweichen, aber das macht nichts. Mit immer größerer Präzision findest du zurück auf deinen Kurs. Findest du deinen Weg. So wie auch die Biene zielsicher zu der echten Blume findet, die den Nektar enthält.

Hm, wie kann ich jetzt diese Erkenntnis in den Zusammenhang mit der Bewältigung von verbalen Angriffen bringen?

Willst du dich fit machen im Umgang mit arroganten, nörglerischen, vorwurfsvollen, eifersüchtigen, rechthaberischen, neidischen und zynischen Zeitgenossen?

Ja, gerne. Und nicht nur das. Wir wollen doch am Beispiel verbaler Angriffe tiefer in den Update-your-brain-Ansatz einsteigen und entdecken, wie es möglich ist, auch andere Probleme zu lösen bzw. wichtige Ziele zu erreichen, oder?

Ja, genau. Lass uns also beginnen, wie wir verbalen Tiefschlägen kreativ und flexibel begegnen können. Verbale Angriffe sind dann eine völlig neue Herausforderung an deinen Geist, deine Geschicklichkeit, deine Geistesgegenwart, deine Kreativität und innere Stabilität.

Hm, du sprichst ja auch von sozialer Kreativität und nanntest deine Seminare früher Stability-Training.

Ja, richtig. Innere Stabilität ist quasi die Voraussetzung für soziale Kreativität. Wenn du mit kritischen sozialen Situationen kreativ und flexibel umgehen willst, dann brauchst du eine gewisse geistige Klarheit und eine innere Ausgeglichenheit und Stabilität. Sonst kannst du nur automatisch, reflexhaft reagieren, wie auf Knopfdruck.

Ich verstehe, aber wie sieht das nun ganz praktisch aus?

Lass mich, bevor ich zur praktischen Übung komme, ein paar Merksätze zur Inspiration aufschreiben:

• Wer sich zum Lamm macht, den fressen die Wölfe.

• Nimm verbalen Missbrauch nicht länger hin.

• Wehre verbale Angriffe ab, bevor sie wehtun.

• Wehr dich nicht erst, wenn du am Boden liegst.

• Halte weder die eine noch die andere Backe hin.

• Biete dem anderen deine Hand oder die Stirn, aber nicht die Faust.

• Verbale Selbstverteidigung heißt: Weder rechtfertigen noch fertig machen, noch fertig machen lassen!

- Was und wer uns kränken kann, entscheiden wir selbst.

- Spitze Bemerkungen anderer können dir kein Selbstbewusstsein geben – es dir aber auch nicht nehmen.

- Du brauchst kein dickes Fell! Du musst weder hart noch abgebrüht sein. Bleib einfach Mensch und nutze deine seelische Kraft auf neue Art!

Klingt gut, wenn auch nicht gerade christlich.

Wieso? Wie meinst du das?

Nun, in der Bibel steht: Wenn dir jemand auf die eine Wange schlägt, halte ihm auch noch die andere hin.

Huch, was soll man da glauben?!

Ja, ja, ist ja schon gut. Ich weiß, was du sagen willst: „Glaube nichts. Prüfe für dich selbst, was funktioniert und was nicht. Übernimm nichts unkritisch. Bilde dir deine eigene Meinung."

Genau, du hast es erfasst. Du bringst es auf den Punkt. Schon Apostel Paulus sagte: „Prüfet alles und das Gute behaltet."

Und das wollen wir jetzt auf den Umgang mit verbalen Tiefschlägen, Vorwürfen oder Verbalmüll anwenden. Prüfen. Schauen, was wirklich funktioniert und hilfreich ist. Und das Gute behalten, wie Apostel Paulus sagt.

OK, lass uns gleich einige schriftliche Aufgaben machen, hier die erste Übung:

Übung Nr. 1

Überlege dir so viele Fragen wie möglich zum Thema Verbal-Attacken bzw. Umgang mit verbalen Angriffen. Je mehr Fragen du notierst, umso besser ist es. Nach dem Motto: „Was ich schon immer über verbale Angriffe wissen wollte …".

Einige Beispiele:
Wie gehe ich geschickt damit um, wenn … mich mein Partner anschreit?
Wieso hab ich bloß solche Angst vor arroganten Typen?
Wieso hänseln manche Menschen andere?
Wieso fühle ich mich so klein, wenn jemand großkotzig auftritt?
u. dgl.

Übung Nr. 2

Liste kritischer Verhaltensweisen

Welche dieser folgenden Verhaltensweisen machen dir am meisten zu schaffen? Kreuze bitte die 3 Verhaltensweisen an, mit denen du neue Erfahrungen machen möchtest und die du gerne effektiv bewältigen würdest.

1   unsachliche / übertriebene Kritik
2   herabsetzende Kritik
3   unberechtigte Vorwürfe
4   versteckte / stumme Vorwürfe
5   falsche Unterstellungen
6   spitze / gehässige / abfällige Bemerkungen
7   nörglerisches Verhalten
8   gereizte / aggressive Bemerkungen
9   arrogantes / überhebliches Verhalten
10   eifersüchtiges Verhalten
11   neidisches Verhalten
12   rechthaberisches Verhalten
13   zynische Bemerkungen
14   bevormundendes Verhalten
15   mitleidige Bemerkungen

Übung Nr. 3

Gewinn hoher Bewältigungskompetenz

Welchen Gewinn hat eine hohe Bewältigungskompetenz? Welche Vorteile hat es für mich und meine Mitmenschen, wenn ich diese kritischen Verhaltensweisen gut verstehen und wirklich effektiv bewältigen könnte?

Übung Nr. 4

Stell dir jetzt einmal vor, du könntest diese hohe Bewältigungskompetenz kaufen. Du gehst in ein Geschäft und kaufst dir diese Bewältigungskompetenz, diese Fähigkeit. Du kommst aus dem Laden raus und plötzlich kannst du mit allen diesen kritischen Verhaltensweisen super umgehen. Egal, wer dich damit konfrontiert. Verbale Tiefschläge, Vorwürfe, arrogantes Verhalten, zynische Bemerkungen, falsche Unterstellungen – kein Problem für dich! Du kannst wirklich effektiv, kreativ und flexibel diese Verbalattacken handhaben. Du kannst beherzt und unerschrocken mit den „giftigen" Verhaltensweisen deiner Mitmenschen umgehen. Du kannst dabei Mensch bleiben und eine gesunde Sensibilität behalten. Stell dir vor, du kannst den Verbalmüll anderer recyceln, Wertstoffverarbeitung auf höchstem Niveau – und das Ganze bei klarem Kopf, innerer Stabilität, Geistesgegenwart, hoher Geschicklichkeit und tiefer Selbstachtung. Was wäre dir das wert? In EURO ausgedrückt, was würdest du für diese Fähigkeit zahlen? Gib einen Euro-Betrag an:

Übung Nr. 5

Schreibe bitte 5 verbale Angriffe auf, die dich belastet haben oder belasten könnten oder mit denen du effektiv umgehen können möchtest. Wichtig: den verbalen Angriff bitte **wortwörtlich** und in direkter Rede formulieren (evtl. Situation, Person, Art und Weise, Unterton ergänzen).

DIALOG 2

Zunächst möchte ich mit dir darüber sprechen, warum es so wichtig ist, mit verbalen Angriffen geschickt umzugehen. Wenn du wirklich ein Crack werden willst im Umgang mit verbalen Tiefschlägen, dann musst du zuerst ganz genau die Vorteile kennen, die es für dich und deine Mitmenschen hat, wenn du supereffektiv mit den Verbalattacken anderer umgehen kannst. Du musst dir der Wichtigkeit und der Bedeutung deiner Aufgabe bewusst sein. Denn nur bei sehr hoher Motivation und großem Verständnis, was im anderen vorgeht, wird es dir gelingen, unerschrocken der verbalen Gewalt anderer zu begegnen und eskalierende Gesprächsverläufe zu stoppen.

Möchtest du lernen, supereffektiv mit dem Verbalmüll anderer umzugehen? Möchtest du wirklich ein Crack sein im Umgang mit verbalen Tiefschlägen aller Art, egal, von wem sie kommen?

Ja, das wäre super, wenn ich das könnte. Ja, ich wäre gern ein Crack, wie du sagst, im Umgang mit verbalen Angriffen unterschiedlichster Art.

Okay, eine Voraussetzung dafür ist eine hohe Motivation, eine wirklich starke Absicht, völlig neu und unerwartet und geschickt reagieren zu wollen. Eine weitere Voraussetzung ist das Wissen, was im anderen vorgeht, wenn er dich verbal angreift. Wie fühlt sich der andere? Was möchte und beabsichtigt er? Du brauchst also ein gewisses Know-how. „Know-how statt hau drauf" heißt die Devise. Was du dann noch brauchst, ist eine wirklich hohe Achtung vor dir selbst und dem anderen, dem Andersdenkenden.

Dass ich Selbstachtung brauche, verstehe ich … aber hohe Achtung auch vor dem, der mich angreift, der mir wehtun will? Das würde meine Kraft nur lähmen, mich zu wehren und auch ihm mal eins reinzuwürgen.

Ja, das kann ich verstehen, dass du so denkst. Aber lass uns eins nach dem anderen ansehen. Lass uns zusammen das Wissen erarbeiten, das notwendig ist, um effektiv mit verbalen Angriffen unterschiedlichster Art umzugehen.

OK.

Der körperlichen Gewalt geht meist verbale Gewalt voraus. Wollen wir also in unserer Gesellschaft die Gewalt vermindern, so müssen wir auch lernen, geschickt mit der verbalen Gewalt umzugehen. Wenn du wirklich ein Crack im Umgang mit Verbalattacken werden willst, dann studiere täglich die verschiedenen Gesichter verbaler Gewalt. Sammle in den nächsten 30 Tagen möglichst viele Beispiele für verbale Angriffe aller Art und schreibe sie auf. Am besten wortwörtlich und darunter den Tonfall. Du kannst auch Beispiele aus dem Fernsehen nehmen. Mach dich einfach vertraut mit den unterschiedlichsten Arten. Und dann stell dir vor, welche Vorteile es für dich hätte, wenn du wirklich supereffektiv mit diesen Verhaltensweisen umgehen könntest. Notiere so viele Vorteile, wie du kannst. Denn so steigerst du deine Motivation, die eine Voraussetzung dafür ist, eine gute Bewältigungskompetenz zu entwickeln. Du kannst dir auch überlegen, was für Vorteile es hätte, wenn ein anderer, der verbal angegriffen wird, geschickt und deeskalierend dem Angreifer begegnen würde.

Also, ich sammle Beispiele unterschiedlicher Verbalattacken und überlege und notiere die Vorteile effektiver Bewältigung.

Richtig. Welche Vorteile hätte diese effektive Bewältigung für dich und den Angreifer und diejenigen, die gerade bei diesen Interaktionen zusehen. Natürlich kannst du auch regelmäßig Überlegungen darüber anstellen, welche Nachteile für dich und andere entstehen oder auch für die Gesellschaft insgesamt, wenn wir sehr ungeschickt mit der verbalen Gewalt umgehen. Überleg dir die Kosten eines ineffektiven Umgangs mit verbaler Gewalt.

Also fasse ich zusammen:
1. *Ich beobachte ganz genau, wie Menschen miteinander umgehen und welche Formen von verbaler Gewalt sie anwenden.*
2. *Ich notiere 30 Tage lang die Nachteile bzw. die Kosten eines ineffektiven und mangelhaften Umgangs mit verbalen Angriffen.*
3. *Ich sammle und notiere 30 Tage lang die Vorteile, die eine geschickte Bewältigung von verbalen Angriffen für mich, mein Gegenüber und die Zuschauer der Interaktionen haben.*

Richtig. Benutze alles, was du kriegen kannst. Nimm die Beispiele aus deinem täglichen Leben, von dir selbst, von anderen, aus dem Fernsehen und aus der Presse. Alles kann dir zur Erkenntnis und zur Bereicherung deines Wissens dienen. Ein Beispiel: So stand in der Zeitung, dass ein Ex-Richter seine Ehefrau umgebracht habe. „In der Tatnacht eröffnete Christine R. ihrem Mann, dass sie sich endgültig zur Trennung entschlossen habe. Ihr neuer Partner sei ihm in allen Belangen haushoch überlegen, er, der Angeklagte, sei dagegen ein Nichts, soll die Frau geäußert haben." Durch diese Bemerkung, die das Gericht als schwere Beleidigung wertete, sei der Angeklagte in größte Wut geraten und habe seine Ehefrau umgebracht.

Huch, das ist ja heftig. Aber wie du vorhin erwähnt hast, ging auch hier der körperlichen Gewalt (sogar Totschlag) verbale Gewalt voraus. Hätte dieser Ex-Richter das Wissen und Know-how gehabt, wie man mit verbalen Tiefschlägen geschickt umgeht, würde die Ehefrau noch leben und er selbst wäre nicht im Gefängnis gelandet.

Bei deinen Studien im Umgang mit verbaler Gewalt wird dir immer klarer werden, welche Nachteile und welche immensen Kosten ein ungeschickter Umgang mit verbaler Gewalt hat, und zwar für alle Beteiligten und natürlich auch für unsere Gesellschaft insgesamt.

Ja, bestimmt. Doch kann ich mir überhaupt nicht vorstellen, wie ein supereffektiver Umgang mit diesen schädlichen Verhaltensweisen aussehen könnte.

Zunächst genügt es, wenn du dir über die großen Nachteile und Kosten klar wirst, die ein ungünstiges Reagieren auf verbale Angriffe hat. Dann suche aktiv den Gewinn, den Nutzen und die Vorteile einer hohen Bewältigungskompetenz im Umgang mit Verbalmüll-Attacken. Stell dir vor, du wärst jetzt schon der Crack und hättest das Wissen, das Know-how, wie man sehr geschickt und konstruktiv mit diesem Fehlverhalten anderer umgehen kann. Stell dir vor, wie du mit einem Höchstmaß an Selbstachtung und Achtung vor dem Andersdenkenden geschickt den Verbalattacken begegnest. Stell dir immer wieder die Vorteile davon vor. Sei beharrlich. Dadurch trainierst du deinen Geist auf völlig neue Weise und erhöhst deine Motivation.

Super. Und mit einer hohen Motivation kapier ich schneller … lerne ich schneller, wie man's macht.

Du hast es erfasst. Mit hoher Motivation lernst du rasend schnell. Und nicht nur das. Plötzlich siehst du überall Beispiele. Du siehst Negativ-Beispiele mit deren schädlichen Folgen. Du erkennst sehr schnell die Nachteile und die Kosten für alle Betreffenden. Zwischendurch siehst du aber auch mehr oder weniger positive Beispiele erfolgreicher konstruktiver Bewältigung dieser Fehlverhaltensweisen. Und du entdeckst die positiven Folgen. Alles trägt zu deinem Erkenntnisgewinn bei und erhöht deine Motivation. Aus allem kannst du lernen und Erfahrungen sammeln.

Hm. Ist ja irre.

Jemand macht dir gegenüber spitze, zynische oder abfällige Bemerkungen. Du hörst mit hoher Motivation zu. Du bist begierig, etwas aus dieser Begegnung zu lernen. Du schaust genau hin. Das ist **die** Lernsituation. Hier eignest du dir das Wissen und Know-how an. Dein Gegenüber liefert dir gerade ein lebendiges Beispiel einer verbalen Attacke. Er macht es so realitätsgetreu, wie er nur kann. Er gibt sich alle Mühe. Schau genau hin. Achte auf jedes Wort. Beachte auch seine Mimik. Höre auf den Ton seiner Stimme. Achte auf den Unterton, die Zwischentöne. Sei ganz präsent. Er liefert dir gerade ein lebendiges Beispiel mit all seinen Fassetten. Ich könnte es dir im Rollenspiel nicht so gut vorspielen, jedenfalls nicht so 100%ig realitätsgerecht.

Hui. Du machst es ja richtig spannend!

Nun, du willst dir doch das Wissen aneignen, das die Voraussetzung für einen effektiven Umgang ist, oder?

Ja, natürlich.

Du willst doch genau wissen, was in deinem Gegenüber im Moment vorgeht? Wie er sich wohl gerade fühlt und was er mit seiner Bemerkung bei dir erreichen will?

Ja, natürlich. Zu wissen, was in ihm vorgeht, während er diese zynischen Bemerkungen macht … zu wissen, wie er sich gerade fühlt und was er will, ist wichtig für eine positive Bewältigung.

Um das herauszufinden, brauchst du kein Psychologiestudium. Es genügt, wenn du deinem Gegenüber unerschrocken begegnest … wenn du völlig präsent bist … bewusst … wachsam … voll da … wenn du aufmerksam zuhörst und genau hinschaust.

Ja, aber da hapert es doch schon. Wie kann ich in solch einer Situation … unter derartigem verbalen Beschuss unerschrocken bleiben?

Keine Sorge! Du wirst es Schritt für Schritt entdecken. Hast du eine hohe Motivation? Bist du scharf drauf, es zu erfahren?

Ja klar!

Dann liefert dir gerade der Zyniker die beste Erfahrungsmöglichkeit. Er zeigt dir gerade, was in ihm vorgeht, wie er denkt, wie er sich fühlt und was er möchte. Bis jetzt hast du nur noch nicht darauf geachtet.

Ja, scheinbar. Ich war viel zu viel mit mir selbst beschäftigt, statt genau hinzusehen und hinzuhören, was mit dem anderen gerade los ist.

Und mit hoher Motivation, es wirklich wissen zu wollen … wie fühlst du dich bei dieser hohen Motivation, es wissen zu wollen … es herausfinden zu wollen … etwas vom andern erfahren zu wollen … wie fühlst du dich dann, wenn du heiß darauf bist, vom Zyniker etwas sehr Wichtiges lernen zu wollen?

Huch. Ich bin voller Interesse. Ich bin total neugierig. Ich bin gespannt, was ich da herausfinden werde … was ich von ihm lernen kann. Das hilft mir bestimmt auch in vielen anderen Situationen.

Bestimmt. Diese eine Situation schon liefert dir eine Fülle von Informationen über diese Person … wie sie denkt, wie sie sich fühlt … wie sie drauf ist … wie sie mit ihren Mitmenschen umgeht … was sie möchte. Du erkennst, wo sie steht. Schau genau hin. Hör genau hin. Achte auf seine Wortwahl, seinen Blick, den Unterton. Freunde dich sozusagen an mit dieser Melodie. Mach dich mit diesem Sound vertraut.

Wenn ich mich wirklich damit vertraut mache, erschrecke ich vielleicht später nicht mehr so davor und kann sicherer und entschlossener mit ihm umgehen. Also besteht meine erste Aufgabe darin, genau hinzusehen und genau hinzuhören?

Ja, und einfach nur zu sehen, was in ihm vor sich geht, wenn er in diesem Ton mit dir spricht … wie es ihm dabei geht, wie er sich wohl gerade fühlt, wenn er in diesem Ton mit dir spricht. Was er wohl bei dir Positives damit erreichen möchte. Einfach da sein, das genügt: Aufmerksam … wachsam … interessiert … neugierig … wirklich von ihm lernen wollen … einfach hoch motiviert.

Ich lerne an ihm oder von ihm für spätere Situationen, meinst du das?

Ja. Diese zynische, spitze oder abfällige Bemerkung verrät dir etwas … etwas sehr Wichtiges … was du dir ganz bestimmt nicht entgehen lassen möchtest. Nur mit hoher Motivation und diesem begierigen Lernenwollen sammelst du die Informationen und eignest dir das Wissen an, das du brauchst, um wirklich neuartig und kreativ oder auch supereffektiv mit verbalen Tiefschlägen jeder Art umzugehen.

Egal, von wem sie kommen? Ist das richtig?

Richtig. So ist es.

DIALOG 3

Lass uns zunächst kurz einer Frage erörtern und daran anschließend eine kleine Übung machen.

OK.

Können Worte verletzen?

Bestimmt. Oft sogar mehr als Schläge.

Hm, hm. Können auch Gesten verletzen?

Ja natürlich. Es ist vor allem die Geste, der Gesichtsausdruck, der die verletzenden Worte begleitet, was weh tut.

Können auch Gedanken verletzen?

Hm. Wie meinst du das? Meinst du die Gedanken des anderen, dass die mich verletzen können, wenn er sie gar nicht ausspricht? Oder meinst du meine eigenen Gedanken? Dass mich meine eigenen Gedanken verletzen können?

Glaubst du, dass die Gedanken eines anderen Menschen dich verletzen können?

Nein, so weit würde ich jetzt nicht gehen.

OK. Was ist es denn genau, was dann ein Wort zu einem „verletzenden Wort" macht?

Hm, das ist schwierig zu sagen. Es sind nicht nur die Worte, es ist auch die Geste, der Tonfall und der Unterton in der Stimme ... alles zusammen. Und vor allem die Absicht, die dahinter steckt.

Was für eine Absicht?

Die Absicht, dass der andere mir wehtun will.

Hab ich dich richtig verstanden? Damit Worte zu ‚verletzenden Worten' werden, gehört zu ihnen auch die Körpersprache, wie Gestik und Tonfall, aber auch eine Absicht, wehtun zu wollen?

Ja, so sehe ich das.

Nun, das klingt plausibel. Aber sagt dir der andere denn, dass er dich verletzen möchte? Sagt er dir, dass er diese ‚verletzende Absicht' hat?

Nein, natürlich nicht. Aber seine Worte und sein ganzes Verhalten bringen dies zum Ausdruck.

Die Absicht, wehtun zu wollen, spielt also eine wichtige Rolle, ob dich dann diese Worte verletzen?

Ja, bestimmt.

Also ist es letztlich die Absicht des anderen, die dir weh tut?

Ja, so kann man es sagen. Letztlich ist es seine Absicht, die er in Worten und mit seiner ganzen Mimik und Köpersprache zum Ausdruck bringt.

Also ist es letztlich die Absicht des anderen, die dir weh tut?

Ja, so ist es.

Kannst du denn absolut sicher sein, dass hinter den Worten und den unschönen Verhaltensweisen des anderen die Absicht steckt, dass er dich verletzen will?

Nein, absolut sicher kann ich mir da nicht sein.

Dieselben Worte und Verhaltensweisen ohne die Absicht, dich zu verletzen, würden dir also nicht wehtun, stimmt das?

Hm. Jetzt bringst du mich ins Grübeln. Aber ich sage mal nein.

Also ist das unterscheidende Kriterium, ob Worte verletzen können oder nicht, die verletzen wollende Absicht des anderen?

Ja, letztendlich doch.

Und da der Absicht des anderen ein geistiger Prozess zugrunde liegt, ist es dieser geistige Prozess, also seine Gedanken, die dich verletzen?

Ja, so sehe ich das, aber nur, wenn er seine Gedanken und seine Absicht mir gegenüber zum Ausdruck bringt.

Wenn er nur die verletzen wollende Absicht hat, das würde dir nicht wehtun?

Nein, bestimmt nicht, weil ich ja gar nicht weiß, dass er sie hat.

Also, das Wissen um seine verletzen wollende Absicht ..., dieses Wissen darum, tut dir eigentlich weh?

Ja.

Aber kannst du absolut sicher sein, dass hinter den Worten, hinter den Gesten, dem Tonfall und dem ganzen Verhalten des anderen die Absicht steckt, dir wehtun zu wollen? Kannst du da wirklich absolut sicher sein?

Nein, das kann ich nicht, wenn du so darauf beharrst und mich auf diese absolute Sicherheit festnagelst.

Was also tut dir dann weh, die Worte und Gesten des anderen oder deine Annahme: „Er will mir weh tun"?

Letztlich meine Vermutung, dass er mir mit seinen Worten und seinem Verhalten weh tun will.

Hm, hm. Also können doch auch Gedanken wehtun, oder?

Ha, ha. Ja, du hast recht. Meine eigenen Gedanken! Je nachdem, was für eine Absicht ich dem anderen unterstelle, dementsprechend fühle ich mich verletzt oder frei.

Wer entscheidet das, welche Absicht du dem anderen unterstellst?

Ich selbst bin es.

Wer also entscheidet darüber, ob du dich verletzt oder frei fühlst?

Huch. Auch ich selbst. Das ist ja irre! So hab ich es bis jetzt noch nicht gesehen. Aber halt! Was ist, wenn der andere wirklich eine verletzende Absicht hat und diese durch sein Reden und Handeln zum Ausdruck bringt?

Ja, lass uns das mal annehmen, dass das so ist, und lass uns weiter annehmen, du würdest ihm keine „verletzen wollende" Absicht unterstellen. Wie würdest du dich fühlen, verletzt oder frei?

Wahrscheinlich frei. Doch kann ich mir nicht vorstellen, wie das gehen soll. Jemand macht zum Beispiel gehässige und abfällige Bemerkungen, da muss ich doch annehmen, dass er mich verletzen will, oder?

Musst du das wirklich?

Ich denke schon.

Natürlich kannst du ihm diese Absicht unterstellen. Aber schau ihn dir mal genau an, höre auf den Ton seiner Stimme, schau dir seine Mimik und Gestik genau an ... wie wird er sich wohl in diesem Moment fühlen, während er dir gegenüber diese gehässige und abfällige Bemerkung macht ... frei und glücklich oder unfrei und eher unglücklich.

Er wird sich in diesem Moment unfrei fühlen. Ja, er wird sich doch eher etwas unglücklich fühlen bei diesen Äußerungen.

Nehmen wir mal an, du würdest ihm nicht eine verletzen wollende Absicht unterstellen, sondern du würdest ihn als einen Menschen sehen, der dir gerade zeigen will, wie unfrei, unsicher und unglücklich er sich gerade fühlt. Wie würdest du dich bei diesem Gedankengang, bei dieser Betrachtungsweise fühlen, verletzt oder frei?

Frei natürlich.

Wer bestimmt, wie du über den anderen denkst, wie du den anderen siehst?

Ich selbst bestimme das.

Ist es dann nicht deine innere Reaktion, also deine Denkweise, deine Sichtweise, die zu deinem verletzten oder freien Gefühl beiträgt?

Ja, du hast recht. Aber woher weiß ich, dass der andere mir zeigen will, wie unfrei, unsicher und unglücklich er ist und dass er mich eben nicht verletzen will?

Kann jemand frei, selbstsicher und glücklich sein und gleichzeitig dich verletzen wollen? Wenn jemand dir gegenüber gehässige und abfällige Bemerkungen macht und wirklich die Absicht haben sollte, dich zu verletzen … fühlt sich diese Person gerade innerlich frei, selbstsicher und glücklich?

Wohl kaum.

Wie würdest du dich gerne fühlen **wollen**, wenn jemand dir gegenüber gehässige und abfällige Bemerkungen macht, verletzt oder frei?

Frei. Das wäre super, wenn ich mich dann innerlich frei fühlen könnte.

Welche Vorteile hätte es für dich, wenn du in solch einer Situation, wo dir gegenüber jemand gehässige und abfällige Bemerkungen macht, dich frei fühlen würdest?

Oh, das hätte viele Vorteile. Ich könnte wesentlich besser mit dieser Person umgehen. Ich hätte keine Angst mehr davor, wenn jemand gehässige und abfällige Bemerkungen macht. Ich wäre ein gutes Modell für andere, wie man mit solchen Situationen geschickt umgeht. Andere könnten sehen und erleben, dass man nicht das hilflose Opfer sein muss.

Ja. Fallen dir noch weitere Vorteile ein?

Ja, ich wäre für andere ein lebendiges Beispiel, wie man friedlich mit abfälligen Bemerkungen umgeht und dadurch unnötigen Streit, Stress und Eskalation vermeiden kann.

Noch weitere Vorteile?

Hm. Sicherlich fällt dann auch viel von der schlechten Laune weg, die ich nach solchen Attacken regelmäßig hatte. Ich würde dann sicherlich nicht mehr so lange über dieses Ereignis grübeln und mir vielleicht schlaflose Nächte machen.

OK. Noch mehr Vorteile für dich und vielleicht auch für den anderen?

Meinst du diejenigen, die zufällig bei unserer Interaktion zuschauen, oder die Vorteile, die es auch für mein Gegenüber hat, der diese abfälligen Bemerkungen macht.

Was immer dir einfällt. Halte Ausschau nach möglichst vielen Vorteilen für alle Beteiligten. Welchen Gewinn hat es für dich, wenn du dich in dieser Situation wirklich innerlich frei und selbstsicher fühlst? Welchen Gewinn hat dein Gegenüber davon, wenn du mit seinen gehässigen und abfälligen Bemerkungen frei, selbstsicher und gelassen umgehen kannst? Und welchen Gewinn könnten die Personen, die zufällig diese Interaktion beobachten, mitnehmen? Was könnten die von dir lernen? Am besten, du schreibst dir all diese Vorteile auf. Sei erfinderisch! Lass deine Fantasie schweifen und sammle alle Vorteile, die du dir vorstellen kannst. Such ganz aktiv nach dem Gewinn für alle Beteiligten.

Hui. Ich hätte nie gedacht, welch großartiger geistiger Reichtum in so einer Situation zu finden ist. Ha ha ha.

Ja, lach du nur. Das ist wirklich großartig! Welche Vorteile hat es für dich, wenn du in solch einer Situation ganz aktiv Ausschau hältst nach den Vorteilen deiner Reaktion? Wenn du dir den Gewinn vor Augen hältst?

Ich hab's verstanden. Das erhöht drastisch meine Motivation. Solche verbalen Ereignisse werden dann zu einer spannenden Lern- und Erfahrungssituation. Wenn ich mich tatsächlich innerlich frei, gelassen und sicher fühlen kann, wenn jemand gehässige und abfällige Bemerkungen über mich macht, dann gelingt es mir immer besser, mit verbalen Tiefschlägen aller Art geschickt umzugehen.

OK. Bist du bereit für eine kurze Rezitationsübung im Umgang mit den 15 Kostbarkeiten?

Rezitationsübung mit 15 Kostbarkeiten? Das versteh ich nicht. Was sind die 15 Kostbarkeiten? Das klingt nach chinesischer Küche.

Nein, damit hat es nichts zu tun. Du hattest die „Liste kritischer Verhaltesweisen" ausgefüllt. Auf dieser Liste findest du 15 Kategorien von Verhaltensweisen, die vielen Menschen Schwierigkeiten machen und die oft als verletzend empfunden werden.

Ja, ich erinnere mich. Aber warum nennst du sie hier die 15 Kostbarkeiten?

Nun, wenn du mit diesen 15 Verhaltensweisen supereffektiv umgehen könntest? Wäre dies nicht ein großer Gewinn?

Bestimmt.

Wäre dies nicht ein sehr großer Gewinn für dich, deinen Mitmenschen, der dir noch mit diesem Verhalten begegnet und auch für alle Beteiligten, die sehen, wie du friedlich und sehr geschickt mit diesen Situationen umgehst? Diese Fähigkeit, innerlich frei, friedlich und geschickt zu reagieren ... ist das nicht etwas sehr Wertvolles? ... etwas Unbezahlbares? ... etwas sehr Kostbares?

Sicher doch.

Deshalb nenne ich heute diese 15 kritischen Verhaltensweisen die 15 Kostbarkeiten, weil wir gerade diese Verhaltensweisen anderer dazu benutzen, innerlich frei, friedlich und effektiv damit umzugehen.

Und nicht vergessen: der Supergewinn für mich, meinen Mitmenschen und alle Beteiligten, die sogenannten Zuschauer. Ha ha ha.

Genau.

Wie schaut also die Rezitationsübung mit den 15 Kostbarkeiten aus?

Hier hast du noch einmal die Liste der 15 Kostbarkeiten. Schau sie dir genau an. Wir üben eine Kostbarkeit nach der anderen. Du brauchst nicht viel dabei zu überlegen. Es ist eine etwas mechanische Übung, doch nicht ganz. Du wirst es gleich sehen. Wir gebrauchen dabei einen Standardsatz und sprechen diesen laut und ausdrucksstark. Du kannst dabei ruhig etwas theatralisch, emotional und übertrieben wirken. Am besten du machst die Übung im Stehen und setzt dabei deinen ganzen Körper ein. Hier ein Beispielsatz zur Veranschaulichung:

Unsere eigene innere Reaktion
auf [Kritik und Vorwürfe]
verletzt oder befreit uns.

OK. Und diesen Satz spreche ich im Stehen, laut und deutlich, ausdrucksstark und emotional.

Ja, mit Ganzkörpereinsatz! Volles Rohr. Aus tiefster Überzeugung. So, als würden dir Tausende zuhören und du wolltest sie von dieser Botschaft überzeugen. Sei dabei ganz lebendig, emotional, begeistert, full power! Setze deinen ganzen Körper ein. Sei kraftvoll, energiegeladen und voller Freude. Versuch auch mal unterschiedliche Worte besonders zu betonen und hab Spaß dran.

OK. Ich mach's gleich mit deinem Beispielsatz:

Unsere eigene innere Reaktion
auf [Kritik und Vorwürfe]
verletzt oder befreit uns.

Super! Trau dich. Geh aus dir raus. Jetzt geh eine Kostbarkeit nach der anderen durch. Spiel mit unterschiedlichen Betonungen, Lautstärken, hab Spaß dabei.

Liste der 15 Kostbarkeiten

1   unsachliche / übertriebene Kritik
2   herabsetzende Kritik
3   unberechtigte Vorwürfe
4   versteckte / stumme Vorwürfe
5   falsche Unterstellungen
6   spitze / gehässige / abfällige Bemerkungen
7   nörglerisches Verhalten
8   gereizte / aggressive Bemerkungen
9   arrogantes / überhebliches Verhalten
10 eifersüchtiges Verhalten
11 neidisches Verhalten
12 rechthaberisches Verhalten
13 zynische Bemerkungen
14 bevormundendes Verhalten
15 mitleidige Bemerkungen

OK. Jetzt mit Kostbarkeit Nummer 1:

Unsere eigene innere Reaktion
auf [die unsachliche und übertriebene Kritik anderer]
verletzt oder befreit uns.

Super! Next one.

Unsere eigene innere Reaktion
auf [herabsetzende Kritik]
verletzt oder befreit uns.

Ja, geh voll rein. Next one:

Unsere eigene innere Reaktion
auf [unberechtigte Vorwürfe]
verletzt oder befreit uns.

Weiter so. Variiere mal die Lautstärke.

Unsere eigene innere Reaktion
auf [versteckte oder stumme Vorwürfe]
verletzt oder befreit uns.

Ja, variiere mal die Lautstärke. Mal laut, mal ganz leise flüstern.

Unsere eigene innere Reaktion
auf [falsche Unterstellungen]
verletzt oder befreit uns.

Super. Einfach variieren. Full Power. Ausdrucksstark!

Unsere eigene innere Reaktion
auf [spitze, gehässige oder abfällige Bemerkungen]
verletzt oder befreit uns.

Ja, voller Energie. Auch beim Flüstern überzeugend und kraftvoll.

Unsere eigene innere Reaktion
auf [das nörglerische Verhalten anderer]
verletzt oder befreit uns.

OK, auch mal singen, schreien, voller Begeisterung.

Unsere eigene innere Reaktion
auf [gereizte oder aggressive Bemerkungen anderer]
verletzt oder befreit uns.

Super, weiter so. Leg deine ganze Kraft rein. Mach's mit Leidenschaft.

Unsere eigene innere Reaktion
auf [arrogantes und überhebliches Verhalten anderer]
verletzt oder befreit uns.

Ja, mach's mit Freude, mit Leidenschaft. Volle Hingabe! Volles Rohr!

Unsere eigene innere Reaktion
auf [das eifersüchtige Verhalten des anderen]
verletzt oder befreit uns.

Setz noch mehr deinen ganzen Körper ein. Leg noch mehr Überzeugungskraft rein. Sei dynamisch, entschlossen, kraftvoll.

Unsere eigene innere Reaktion
auf [das neidische Verhalten anderer]
verletzt oder befreit uns.

OK. Und jetzt ganz leise flüstern – doch genauso kraftvoll und energiegeladen. Full power play. Aus tiefster Überzeugung.

Unsere eigene innere Reaktion
auf [das rechthaberische Verhalten anderer]
verletzt oder befreit uns.

Ja, super. Und jetzt ganz laut. Gnadenlos. Unschlagbar. Volle Kanne.

Unsere eigene innere Reaktion
auf [die zynischen Bemerkungen anderer]
verletzt oder befreit uns.

Und jetzt das Ganze genauso dynamisch und kraftvoll, aber mental, in Gedanken. Doch genauso überzeugend. Mit Begeisterung. Mit Leidenschaft. Mit totaler Hingabe. Mit Freude. Ja, mit Freude.

Unsere eigene innere Reaktion
auf [die Bevormundungen anderer]
verletzt oder befreit uns.

Super. Das ist eine befreiende Erkenntnis. Die müssen wir uns nicht einreden. Bringe sie einfach nur auf unterschiedliche Weise zum Ausdruck. Mit Spaß. Mit Humor. Mit Leidenschaft. Mit deiner ganzen inneren Kraft.

Unsere eigene innere Reaktion
auf [die bemitleidenden Bemerkungen anderer]
verletzt oder befreit uns.

Das war's. Wie fühlst du dich?

Großartig! Hui jui jui. Das ist ja der Hammer. Ich spür Kraft und Energie im ganzen Körper. Ich fühle mich so frei, so frisch, so klar.

Hm, hm.

Aber sag mal. Irgendwie ist es doch eine Art, mir etwas einzureden, oder? So eine Art Suggestion. Ich mach mir etwas vor. Ich rede mir etwas ein. Oder wie siehst du das?

Es ist eine Tatsache, dass unsere eigene innere Reaktion auf Kritik und Vorwürfe uns verletzt oder befreit, oder etwa nicht?

Hm, doch schon. Ich kann ja auf Kritik auch mit Interesse reagieren oder zynische Bemerkungen sportlich nehmen. Es liegt wirklich an meiner eigenen inneren Reaktion, wie ich das betrachte, wie ich das auffasse, was der andere zu mir sagt ... wie ich damit umgehe.

Ja, so ist es. Das ist eine Tatsache und Tatsachen müssen wir uns nicht einreden, damit sie wahr werden. Wir müssen sie nur einfach als solche erkennen und entsprechend handeln.

Ich müsste mir einfach nur dieser Tatsache bewusst sein, welche Rolle meine eigene innere Reaktion ... ja, meine eigene innere Reaktion ... welche Rolle die dabei spielt, wenn andere mich kritisieren oder zynische Bemerkungen machen.

Ja, dir dessen bewusst sein. Du brauchst dir nichts einreden, nichts suggerieren. Einfach nur erkennen. Dir dessen bewusst sein.

Dann war diese Übung gerade keine Suggestionsübung, nichts zum Einreden oder Einhämmern. Ich dachte schon, es sollte eine Art Gehirnwäsche sein.

Und was glaubst du jetzt, was für eine Übung es gewesen sein soll?

Eine Bewusstseinsübung? Vielleicht eine Übung zum leichteren Erinnern einer wichtigen Tatsache?

Ja, eine Übung zum leichteren Erkennen und Erinnern dieser wichtigen Tatsache. Eine Übung zum bewussten Wahrnehmen einer befreienden Tatsache. Und noch einmal: Tatsachen brauchen wir uns nicht einreden, nicht einhämmern. Es ist nur wichtig, dass wir sie erkennen. Nehmen wir als Beispiel diesen Stein hier. Steine sind hart, oder?

Ja, das ist eine Tatsache. Steine sind hart.

Du musst dir nicht einreden, du musst dir nicht suggerieren: „Steine sind hart … Steine sind hart … Steine sind hart … Steine sind hart", damit die Steine hart werden, oder?

Ha, ha. Nein, nein. Steine sind hart, das ist eine Tatsache, das ist nachweisbar, das ist überprüfbar. Das ist einfach so.

Und es ist bestimmt gut so, wenn du dir dessen bewusst bist.

Ich muss mir da nichts einreden. Ich weiß das einfach und handle aus diesem Wissen heraus. Steine sind hart.

Und kannst du nicht mit derselben Überzeugung auch feststellen: „Wasser ist nass"?

Sicher doch. Auch das ist eine Tatsache. Wasser ist nass, per definitionem.

Oder musst du dir einreden … musst du dir etwas vormachen und dir ständig suggerieren: „Wasser ist nass … Wasser ist nass … Wasser ist nass … Wasser ist nass … Wasser ist nass", damit das Wasser nass wird?

Nein, bestimmt nicht. Das ist eine Tatsache: Wasser ist nass. Es ist hilfreich für mich, wenn ich darum weiß, wenn ich mir dieser Tatsache bewusst bin.

Schau, und mit derselben Überzeugung, mit der du sagen kannst „Steine sind hart" und „Wasser ist nass" ... mit derselben Überzeugung kannst du auch feststellen:

Unsere eigene innere Reaktion
auf [Kritik und Vorwürfe]
verletzt oder befreit uns.

Ja, das hab ich während der Übung schon gemerkt ... eine tiefe Überzeugung, dass das stimmt. Es war eben nicht nur ein Runterleiern von verschiedenen Sätzen. Mir ist dabei viel klar geworden. Mir ist die Rolle meiner eigenen inneren Reaktion bewusst geworden. Eine wichtige Erkenntnis.

Wenn du Lust hast, kannst du ja bei Gelegenheit diese Übung für dich alleine machen. Du machst einfach diese Bewusstheitsübung zu Hause oder du gehst in den Wald und rezitierst alles noch einmal, jetzt aber mit einem kleinen Unterschied. Du kombinierst diese beiden Erkenntnisse miteinander. Du sprichst kraftvoll und mit Überzeugung:

Steine sind hart
und
Wasser ist nass
und
unsere eigene innere Reaktion
auf [Kritik und Vorwürfe]
verletzt oder befreit uns.

OK. So könnte ich öfter die ganze Liste mit den 15 Kostbarkeiten durchgehen und mir dabei klar machen, dass meine eigene innere Reaktion mich verletzt oder befreit und dass diese Tatsache genauso selbstverständlich ist wie die Tatsache, dass Steine hart sind und Wasser nass ist.

Richtig. Wenn du diese Bewusstheitsübung mit Freude, Begeisterung und Humor, mit Leidenschaft und Hingabe übst, dann wird dir die Rolle deiner eigenen inneren Reaktion immer klarer. Wenn du dann im Alltag auf eine dieser kritischen Verhaltensweisen oder „Kostbarkeiten" triffst, wirst du viel bewusster damit umgehen können. Denn du weißt ja, Steine sind hart und Wasser ist nass und unsere eigene Reaktion auf zynische Bemerkungen verletzt oder befreit uns.

Ich bin schon auf die nächste „Kostbarkeit" gespannt. Wahrscheinlich werde ich zunächst noch genauso verletzt reagieren, doch weiß ich dann, dass ich an dieser Reaktion mitbeteiligt bin. Ich kann erkennen, dass ich eben nicht das hilflose, gefühlsmäßige Opfer kritischer Bemerkungen anderer bin.

Genau. So ist es.

DIALOG 4

Nun, bist du bereit für eine weitere Bewusstseinsübung im Umgang mit verbalen Angriffen oder kritischen Bemerkungen?

Na klar.

Auch bei dieser Übung verwenden wir die Liste der 15 Kostbarkeiten und deklinieren sie eine nach der anderen durch. Auch hier variierst du die Lautstärke und spielst mit unterschiedlichen Betonungen und Gebärden, immer aber auch hierbei mit Freude und Begeisterung, mit Leidenschaft und Überzeugungskraft. Ich gebe dir zunächst einen Beispielsatz vor, den du einfach wiederholst.

OK. Schieß los.

Hier der Beispielsatz:
Bissige, zynische oder abfällige Bemerkungen meiner Mitmenschen können mir kein Selbstbewusstsein geben.

Nicht nur das, bissige, zynische oder abfällige Bemerkungen meiner Mitmenschen rauben mir mein Selbstbewusstsein.

Nein, hör noch mal genau hin. Der Trainingssatz heißt nicht, dass bissige, zynische oder abfällige Bemerkungen deiner Mitmenschen dir dein Selbstbewusstsein rauben, er heißt genau:
Bissige, zynische oder abfällige Bemerkungen meiner Mitmenschen können mir kein Selbstbewusstsein geben.

Sagte ich doch. Sie können mir kein Selbstbewusstsein geben, sie nehmen mir mein Selbstbewusstsein.

Glaubst du das wirklich? Glaubst du wirklich, dass abfällige Bemerkungen anderer dir dein Selbstbewusstsein nehmen können?

Ja natürlich. Wenn diese bissigen, zynischen und abfälligen Bemerkungen gegen mich gerichtet sind, dann auf jeden Fall.

Hmmmm. Dann lass mich umgekehrt fragen. Stimmst du mit mir überein, dass bissige, zynische oder abfällige Bemerkungen deiner Mitmenschen dir gegenüber dir kein Selbstbewusstsein geben können?

Na klar, damit stimme ich überein. Davon bin ich überzeugt.

OK. Dann lass uns einfach nur mit diesem Satz arbeiten. Dein Trainingssatz heißt: „Bissige, zynische oder abfällige Bemerkungen meiner Mitmenschen können mir kein Selbstbewusstsein geben." Und jetzt du. Laut, mit Begeisterung, kraftvoll. Geh in die Vollen!

„Bissige, zynische oder abfällige Bemerkungen meiner Mitmenschen können mir kein Selbstbewusstsein geben."

Und gleich noch einmal mit Leidenschaft und voller Überzeugungskraft mit der Betonung auf „kein Selbstbewusstsein geben".

OK.
*„Bissige, zynische oder abfällige Bemerkungen meiner Mitmenschen können mir kein Selbstbewusstsein **geben**." Ha ha ha. ... mir aber auch nicht **nehmen**. Nein! Das klingt mir zu großkotzig ... viel zu großspurig...*

Was klingt dir zu großkotzig?

Dass bissige, zynische oder abfällige Bemerkungen anderer mir auch mein Selbstbewusstsein nicht nehmen können. Ha ha ha ..., schön wär's, wenn ich das glauben könnte ...

Oh nein. Das musst du nicht glauben.

Nee? Wäre es nicht toll, wenn ich davon überzeugt wäre ... wenn ich das glauben könnte?

Nein. Du musst das nicht glauben. Du weißt doch, Tatsachen sind Tatsachen, ob du sie glaubst oder nicht.

Ha, ha. Den Tatsachen kann das ja egal sein, ob ich sie glaube oder nicht. Ha, ha.

Richtig. Diese Tatsache musst du nicht glauben. Gib dir also keine Mühe. Es reicht völlig, wenn du sie als Tatsache erkennst … dir dieser Tatsache bewusst bist.

Wenn ich mir der Tatsache bewusst bin, dass bissige, zynische oder abfällige Bemerkungen anderer mir weder Selbstbewusstsein geben können noch mir mein Selbstbewusstsein nehmen können?

Richtig. Das ist Fakt. Keine Glaubenssache.

Wenn ich das erkennen würde, würde ich mich bestimmt viel freier und stabiler fühlen, wenn ich von anderen abfällige Bemerkungen hören würde.

Herzlich willkommen zu deiner nächsten Erkenntnisübung. Und denk dran, bei dieser Übung geht es nicht darum, dir irgendetwas einzureden. Es hat nichts mit Suggestion oder dergleichen zu tun. Es ist ein Sicherinnern, ein emotionales Erkennen von Tatsachen. Es ist eine Bewusstseinsübung. Beginne jetzt wieder mit der ersten kritischen Verhaltensweise aus der Liste der 15 Kostbarkeiten. Und dekliniere dann deinen Trainingssatz mit unterschiedlicher Betonung, Lautstärke, aber immer mit großer Überzeugungskraft und Leidenschaft.

OK.
*„Unsachliche oder übertriebene Kritik meiner Mitmenschen können mir kein Selbstbewusstsein **geben**.“ Ha, ha. Verrückt. Automatisch höre ich dann in meinem Kopf … mir mein Selbstbewusstsein aber auch **nicht nehmen**.*

So so. Jetzt der nächste Trainingssatz.

*„Die herabsetzende Kritik meiner Mitmenschen kann mir kein Selbstbewusstsein **geben**.“*

Super. Nächster Satz.

*„Unberechtigte Vorwürfe anderer können mir kein Selbstbewusstsein **geben**.“ Es ist zum Lachen. Im Geiste ergänze ich wie ein Echo … **„aber auch nicht nehmen“**.*

Hm, hm. Wie gesagt, Tatsachen brauchen wir uns nicht einzureden, brauchen wir nicht zu glauben.

Einfach als solche erkennen. Das genügt.

Richtig. Next one.

*„Versteckte oder stumme Vorwürfe meiner Mitmenschen können mir kein Selbstbewusstsein **geben**." … **„mir aber auch nicht nehmen".** Das klingt so, als hätte mein Selbstbewusstsein nichts mit den Vorwürfen anderer zu tun. … als sei das ganz unabhängig von den kritischen Verhaltensweisen anderer.*

Klingt so?

Nun, du würdest jetzt bestimmt wieder sagen: „Tatsachen sind Tatsachen" oder so etwas in diese Richtung.

Es kommt nicht darauf an, was ich sage. Reden wir hier von Selbstbewusstsein oder von Vorwurf-Bewusstsein? Nächster Satz.

*„Falsche Unterstellungen meiner Mitmenschen können mir kein Selbstbewusstsein **geben**." … und wieder dieses starke Echo im Hinterkopf **„mir aber auch nicht nehmen".** Hui. Wie ein siebenfaches Echo mit absoluter Überzeugungskraft. … **„mir aber auch nicht nehmen".***

Richtig. Dann nimm diesen Echosatz in die Übung mit auf und dekliniere ihn einfach mit. Sei dabei emotional … ausdrucksstark … überzeugend. Mit Freude … mit Begeisterung … mit absoluter Leidenschaft und Hingabe. Nimm die nächste Kostbarkeit für dein Erkenntnis– und Bewusstseinstraining.

*„Spitze, gehässige oder abfällige Bemerkungen meiner Mitmenschen können mir kein Selbstbewusstsein **geben** … **mir aber auch mein Selbstbewusstsein nicht nehmen".***

Ja, super. Wer nur ist für dein Selbstbewusstsein zuständig?

Ich selbst. Deshalb heißt es ja auch Selbst-Bewusstsein, ha ha, weil ich selbst dafür zuständig bin, oder? Ha ha ha.

Ist das nicht schön?! Wie heißt die nächste Erkenntnis?

*„Die Nörgelein anderer können mir kein Selbstbewusstsein **geben** … **mir aber auch mein Selbstbewusstsein nicht nehmen".***

Interessant, oder? Und weiter.

„Gereizte und aggressive Bemerkungen anderer können mir kein Selbstbewusstsein ge- **ben ... mir aber auch mein Selbstbewusstsein nicht nehmen".**

Wow! Super. Das war überzeugend und kraftvoll. Gleich weiter

„Das arrogante und überhebliche Verhalten anderer kann mir kein Selbstbewusstsein **geben ... mir aber auch mein Selbstbewusstsein nicht nehmen".** *Tolle Erkenntnis!*

Eine befreiende Erkenntnis. Eine sehr kraftvolle Erkenntnis. Weiter.

„Das eifersüchtige Verhalten anderer kann mir kein Selbstbewusstsein **geben ... mir** **aber auch mein Selbstbewusstsein nicht nehmen".** *Ha ha ha. Das ist ja ein Ding. Ich komme aus dem Staunen nicht mehr heraus. Dann könnte ich ja mit Selbstbewusstsein auch meiner eifersüchtigen Freundin begegnen.*

„Könnte"?

Ich kann mit Selbstbewusstsein meiner eifersüchtigen Freundin helfen ... huch, was sag ich da ... so hab ich es noch nicht gesehen.

Wer ist für dein Selbstbewusstsein zuständig, die Eifersucht deiner Freundin oder du selbst?

Ich ... ich selbst.

Du zögerst so. Noch mal. Kann die Eifersucht deiner Freundin dir wirklich Selbstbewusstsein geben?

Nein, bestimmt nicht.

Kann die Eifersucht deiner Freundin dir wirklich dein Selbstbewusstsein nehmen?

Hm, was wäre das für ein Selbstbewusstsein, wenn es durch eine unberechtigte Eifersucht, das Fehlverhalten einer anderen Person, genommen werden kann?

Interessant, oder?! Nächster Trainingssatz.

*„Das neidische Verhalten anderer kann mir kein Selbstbewusstsein **geben ... mir aber auch mein Selbstbewusstsein nicht nehmen".***
Denn ich selbst bin für mein Selbstbewusstsein verantwortlich und nicht das Fehlverhalten anderer. Ich möchte ja gerade mit diesem Fehlverhalten selbstbewusst umgehen. Die Einstellung, dass der Neid anderer mir mein Selbstbewusstsein nimmt, kommt mir jetzt schon sehr seltsam vor ... überholt.

Ja, veraltet, antiquiert. Total überholt.

Einfach falsch. Trifft nicht zu. Wie konnte ich jemals so etwas glauben und für wahr halten?! Das ist ja Müll. Wenn ich glaube, dass der Neid anderer mir mein Selbstbewusstsein nehmen kann, dann liege ich einfach nur falsch und schade mir selbst. Statt Selbst-Bewusstsein habe ich dann ein Selbst-schädigendes-Bewusstsein. Ha ha ha.

Richtig. Wie lautet dein nächster Erkenntnis-Satz?

*„Das rechthaberische Verhalten anderer kann mir kein Selbstbewusstsein **geben ... mir aber auch mein Selbstbewusstsein nicht nehmen".***

OK. Und gleich weiter. Mit Freude. Mit Begeisterung. Mit Überzeugungskraft. Mit Leidenschaft.

*„Die zynischen Bemerkungen anderer können mir kein Selbstbewusstsein **geben ... mir aber auch mein Selbstbewusstsein nicht nehmen".** Ja, die zynischen Bemerkungen anderer haben genau genommen keine Kontrolle über mein Selbstbewusstsein, über die Art, wie ich mich sehe, wie ich mich einschätze und selbst wertschätze. Das bestimme immer noch ich selbst. Hui ... ich sag das einfach so ... es kommt mir immer noch so großkotzig und übertrieben vor.*

Lass es dir ruhig großkotzig und übertrieben vorkommen. Tatsachen sind Tatsachen, egal, wie du dich fühlst. Egal, wie du darüber denkst. Next one.

*„Die Bevormundungen anderer können mir kein Selbstbewusstsein **geben ... mir aber auch mein Selbstbewusstsein nicht nehmen".** Seltsam, aber das glauben doch viele.*

Was meinst du glauben viele?

Die meisten glauben doch, dass die Bevormundung anderer an unserem Selbstbewusstsein kratzt. Da bin ich doch nicht der einzige. Viele würden sich doch durch die Bevormundungen anderer verletzt fühlen, sich darüber ärgern und aufregen, oder?

Das mag ja durchaus sein. Aber was ist Fakt? Was sind die Tatsachen? Glaubst du wirklich, dass die Bevormundungen von anderen dir dein Selbstbewusstsein nehmen können? Wenn du das glaubst, dann machst du dein Selbstbewusstsein von anderen abhängig, besser gesagt, von deren Wohlverhalten abhängig.

Hm. Richtig. Wenn ich das weiterhin glaube, dann erwarte ich eigentlich, dass sich der andere immer richtig und angemessen verhält, damit ich selbstbewusst fühlen und handeln kann. Was für ein Unsinn. Ich möchte ja gerade lernen, auch selbstbewusst mit den Bevormundungen anderer umzugehen.

Was heißt, „Du möchtest es lernen"? … Du kannst es bereits. Ja, du kannst jetzt schon selbstbewusst mit den Bevormundungen anderer umgehen. Da ist kein langer Lernprozess notwendig. Du brauchst jetzt nur noch eine Person, die dich bevormundet … und?

*Und diese Erkenntnis … dieses Bewusstsein … dieses Wissen, dass die Bevormundung mir kein Selbstbewusstsein **geben** kann … ha ha ha … dass ich diese Bevormundung nicht brauche, um mich frei zu fühlen und selbstbewusst zu reagieren.*

Ja. Super Erkenntnis. Und weiter …?

Wenn ich dieses Wissen habe, … wenn ich erkenne, dass diese Bevormundung meinem Selbstbewusstsein nichts anhaben kann … huch, wenn ich so erkenntnisgeleitet bin, hahaha … dann könnte ich jetzt schon selbstbewusst damit umgehen.

„Könnte"?

Mit dieser Erkenntnis kann ich es jetzt schon.

Ja, genau. Jetzt schon. Kein langer mühsamer Lernprozess ist dafür notwendig. Und weiter mit der letzten Kostbarkeit.

*„Die mitleidigen Bemerkungen anderer können mir kein Selbstbewusstsein **geben** … **mir aber auch mein Selbstbewusstsein nicht nehmen".** Da reicht ja schon ein mitleidiger Blick und ich fühle mein Selbstbewusstsein schwinden.*

„Reicht"?

Ja, es reicht schon ein bemitleidender Blick ... die Geste ... auch ohne Bemerkungen fühle ich mich schon verunsichert und ganz klein.

„Da reicht schon ein mitleidiger Blick"? Ein mitleidiger Blick von anderen reicht schon, um dir neues Selbstbewusstsein zu geben?

Nein, der reicht, um mir mein Selbstbewusstsein zu nehmen.

Wirklich? Bist du dir da ganz sicher, dass das auch jetzt noch so ist? Glaubst du wirklich, dass mitleidige Blicke, Gesten und Bemerkungen dir dein Selbstbewusstsein nehmen können?

Wenn ich aus diesem Wissen heraus handle, dann nicht, dann kann ich den anderen mitleidig schauen lassen und ich begegne ihm frei und selbstbewusst ... und vielleicht merkt er dann, dass sein mitleidiges Verhalten überflüssig ist.

Super Erkenntnis! Also noch einmal. Rezitiere deinen Trainingssatz mit Freude, mit Begeisterung, mit Hingabe. Full Power. Ausdrucksstark mit Leidenschaft.

*„Die mitleidigen Bemerkungen anderer können mir kein Selbstbewusstsein **geben** ... mir aber auch mein Selbstbewusstsein nicht nehmen".*

Ja. Diese Tatsache brauchst du dir nicht einreden. Diese Übung dient nur zum emotionalen Erkennen dieser Tatsache. Zum Erinnern, was schon immer so war. Warum sprechen wir diese Sätze mit Freude und Begeisterung?

Hm. Wenn ich aus diesem Bewusstsein den mitleidigen Blicken und Bemerkungen anderer begegne, dann ist das sicher ein Grund, mich zu freuen. Das ist der Hit. Dann hab ich keine Angst mehr vor solchen Blicken und Bemerkungen. Dann fühl ich mich frei und stark. Ist das nicht toll?! Wenn das nicht ein Grund zum Freuen ist!

Also noch einmal. Du weißt, dass mitleidige Blicke und Bemerkungen anderer mit deinem Selbstbewusstsein nichts zu tun haben. Diese Blicke und Bemerkungen können dir weder Selbstbewusstsein geben, noch können sie es dir nehmen. Aus dieser befreienden Erkenntnis heraus sprich noch einmal den Trainingssatz. Full Powerplay. Volles Rohr. Mit der Kraft tiefster Überzeugung. Mit Leidenschaft und mitreißender Freude.

Ich versuch's.

„Versuchen"?

*Nein, Ich mach's. Ich lass es voll rein. Gnadenlos. „Die mitleidigen Bemerkungen anderer können mir kein Selbstbewusstsein **geben ... mir aber auch mein Selbstbewusstsein nicht nehmen.***"

Super, das war sehr kraftvoll. Voller Energie. Durchschlagend. Ich konnte richtig deine Freude spüren. Die Freude einer neuen inneren Freiheit. Super. Wirklich sehr kraftvoll. Wenn du mal Lust und Zeit hast, dann kannst du diesen ganzen Trainingszyklus mit „inneren Frieden", „innere Stärke" oder „klaren Kopf" durchspielen. Also beispielsweise

„Bissige, zynische oder abfällige Bemerkungen meiner Mitmenschen können mir keinen inneren Frieden **geben ... mir aber auch meinen inneren Frieden nicht nehmen.**"

Ich könnte ja diesen Trainingszyklus beim Autofahren durchspielen, wenn ich im Stau stehe oder so. Da hört mich niemand, wenn ich laut diese Übung mache.

Ja, sei kreativ. Mach es spielerisch. Hab deinen Spaß dabei.

Hm, das heißt ja dann auch, dass ich mich im Extremfall sogar freuen kann, wenn jemand auf mich mitleidig herabschaut.

Ja, denn ... wie meinst du das?

Dass ich mich freuen kann über meine neu gewonnene Freiheit in dieser Situation.

Ja, du fühlst dich innerlich frei und du freust dich über deine innere Freiheit und Unabhängigkeit. Und derjenige, der mitleidig auf dich herabschaut ... gerade er erinnert dich durch diesen Blick an die Freiheit, die du hast ... er erinnert dich an deine innere Freiheit.

Huch, das ist wirklich ein Grund zur Freude. Ich wünschte, mein Gegenüber würde auch seine innere Freiheit erfahren und die Freude, die daraus entspringt.

Vielleicht zieht er nach, wenn du als gutes Beispiel vorangehst.

Hm, mir geht gerade durch den Kopf, dass er ja auch eine völlig neue Erfahrung machen wird, wenn er als Reaktion auf seine bemitleidende Bemerkung von mir Gelassenheit, Leichtigkeit und Freude erfährt.

Mag sein.

Ich muss lachen ... hahaha ... er weiß ja nicht, dass er mich gerade an meine innere Freiheit erinnert ... dass ich mich über meine innere Freiheit und Unabhängigkeit freue ... er hat ja nicht die geringste Ahnung, dass er mit seinen Blicken und Bemerkungen ... nein, nein ... hahaha ...

Was denn?

Dass er mir hilft, von meiner Freiheit Gebrauch zu machen ... dass er mir hilft, mich von alten eingefahrenen Reaktionsmustern zu befreien ... dass er mir hilft, frei und kreativ, flexibel und inspiriert mit diesen Verhaltensweisen umzugehen.

Hui, jetzt geht es aber ab mit dir. Das klingt ja so, als hättest du auf ihn gewartet ... als seiest du fast dankbar für diese Gelegenheit, die er dir bietet.

Ja, und nicht nur das ... das ist ja wie ein Geheimnis ...

Ja, nämlich?

Der hat nicht die geringste Ahnung ... da kommt der doch nie drauf!!!

Nämlich? Was ist dein Geheimnis?

Der rechnet doch nie damit, wie er mich durch seine bemitleidenden Blicke und Bemerkungen auf eine völlig neue und unkonventionelle Art unterstützt und mir hilft.

So, als hättest du auf ihn gewartet. Was für ein schönes Geheimnis. Es ist sehr unwahrscheinlich, dass er um deine innere Motivation weiß ... dass er um dieses Geheimnis weiß.

Und nicht nur das. Geheimnis 2. Teil. Hui jui jui! Er ahnt bestimmt nicht, dass ich möchte, dass er sich auch frei fühlt ... dass ich ihm auch diese innere Freiheit wünsche. Nein, der kann sich bestimmt nicht vorstellen, dass ich ihm innere Freiheit und echte Freude wünsche.

Du möchtest auch, dass er sich innerlich frei fühlt und sich darüber freut?

Ja, das möchte ich. Vielleicht springt beim erstenmal noch nicht der Funke über ... vielleicht wundert er sich nur über meine „seltsame" und unerwartete Reaktion. Doch wenn er mir öfter diesen abfällig mitleidigen Blick zeigt, dann ...

Hm. Bist du denn bereit, diese mitleidigen Blicke und Bemerkungen auch öfter zu erleben?

Na klar! Er erinnert mich dann eben öfter an meine innere Freiheit und gibt mir die Gelegenheit, aufs Neue mich über diesen inneren Zustand zu freuen.

Einen Zustand von innerer Freiheit und Freude wiederholt erleben, wenn jemand häufiger mitleidig auf dich herabsieht und abfällige Bemerkungen macht?

Ja, wenn er sein Verhalten wiederholen kann, dann kann ich doch bestimmt auch meins wiederholen, oder? Das muss doch möglich sein. Er erinnert mich eben dann häufiger ... immer wieder ... an meine Freiheit und die Möglichkeit zur inneren Freude. Das kann er machen, sooft er möchte. Er gibt mir immer wieder die Chance, innerlich frei zu sein und den 2. Teil meines Geheimnisses erfahren.

Also sag es noch mal. Dir scheint es so gut zu gefallen. Sag mir den 2. Teil deines Geheimnisses.

Ich wünsche ihm von ganzem Herzen, dass er innerlich frei ist und sich freuen kann, dass auch er diese innere Freiheit und Freude erfährt, falls er mal mitleidige abfällige Bemerkungen von anderen hört. Vielleicht erinnert er sich dann an diese völlig neue Erfahrungsmöglichkeit. Wäre das nicht schön.

Das ist ja wirklich ein süßes Geheimnis, das du da hast.

DIALOG 5

Kastanienbaum – das Wunder des Kastanienbaums

Ich hab hier eine schöne, braune Kastanie. Kannst du sie sehen?

Ja, natürlich.

In dieser kleinen Kastanie ist das Potential eines riesengroßen Kastanienbaums enthalten. Kannst du dieses Potential, diese Möglichkeit sehen?

Nein, sehen kann ich es nicht. Ich kann's mir vorstellen.

Nun, dann stell dir vor: In dieser kleinen braunen Kastanie ist die Information für einen riesengroßen Kastanienbaum mit Tausenden von Blättern, Blüten und stachligen Kastanienfrüchten. Da ist die Information drin, wie ein Kastanienblatt auszusehen hat. Wie es designt ist. Da ist die Information enthalten, wie die einzelne Blüte aussehen wird. In dieser kleinen braunen Kastanie ist das Wunder eines riesigen Kastanienbaumes enthalten. Die Beschaffenheit des Holzes, der Rinde, die Form und Farbe der Blätter und Blüten, ja auch der Duft der Blüten, der Blätter, die Form der Äste. Tausende von Informationen sind bereits in dieser kleinen braunen Kastanie. Du kannst sie nicht sehen und dennoch weißt du, sie sind darin enthalten.

Ja. Richtig.

Wenn diese Kastanie in den Boden kommt, aufgeht, wächst und sich zu einem riesigen Kastanienbaum entwickelt, dann zieht sie sich aus dem Boden und aus der Luft genau die Stoffe, die für sie wichtig sind. Ein Gärtner mag vielleicht zusätzlich diesen kleinen Kastanienbaum beschneiden und pflegen, doch ist der Gärtner derjenige, der die Form des Blattes und der Blüte entwirft und gestaltet?

Nein, ganz sicher nicht.

Es besteht also ein sehr interessantes, komplexes Zusammenspiel zwischen dieser zunächst kleinen Kastanie und dem Werden eines Kastanienbaums. Nicht nur in der Kastanie selbst liegt das Wunder eines riesengroßen Kastanienbaums, sondern auch in diesem Wechselspiel mit der Umgebung.

Ja, das kann ich mir vorstellen.

Würde nun ein Kind diese kleine braune Kastanie in einem Schuhkarton sammeln und dort liegen lassen, dann würde diese Kastanie vermutlich vertrocknen und es würde sich nicht dieser herrliche Kastanienbaum entwickeln mit Tausenden von Blättern und Blüten und Kastanien.

Richtig. Und das Wunder eines riesengroßen Kastanienbaums würde sich nicht manifestieren.

Ist die Kastanie aber einmal in den für sie richtigen Boden gepflanzt, dann beginnt dieser wunderbare und zauberhafte Prozess des Wachstums. Die Kastanie holt sich aus dem Boden und der Luft, was sie für ihr Wachstum braucht. Was sie braucht, um ein Kastanienbaum zu werden, mit Tausenden von Blättern und Blüten. Jedes einzelne Blatt, jede einzelne Blüte herrlich designt.

Was willst du mir damit sagen?

Nun, wird aus dieser eingepflanzten Kastanie ein Radieschen?

Nein, natürlich nicht.

Wird daraus eine Rose?

Nein auch nicht. Es wird ein Kastanienbaum daraus.

Als du gezeugt wurdest, warst du mehr als 100.000-mal kleiner als diese Kastanie. Und doch war in dir schon das Wunder eines großartigen Menschen enthalten. Alle notwendigen Informationen waren enthalten. In dir steckt die Entwicklungsarbeit von Millionen von Jahren.

Hm. Ein schöner Gedanke.

Das Wunder eines großartigen Menschen. Die Information für ein großartiges, glückliches und erfülltes Leben als Mensch ist in dir enthalten. Die Weisheit und die Entwicklungsarbeit von Millionen von Jahren.

Hm. Schade, dass man sich dessen oft gar nicht bewusst ist. Dass man das ganz vergessen hat. Wäre doch schön für mein Selbstbewusstsein, wenn ich mich daran häufiger erinnern würde, oder?

Ja, das wäre es. Aber denk dran: Ob du dich daran erinnerst oder nicht, ob du es erkennst oder nicht, das spielt keine Rolle. Auch wenn du dich selbst total falsch einschätzen würdest und dich selbst für „den letzten Dreck" oder „eine Niete" halten würdest, ist in dir das Wunder eines großartigen Menschen, ist in dir die Information für ein glückliches, erfülltes Leben als Mensch enthalten.

Hm. Es fällt mir wirklich schwer, mich als „das Wunder Mensch" zu sehen, das mit allem ausgestattet ist, um ein glückliches und erfülltes Leben zu führen. Da sehe ich mich eher noch als ein wunder, ein verwundeter Mensch.

Das ist ganz verständlich. Wenn du die kleine braune Kastanie aufschneiden würdest, würdest du dann einen Baum mit Blüten und Blättern sehen?

Gewiss nicht.

Siehst du? Und trotzdem sind da alle notwendigen Informationen drin. Das Wunder des Kastanienbaumes. Im Zusammenspiel mit der Umgebung, in die er gepflanzt ist, entwickelt sich die Kastanie zu diesem wundervollen, großartigen Kastanienbaum.

Willst du mir damit sagen, dass ich von dem, was ich äußerlich sehe und was ich bisher gemacht und erlebt habe, nicht auf mein Potential schließen kann? Auf das, was (s)ich noch alles entwickeln kann? Oder meinst du, dass meine derzeit kleinliche und geringschätzende negative Sicht von mir nur ein vorübergehendes Entwicklungsstadium ist?

Was meinst du?

Beide Sichtweisen vermitteln mir ein Gefühl von Zuversicht und Optimismus. Da gibt's noch mehr zu entdecken, zu entwickeln. Klingt sehr hoffnungsvoll. Beide Sichtweisen machen Mut.

Und dann sind da noch die äußeren Umstände, in die du hineingeboren worden bist. Die Umweltbedingungen. Sie machen dich nicht zum Menschen. So wie die Kastanie ja auch nicht durch die Umwelt zur Kastanie wird. Auch macht die Umwelt nicht aus einer Kastanie ein Radieschen, oder? Aber du brauchst die Umwelt für die Entwicklung deiner Fähigkeiten und Möglichkeiten.

Ich brauche also günstige Umweltbedingungen, um mich zu entwickeln.

Du brauchst beides, günstige und ungünstige Umweltbedingungen.

Dass ich günstige Umweltfaktoren brauche, das versteh ich, aber wieso ungünstige? Wozu brauche ich die?

Als Mensch hast du ab einem gewissen Entwicklungsabschnitt selbst die Fähigkeit zu entscheiden, was für dich günstig oder ungünstig ist.

Wie? Was? Ich selbst entscheide, welche Faktoren in meiner Umgebung günstig für meine Entwicklung sind oder nicht?

Ja, als Mensch hast du nicht nur weitgehend die Möglichkeit, deine Umgebung zu wählen, im Gegensatz zur Pflanze, sondern du kannst die Ereignisse unterschiedlich beurteilen und demnach für dich persönlich für hilfreich und günstig einschätzen oder für ungünstig.

Ich bin der Einschätzer sozusagen? Ich bin derjenige, der beurteilt, was für mich wichtig, hilfreich und gut ist?

Ja, du selbst entscheidest es. Und nicht nur das. Was du aus den Gegebenheiten machst, auch das entscheidest du selbst allein.

Hm. Ich selbst bin der Wähler, der Einschätzer und Gestalter meiner Lebensbedingungen. Großkotzig formuliert.

Lass das „großkotzig" weg. Du bist es – Punkt. Wer sonst? Du wählst teilweise deine Lebensbedingungen aus, du schätzt ein, was günstig und was ungünstig ist, und du gestaltest dein Leben damit. Ja, sogar ungünstige Bedingungen kannst du konstruktiv nutzen, etwas daraus lernen und etwas Positives daraus machen. Du kannst Missstände überwinden und dabei an Weisheit und innerer Stärke wachsen.

Da haben wir als Menschen wohl mehr Freiheiten als die Pflanze und das Tier.

Wesentlich mehr Freiheiten. Ich denke gerade an einen Zauberkünstler. Da ist der Zauberer und seine Utensilien: Spielkarten, Würfel, ein Hut oder ein Tuch. Die Utensilien selbst machen nicht den Zauber und die Faszination aus, oder?

Nein. Bestimmt nicht.

Was ist es, was die Magie ins Spiel bring? Den Zauber? Die Faszination?

Es ist das Können, die Fähigkeit des Zauberkünstlers. Was er daraus zu machen versteht.

Richtig. Die Utensilien sind relativ bedeutungslos. Was der Magier daraus macht, das ist das Entscheidende! Das Staunen, die Faszination und die Freude, die er in seinen Zuschauern und bei sich hervorruft.

Die Faszination und Freude kommen nicht aus den Utensilien, das kann ich sehen. Das ist ja bei anderen Künstlern genauso. Bei einem Maler zum Beispiel. Der Pinsel, das Papier und die Farben machen nicht das Kunstwerk aus. Es ist der Geist des Malers, wie er diese Utensilien benutzt, verwendet und einsetzt. Was er daraus macht. Diese geistige Qualität macht eigentlich erst das Kunstwerk aus. Dasselbe trifft auch für Musiker zu. Das Klavier macht nicht einen guten Pianisten. Der Künstler verwendet das Klavier bzw. die Utensilien auf eine fantastische Art und Weise. Es ist der Geist, das Können, die Fähigkeiten des Pianisten, die dann beim Zuhörer die Bewunderung, den Kunstgenuss und die Freude wecken.

Und ist es nicht mit den Utensilien des Lebens genauso? Was wir damit machen, wie wir damit umgehen, wie wir unser Leben gestalten…?

DIALOG 6

Warum sind wir hier auf diesen Planeten gekommen?

Viele Philosophen haben sich mit dieser Frage beschäftigt und sie haben bestimmt die unterschiedlichsten Antworten dafür gefunden. Lass uns uns kurz mit dieser Frage beschäftigen und vor allem darüber nachdenken, was deine Antworten für eine praktische Relevanz für deinen Alltag haben könnten. Deine Antwort, warum du hier auf diesen Planeten gekommen bist, könnte für dich sehr wichtig sein. Finde deine eigene Antwort heraus und schau auf die Konsequenzen, die sich daraus für deinen Alltag ergeben: Wie du lebst. Wie du mit deinem Körper umgehst. Wie du deine Mitmenschen behandelst. Wie du auf die Umweltereignisse reagierst. Wie du aber auch mit den Missständen umgehst, die du in deinem Leben vorfindest. Wie du mit dem Faktor Zeit umgehst. Warum sind wir hier auf diesen Planeten gekommen? Um die Frage praktikabler zu machen, möchte ich sie umformulieren und neu stellen. Was ist der Sinn, was ist das Ziel meines Lebens? Frag also nicht warum – frag wozu? Und du kommst auf völlig neue Antworten. Wozu sind wir hier? Mit welchem Ziel? Nicht warum, sondern wozu sind wir hier auf diesen Planeten gekommen? Was ist unser Ziel? Was ist unsere Aufgabe? Hm – Jetzt hat die Frage eine ganz andere Richtung. Ist es wirklich wichtig zu wissen, wozu wir hier sind? Was das Ziel unseres Lebens ist? Du magst erwidern: „Das Leben hat kein Ziel" oder „Wer weiß das schon, wozu wir hier sind", doch die Antwort, die du dir auf diese Frage gibst, hat eine Wirkung auf dich, dein Leben, deine Gesundheit.

Kugelschreiber:
Schau dir diesen Kugelschreiber hier an. Er ist auf eine ganz bestimmte Weise angefertigt worden. Er wurde entwickelt und hergestellt, damit du damit schreiben kannst. Dieser Kugelschreiber wurde also mit einem ganz bestimmten Ziel entwickelt. Das Ziel des Kugelschreibers ist es, dir das Schreiben zu erleichtern. Der Kugelschreiber ist zum Schreiben da. Das ist sein eigentliches Ziel. Dir Nutzen zu bieten. Natürlich könntest du ihn auch für andere Ziele gebrauchen und ihn z. B. als Buchzeichen „missbrauchen". Dann hättest du ihn nicht entsprechend seinem ursprünglichen Ziel benutzt. Interessant: Das Ziel des Kugelschreibers ist Schreiben, doch musst du ihn nicht seinem Ziel entsprechend gebrauchen. Du kannst ihn auch für andere Ziele verwenden.

Hm.

Gitarre:
Oder nehmen wir als Beispiel eine E-Gitarre. Diese E-Gitarre wurde entwickelt und hergestellt mit einem bestimmten Ziel. Das Ziel der E-Gitarre ist Musikmachen, Freude bereiten und damit Nutzen zu bieten und eine Bereicherung zu sein. Ich kann diese E-Gitarre entsprechend ihrem ursprünglichen Ziel, wofür sie eigentlich gebaut wurde, verwenden – ich muss es aber nicht. Ich könnte sie auch als Hammer verwenden und damit einen Nagel in die Wand schlagen, um ein Bild aufzuhängen. Hui – ich hätte die E-Gitarre dann bestimmt nicht entsprechend ihrem ursprünglichen Ziel verwendet – oder? Ich hätte sie quasi missbraucht für ein anderes Ziel. Um einen Nagel in die Wand zu schlagen, wäre bestimmt ein Hammer das geeignetere Instrument und auch preisgünstiger. Dann hätte ich den Hammer zielgerecht eingesetzt. Dafür wurde der Hammer gemacht. Mit der E-Gitarre einen Nagel in die Wand zu schlagen, mag möglich sein, doch wäre dies keine zielgerechte Verwendung meiner Gitarre – oder?

Sicher nicht.

Darf ich meine Gitarre zielgerecht verwenden und damit Musik machen, Freude bereiten und Nutzen bieten?

Ja, sicher doch.

Muss ich meine Gitarre immer zielgerecht einsetzen? Bin ich dazu verpflichtet?

Nein, das sicher nicht. Du kannst sie auch für andere Zwecke „missbrauchen", wie du sagst.

Stereoanlage:
Schau dir deine Stereoanlage an. Was meinst du, wozu sie entwickelt und gebaut wurde? Dieses teure Ding, da steckt so viel Erfindergeist und Entwicklungsarbeit drin. Glaubst du, sie ist gemacht worden um sie auf die Wiese zu stellen und als Picknicktisch zu gebrauchen?

Nein, bestimmt nicht.

Natürlich kannst du das tun. Du stellst deine teure Stereoanlage auf die Wiese, breitest eine nette Tischdecke darüber und machst Picknick. Warum auch nicht. Ist doch nicht verboten, oder? Aber hast du dann deine schöne Stereoanlage entsprechend ihrer Bestimmung gebraucht? Hast du sie zielgerecht verwendet, wofür sie gebaut wurde?

Nein, das nicht.

Was ist das eigentliche Ziel einer Stereoanlage? Wozu hat sie der Erfinder entwickelt? – Richtig, du hast es erfasst: um zu unterhalten, Musik zu machen, zu erfreuen, zu bereichern. Als Picknicktisch mag sie auch herhalten, doch würden dadurch ihre speziellen Fähigkeiten und besonderen Möglichkeiten, Freude zu machen und Nutzen zu bieten, nicht entsprechend ausgeschöpft, oder?

Überhaupt nicht. Nicht im Geringsten.

Mensch:/Leben:
Schau, genau so ist es mit deinem Leben, deinem Körper und deinem Geist. Alles in allem die beste „Maschine", die du dir nur vorstellen kannst. Eine Entwicklungsarbeit von Millionen von Jahren steckt in dir. Unvorstellbar! Unglaublich! Bis ins Detail, alles aufs Beste zusammengestellt. Entwickelt und gebaut mit einem Ziel. Es ist so fantastisch, so unglaublich, als hätten die größten Wissenschaftler aller Zeiten … die größten Künstler aller Zeiten … die größten Visionäre aller Zeiten…. an diesem Produkt gearbeitet und ihr Bestes gegeben und in dich investiert.

Hui jui jui …

Eine Entwicklung von Millionen von Jahren … mit dem Know-how vom Allerfeinsten … Zigtausende von Malen überarbeitet, verbessert und verfeinert … Diese Intelligenz, diese Weisheit, diese kreative Kraft ist unschlagbar … nicht zu überbieten.

Hm. Bewundernswert.

Entwickelt wozu? Gebaut wofür? Wurde auch diese „Maschine" für ein bestimmtes Ziel entwickelt und gebaut? Wenn schon bei den alltäglichen Gegenständen das Ziel so offensichtlich ist, wofür sie gemacht wurden, sollte dann die beste „Maschine", das Instrument mit dem meisten Know-how, den großartigsten Erfahrungswerten und den kostbarsten „Zutaten", kein Ziel haben? Glaubst du das wirklich?

Ich hab wirklich keine Ahnung.

Du kannst das Ziel deines Körpers, deines Geistes und deines Lebens ganz leicht erkennen. Aber du kannst auch ganz leicht erkennen, wenn du oder jemand anderes seinen Körper, seinen Geist und sein Leben nicht zielgerecht gebraucht. Also nicht so einsetzt, wie es ursprünglich vorgesehen ist.

Da bin ich aber gespannt.

Nun, um herauszufinden, wo ein Produkt hergestellt worden ist, beispielsweise meine Kaffeetasse, dreh ich einfach die Tasse um und lese „Made in Germany". Aha, die kommt also aus Deutschland. Bei meiner Computer-Maus lese ich „Made in China" und sofort weiß ich, die wurde in China gefertigt. Schau ich auf meinen Personalausweis, dann steht da auch drauf, wo ich herkomme. Interessant. Wo ich herkomme, ja – aber nicht wofür ich gebaut worden bin. Auch wurde für dieses fantastische Tool, für dieses großartige Instrument, keine Gebrauchsanweisung mit dazugelegt. Wie also soll ich herausfinden wofür ich gebaut wurde? Bin ich nur darauf angewiesen, was andere mir darüber sagen. Wenn jemand keine Ahnung vom Nutzen und Gebrauch einer Stereoanlage oder eines Computers hat, findet er es vielleicht toll, sie als Picknicktisch zu verwenden. Na schön. Ist doch was. Geht doch. Vielleicht hat er sich das auch nur von anderen abgeschaut und meint, so müsse man das machen. So ist es normal. Doch tief in deinem Geist und in deinem Körper gibt es etwas, das dir sagt, wofür du gemacht worden bist, was das Ziel deines Lebens ist. Ein innerer Kompass, der dir immer wieder die Richtung weist, dich immer wieder an dein Ziel und deine Bestimmung erinnert. Du magst Tausende von Malen von deinem Weg abkommen. Du magst Tausende von Malen dein Ziel aus den Augen verlieren. Auf tausendfache und sehr unterschiedliche Weise wirst du daran erinnert, wozu du hierher auf diesen Planeten gekommen bist. Oft auch auf sehr schmerzliche Weise wirst du darauf hingewiesen. Die Botschaft heißt:

„Made to be happy"

Du bist hier, um glücklich zu sein und zum Glück anderer beizutragen. Das ist dein Ziel. Das ist deine Bestimmung. Dein Ziel ist es nicht, andere glücklich zu machen und dabei selbst total überfordert „auf dem Zahnfleisch" zu gehen. Dein Ziel ist es nicht, egomanisch nur an dich zu denken und wie ein Raffzahn alles an dich zu reißen und über Leichen zu gehen. Nein. Ganz schlicht und einfach. Du bist hier, um glücklich zu sein und zum Glück anderer beizutragen. Woher ich das weiß, willst du wissen? Entdecke es selbst. Schau, wie dein Körper und Geist funktionieren. Sie verraten es dir, wenn du darauf achtest. Unzweideutig. Glasklar. Ja, du hast es erfasst: Wenn es auch das Ziel deines Lebens ist, glücklich zu sein und zum Glück anderer beizutragen, so musst du keineswegs dieses Leben entsprechend diesem Ziel leben. Du bist nicht dazu verpflichtet, entsprechend dem ursprünglichen Ziel, wofür du entwickelt und „gebaut" worden bist zu leben. Du kannst natürlich auch dein Leben so einrichten, dass du unglücklich bist, und zum Leid und Unglück anderer beiträgst. Auch das ist eine Option, eine Möglichkeit. Auch das ist deine Freiheit. Nur weil dein Organismus dafür gemacht wurde, **glücklich zu sein und zum Glück anderer beizutragen**, verpflichtet es dich nicht, ihn für dieses Ziel zu verwenden. In gewisser Hinsicht hast du also die Freiheit. Doch nicht ganz! Wenn ich nämlich nicht weiß, dass mein Organismus extra für dieses Ziel gemacht wurde, habe ich, genau genommen, diese Freiheit nicht.

Vielleicht war es ja auch so:
Bevor du auf diesen Planeten gekommen bist, hat dich dein Super-Creator gefragt: „Na, Julia, bist du bereit für neue Aufgaben? Hast du Lust auf völlig neue Herausforderungen? Hm, lass mal hören." Ja, und dann kam ein Vorschlag, der dir gut gefallen und der dich irre inspiriert hat.

Da ist dieser Planet Erde. Ein Planet von ungewöhnlicher Schönheit. Und … vor allem … da gibt es Leben. Ein seltener Planet mit Leben. Leben, das leben will, umgeben von Leben, das leben will. Es gibt sehr viel Schönes zu entdecken. Ein wahres Geschenk. Ein Abenteuer. Die Vielfalt des Lebens mit seinen unterschiedlichen Arten ist unbeschreiblich.

Aber da gibt es auch Gefahren, da gibt es jede Menge Hindernisse und Schwierigkeiten. Schau, da gibt es so viel unvorhersehbare Widrigkeiten, aber auch positive Überraschungen. Du weißt nie, was auf dich zukommt. Und noch eins, du weißt nicht, wie lange du dort verweilen darfst. Du weißt nicht, wann deine Zeit auf diesem Planeten zu Ende ist, wann du also wieder zurückkommst. Die Zeit, die du dort verbringen darfst, kann sehr kurz sein oder auch länger, du weißt es einfach nicht.

Überlege es dir gut. Es ist etwas ganz Besonderes, diesen Planeten besuchen zu dürfen. Und während du dort verweilst, hast du eine Aufgabe, ein Ziel. Deine Aufgabe heißt: Sei glücklich und trage dazu bei, dass auch andere glücklich sind. Ja, das ist dein Ziel, das ist deine Aufgabe, das ist deine einzige Mission: **Glücklich sein und zum Glück anderer beizutragen.** Erlaube es dir, diese kurze Zeit zu genießen und dich an all dem Schönen zu erfreuen. Dafür ist es gemacht. Dafür bist du gemacht.

Es gibt unvorstellbar viel Schönes auf diesem Planeten Erde. Öffne jeden Tag mehr deine Augen, es zu entdecken. Die Umwelt und die Mitmenschen werden es dir nicht immer leicht machen, das Schöne, das Wertvolle und das Positive zu sehen. Doch halte Ausschau danach, suche danach, lerne es zu sehen und zu schätzen.

Look for what is good and beautiful.

Du brauchst diese positiven Augen, um die Kraft zu haben, das Leid, das du auch sehen und erfahren wirst, zu verkraften. Du brauchst diese Kraft, um Missstände positiv zu überwinden. Wenn du blind bist für all das Schöne und Wertvolle, was es da gibt, dann fehlt dir auch die Kraft, aus Negativem Positives zu machen. Wenn deine Augen für das Schöne und Positive verschlossen sind, dann fehlen dir auch die Kraft, die Fantasie und die Freude, zum Glück anderer beizutragen.

Und natürlich wirst du auch sehr viel Unschönes, Schlechtes und Negatives auf dieser Erde sehen und erleben. Auch das gehört dazu. Da sind sehr viele Missstände. Da liegt so viel im Argen. Da ist so viel Leid. Da herrscht so viel Unrecht, Lug und Betrug. Tagtäglich wirst du auf Widrigkeiten und unliebsame Ereignisse stoßen. Erwarte also nicht, dass du nur auf Angenehmes stößt. Rechne mit dem Schlimmsten. Unrecht, Enttäuschung, Einsamkeit, Ablehnung, Zurückweisung, Misserfolg, Niederlagen, Unsicherheit, Gefahren, Krankheit, Lieblosigkeit, Kälte und und und …. du wirst von nichts verschont bleiben. Jeder, der die Chance wahrgenommen hat, diesen wunderbaren Planeten zu besuchen, wird auch mit diesen Aspekten des Daseins konfrontiert. Sogar Jesus, Mahatma Gandhi, Mutter Teresa und all die Großen der Menschheitsgeschichte kamen damit in Kontakt. Erwarte also nicht, dass bei dir eine Ausnahme gemacht wird. Du wirst voll in das Leben eintauchen. Und du wirst natürlich dabei auch „nass" werden.

Durch die Kraft deiner Wahrnehmung und deiner positiven Augen könntest du dich aber auch entscheiden, negative Situationen positiv und konstruktiv anzugehen. Das heißt: negative Erfahrungen positiv zu verarbeiten. Aus dem Mist der Vergangenheit Dünger für die Zukunft zu machen. Du könntest versuchen aus jeder Gegebenheit das Beste zu machen. Statt Angst vor den Missständen zu entwickeln, hilfst du mit anzupacken, sie zu überwinden.

Wenn ich dich dann eines Nachts wecken würde und würde dich fragen: Was machen wir aus dem Schlechten? Was würdest du mir dann antworten? Was würdest du mir zurufen?

„Das Beste!"

Schau, wenn du wirklich deine Aufgabe erkannt hast, nämlich **glücklich zu sein und zum Glück anderer beizutragen**, dann spielt es keine Rolle, wo du stehst und wo du beginnst. Wenn es deine Mission ist, etwas Licht in die Dunkelheit zu bringen, dann spielt es keine Rolle, wie dunkel es ist. Auch das kleinste Licht ist dann schon eine große Hilfe. Erwarte also nicht, dass es auf der Erde nur rosig aussieht. Erwarte nicht, dass da nur Licht ist. Nein, bring du etwas von deinem Licht, wie wenig es auch immer sein mag. Bringe etwas von deinem Licht in die dunkle Welt. Rechne mit der Dunkelheit, dann regst du dich nicht darüber auf. Rechne mit der Dunkelheit und du hast keine Angst vor ihr. Rechne mit der Dunkelheit und verströme dein Licht.

„Mich stört die Dunkelheit nicht", sagte das Licht und strahlte immer heller und heller.

Und da ist noch eins, das du wissen musst: Viele Menschen auf der Erde sind noch in einem uralten Gefühlsmuster verstrickt, das zu sehr viel Leid führt. Ja, das zu wirklich viel Leid führt. Wenn du es erkennst, kannst du dir viele Schmerzen ersparen und gleichzeitig bist du für die anderen eine Hilfe, ohne dass du sie belehren musst. Achte darauf und du wirst es tagtäglich erkennen. Es ist so selbstverständlich und so alltäglich, dass es einfach für jeden total normal erscheint. Deshalb hat es auch keinen Wert, wenn du die Menschen darauf hinweist oder wenn du sie dahingehend belehren würdest. Dieses Gefühlsmuster ist so uralt und so weit verbreitet, dass niemand darauf kommt, dass es bessere Möglichkeiten geben könnte. Vermutlich wirst auch du dieses uralte Gefühlsmuster verwenden, nicht weil du dumm bist, nicht weil du schlecht bist, sondern einfach deshalb, weil es jeder macht. Jeder, unabhängig von seiner Schulbildung, unabhängig vom Alter. Einer macht es quasi dem anderen nach und denkt, das sei richtig, so muss man's machen, so muss man empfinden.

Dieses uralte Gefühlsmuster, seit Jahrtausenden weitergegeben, hat zwei Komponenten und schaut so aus:
1. Die Menschen setzen negative Gefühle ein, um ihre Ziele zu erreichen.
2. Sie geben gleichzeitig dem anderen die Schuld an ihrem negativen Gefühlszustand.

Das ist wirklich sehr seltsam. Du meinst also, sie erzeugen in sich selbst ein negatives, unangenehmes Gefühl, um ein Ziel zu erreichen? Sie machen sich selbst unglücklich, um ein Ziel zu erreichen, das ihnen wichtig ist? Und dann gehen sie her und beschuldigen den anderen so, als habe dieser sie unglücklich gemacht? Ist das so?

Ja, genau so ist es. Du wirst es auf der Erde tausendfach erleben. Fast jeder macht es dort so. Es ist für die Menschen einfach selbstverständlich. Also wundere dich nicht. Halte diese Menschen nicht für dumm oder schlecht, weil sie dies tun. Hab einfach ein Herz für sie. Sie tun es aus Unwissenheit und weil sie zutiefst daran glauben, so handeln zu müssen. Sie selbst erleben es wie eine Notwendigkeit, so handeln zu müssen. Sie kämen sich sonst unnormal vor, weil es ja schließlich jeder so macht.

Hm, wie kann ich mir das vorstellen? Und wie kann ich reagieren, wenn ich auf diese Gefühlsreaktionen bei anderen stoße? Werde ich nicht ein Außenseiter sein? Wird man mich dann nicht tausendfach missverstehen?

Du wirst ein Außenseiter sein. Und du wirst oft missverstanden werden. Aber was ist daran so schlimm? Was ist daran für dich so schlimm, missverstanden zu werden? Ich sagte dir doch, wenn du diesen wunderbaren Planeten besuchst, wirst du auch auf sehr viel Unannehmlichkeiten und Leid stoßen. Du wirst auch sehr oft falsch verstanden werden. Du wirst auf Unverständnis stoßen. Nicht nur einmal. Immer wieder. Daran kommst du nicht vorbei. Du kommst auch mit Häme, Arroganz, Überheblichkeit und gar Geringschätzung und Verachtung in Kontakt. Rechne damit. Auch das gehört dazu. Jeder, der den Planeten Erde betritt, und besonders diejenigen, die dort längere Zeit bleiben, werden auch diese dunklen Seiten erfahren.

Kannst du mir noch ein Beispiel davon geben, wie die Menschen dieses uralte Gefühls-muster anwenden? Wie sie negative Gefühle in sich selbst erzeugen und sich unglück-lich machen, um ihre Ziele zu erreichen, und dann dem anderen die Schuld an ihrem Unglück geben? Wie kann ich mir das vorstellen, dass ich es dann auch erkenne und vielleicht auch hilfreicher damit umgehen kann?

Dein Partner oder dein Kind oder auch Freund sitzt dem Irrtum auf, er müsse in sich negative Gefühle, also eine negative Energie erzeugen, um ein Ziel zu erreichen, und dann gibt er dir die Schuld, als hättest du dieses negative Gefühl in ihm erzeugt.

Huch, das ist doch unglaublich! Das kann doch nicht wahr sein, das sind doch so intelligente und großartige Wesen! Ich kann mir das einfach nicht vorstellen, wie die Menschen das machen.

Nun, stell dir vor, dein Partner fühlt sich von dir nicht verstanden. Er hat den Eindruck, du verstehst ihn nicht.

Das kann ja sein. Das kommt doch vor. So ist es doch auf diesem Planeten. Das gehört doch auch dazu, dass man nicht verstanden oder eben oft missverstanden wird.

Was ist wohl das Ziel deines Partners?

Dass ich ihn verstehe. Er will mein Verständnis.

Richtig. Und was macht er jetzt, um sein Ziel zu erreichen? Was macht er, um von dir Verständnis zu bekommen?

Er fühlt sich verletzt. Er fühlt sich gekränkt. Er reagiert sauer und wütend. Er versetzt sich in einen negativen Gefühlszustand. Er macht sich unglücklich. Er erzeugt sehr viel negative Energie in sich. Ist das so?

Hm, hm. Und was will er damit erreichen?

Mein Verständnis. Dass ich ihn verstehe. Er will sich von mir verstanden fühlen. Das ist sein Wunsch. Das ist sein Ziel. Eigentlich ein ganz gesunder Wunsch, ein ganz positives Ziel. Er möchte, dass ich ihn verstehe. Er sucht nach Verständnis.

Hm, hm. Und wem gibt er die Schuld für sein verletztes Gefühl? Wer, glaubt er, hat ihn gekränkt und wütend gemacht?

Er wird mir die Schuld geben. Er wird mich vielleicht sogar beschimpfen, mir Vorwürfe machen. Er wird behaupten, dass mein Unverständnis ihn verletzt hat und wütend macht.

Und was glaubst du: Wird dadurch sein Wunsch, vom Partner verstanden zu werden, erfüllt? Wird er durch diese Strategie das Verständnis seines Partners gewinnen?

Wohl kaum. Sehr unwahrscheinlich. Eher das Gegenteil könnte der Fall sein. Mehr negative Gefühle, mehr Unglücklichsein und noch weniger Verständnis.

So schaut dieses Gefühlsmuster aus, das du auf der Erde oft antreffen wirst. Bist du bereit, dies zu erfahren, ohne die betreffende Person für dumm, gemein und schlecht zu halten? Diese leidvollen Reaktionen sind einfach nur unkritisch übernommen, einfach nur nachgeahmt und abgeschaut, in dem guten Glauben, dass man es so machen muss. Dass es so richtig und normal ist. Es sind einfach zu viele, die diesem Irrtum aufsitzen. Seit Tausenden von Jahren. Sei deshalb nicht überheblich: Das sind hochintelligente, wunderbare Wesen, die noch in diesem uralten, sehr leidvollen Gefühlsmuster verstrickt sind. Sie handeln alle aus gutem Glauben heraus, so handeln zu müssen. Dass es so richtig und normal sei. Sie tun es, weil sie mit Menschen aufgewachsen sind, die ihnen dieses Muster vorgelebt haben. Sie verwenden einfach nur das, was sie gelernt haben.

Hast du noch ein Beispiel für mich, das mir helfen könnte, dieses Muster schneller zu erkennen und gegebenenfalls hilfreicher zu reagieren?

Stelle dir vor, jemand hat am nächsten Tag eine wichtige Prüfung vor sich. Er hat sich gut vorbereitet und ist ganz guter Dinge. Abends liegt er im Bett und merkt, dass er nicht einschlafen kann. Nun, was ist sein Ziel?

Er will schlafen, sich erholen, um am nächsten Tag ausgeruht und fit zu sein.

Was wird er also tun, wenn er merkt, dass er längere Zeit schon wach liegt und nicht schlafen kann?

Wird er auch starke negative Gefühle entwickeln und sich unglücklich machen, um sein Ziel zu erreichen? Schlaf, Erholung, Fitsein für den Tag. Und wem will er dann die Schuld geben?

Ja, er wird sich furchtbar ärgern und sich unglücklich machen. Er wird starke negative Gefühle in sich erzeugen. Er ist der festen Überzeugung, dass man sich ärgern muss, wenn man so lange wach liegt. Er hält dies für notwendig, besonders dann, wenn er am nächsten Tag so eine wichtige Prüfung hat. Er käme sich unnormal vor, wenn er sich nicht darüber aufregen würde. Denk dran, er hat sich dieses Muster abgeguckt von Leuten, die für ihn wichtig waren. Wird er dadurch sein Ziel erreichen? Schlaf, Erholung und Fitsein für den Tag?

Sicher nicht. Er wird immer wacher werden. Und sich noch mehr ärgern. Er würde diesen Ärger für völlig gerechtfertigt halten. Aber wem wird er die Schuld geben, wen will er für seinen Ärger verantwortlich machen? Das Wachliegen? Gibt er allen Ernstes dem Wachliegen die Schuld, wenn er sich aufregt und ärgert?

Ja, so ist es. Er setzt diese starken negativen Gefühle ein, um sein Ziel zu erreichen (Schlaf, Erholung und Fitsein für den Tag) und gibt dafür dem Wachliegen die Schuld. „Das Wachliegen macht mich wahnsinnig" oder „Das Wachliegen regt mich auf."

Ja, aber erkennt dieser Mensch denn nicht, wie er sich selbst immer wacher macht? Wie er sich selbst um den Schlaf und die Erholung bringt?

Mancher erkennt es. Und doch spult er dieses uralte Gefühlsmuster ab. Du weißt schon: Er hält es für notwendig, für normal. So muss man es machen. Er will kein Außenseiter sein. Er macht einfach nur nach, was man ihm vorgelebt hat.

Was für ein Leid! Was für eine Energieverschwendung!

DIALOG 7

Drei Modalitäten

Um wirklich glücklich zu sein und zum Glück anderer beizutragen, hast du, vereinfacht gesagt, drei Modalitäten. Es sind praktisch drei Wege oder Kanäle, die du alle benutzen kannst, um dich glücklich zu machen und zum Glück anderer beizutragen.

Diese drei Modalitäten sind
1. dein Denken,
2. dein Sprechen und
3. dein Verhalten.

Genau genommen machst du dich durch **dein** Denken, **dein** Sprechen und **dein** Verhalten glücklich oder unglücklich und trägst dadurch auch zum Glück oder Unglück anderer bei.

Hm, das klingt ja wirklich sehr einfach.

Ja, wie du siehst, spielt also **dein** Denken, **dein** Sprechen und **dein** Verhalten für **deine** Gefühle, **deine** Stimmung und **dein** Glücksempfinden eine ganz wichtige Rolle. Bestimmt gibt es auch noch andere Faktoren, die wichtig sind. Doch beschäftigen wir uns jetzt mit diesen dreien.

Nehmen wir an, du fährst mit deinem Auto und du hast vergessen, die Nebelscheinwerfer auszumachen. So strahlen deine Nebelscheinwerfer, obwohl gar kein Nebel mehr da ist. Du fährst und fährst und merkst es nicht einmal, dass deine Nebelscheinwerfer an sind. Das könnte man als Fehler bezeichnen, oder? Du hast also einen Fehler gemacht.

Ja, das ist ein Fehler. Das kann passieren. So etwas kommt vor.

Plötzlich überholt dich ein Auto. Der Fahrer dieses Wagens gestikuliert ganz wild. Er ist wütend und zeigt dir den „Vogel". Er zeigt mit **seinem** Zeigefinger an **seine** Stirn. Durch das halbgeöffnete Fenster schreit er: „Du Idiot! … Wo hast du bloß deinen Führerschein gemacht?!" Dieser Fahrer reagiert sichtlich verärgert und wütend auf deinen Fehler. Wer hat dieses Gefühl, diese Wut in ihm erzeugt? Du? Dein Auto? Deine Nebelleuchte? Dein Fehler? Wer hat ihn wütend gemacht? Wer hat ihn so unglücklich gemacht? Ein äußeres Ereignis – oder er sich selbst?

Meine Nebelleuchte, mein Fehler vermute ich.

Also du glaubst, deine Nebelleuchte bzw. dein Fehler hat die Wut in ihm erzeugt? Hat ihn so aufgebracht und verärgert?

Ja, das denke ich.

OK. Dann stell dir jetzt mal vor, dasselbe würde noch einmal passieren. Du hast vergessen die Nebelleuchte auszumachen, obwohl kein Nebel mehr besteht. Dich überholt ein Auto. Doch der Fahrer dieses Wagens strahlt dich an und zeigt freundlich mit seinem Zeigefinger auf deine Nebelscheinwerfer. Er zeigt dir nicht den Vogel. Er gestikuliert nicht wie wild. Er ist nicht verärgert und wütend. Und er schreit keine Beleidigungen aus dem Fenster. Er reagiert freundlich auf deinen Fehler. Wer hat dieses Gefühl, diese Freundlichkeit in ihm erzeugt? Du? Dein Auto? Deine Nebelleuchte? Dein Fehler? Wer hat ihn so freundlich und hilfsbereit gemacht? Ein äußeres Ereignis – oder er sich selbst?

Hm, interessant.

Und noch etwas. Welcher von diesen beiden Fahrern hat dich geschickter auf deinen Fehler hingewiesen? Der erste oder der zweite? Welcher dieser beiden Fahrer konnte seinen Wunsch klarer zum Ausdruck bringen? So, dass du es am schnellsten erkannt hast, was er möchte?
Und nun zurück zur Ausgangsüberlegung.
Wer oder was machte den ersten Fahrer so wütend und unglücklich?
Das äußere Ereignis (mein Fehler, meine Nebelleuchte) oder er sich selbst?

Wohl er sich selbst. Wie er mit den Fehlern seiner Mitmenschen umgeht, ist wohl seine eigne Sache, oder? Er macht sich wütend. Er selbst macht sich unglücklich.

Und wem wird er wohl die Schuld dafür geben? Wen wird er wohl für seinen negativen Gemütszustand verantwortlich machen? Was glaubst du, wen hält er für die Ursache seiner Wut?

Ein äußeres Ereignis, wie du immer sagst. Also mich bzw. meinen Fehler.

Jetzt, wo wir erkannt haben, dass er selbst die Ursache seines negativen Gefühlszustandes ist, lass uns genau betrachten, wie er sich wütend und unglücklich macht und was er damit für ein Ziel verfolgt.

Also, wie macht er sich unglücklich?

*Meinst du durch die drei Modalitäten? **Sein** Denken? **Sein** Sprechen? Und **sein** Verhalten, **sein** Handeln?*

Richtig! Durch **sein** Denken, durch **sein** Sprechen und durch **sein** Verhalten steuert er **seinen** internen Gefühlszustand. Erzeugt er quasi sein inneres Fühlen und Erleben. **Seine** positiven wie auch **seine** negativen Gefühle. Erinnere dich daran, der erste Fahrer hatte eine ganz bestimmte Art zu denken, eine ganz bestimmte Art zu sprechen und eine ganz bestimmte Art, sich dir gegenüber zu verhalten. Wie fühlt sich jemand innerlich, der so denkt, so spricht und sich so verhält? Ob er wohl weiß, dass er durch diese spezifische Art **seines** Denkens, **seines** Sprechens und **seines** Handeln **sich selbst** unglücklich macht?

Bestimmt nicht. Er wird glauben, dass ich (in seinen Augen dieser „Idiot") ihn aufrege und wütend mache. Dass ich diesen negativen Gefühlszustand in ihm erzeuge.

Aber, was glaubst du, möchte er mit seiner Wut dieser negativen Energie erreichen? Was ist der Wunsch hinter seiner Wut? Wozu macht er sich so unglücklich? Was ist das Ziel seiner Beleidigungen? Was möchte er damit erreichen?

Dasselbe, was der zweite Autofahrer auch erreichen wollte und mit viel weniger Stress und Belastung erreicht hat. Dass ich die Nebelscheinwerfer ausmache, wenn sie nicht mehr notwendig sind.

Mit welchen Augen siehst du den ersten Autofahrer, wenn er andere so ungeschickt auf ihre Fehler hinweist? Wenn er sich dabei so anspannt und so stresst? Wenn er noch glaubt Beleidigungen gebrauchen zu müssen, um seine Ziele zu erreichen? Schau dir seinen Gesichtsausdruck an. Er zeigt mit seinem Zeigefinger auf ein unglückliches Gesicht. Wie siehst du ihn? Wie denkst du über ihn? Wie sprichst du über ihn? Wie verhältst du dich ihm gegenüber? Denn: Wie **du** denkst, wie **du** sprichst, wie **du** dich verhältst, das bestimmt **deinen** inneren Gefühlszustand.

*Wie **er** denkt, wie **er** spricht, wie **er** sich verhält, das bestimmt **seinen** inneren Gefühlszustand.*

Also, wie siehst **du** ihn? Wie denkst **du** über ihn? Wie sprichst **du** über ihn? Wie verhältst **du** dich ihm gegenüber? Und wen machst **du** für dein inneres Gefühl verantwortlich? Und sag mir, was möchtest **du** damit erreichen?

Hui, das ist ja die Härte! Sehe ich ihn als „Arsch" oder „Idiot", der gefälligst freund-
lich oder doch wenigstens respektvoll sein sollte, und zeige ich ihm den Stinkfinger,
dann würde ich mich ja genauso beschissen fühlen wie er. Dann würde ich in mir ei-
nen wütenden und unglücklichen Gemütszustand auslösen. Dann würde mein Gesicht
genauso leidvoll und verspannt und hässlich aussehen wie seins. Und ich würde ihm
die Schuld an meiner beschissenen Stimmung geben.

OK. Und was würdest du damit erreichen wollen? Was wäre der Wunsch hinter deiner
Wut? Was für ein Ziel möchtest du damit erreichen? Diesen Aspekt hattest du noch
vergessen.

Ja, stimmt. Mein Wunsch? Mein Ziel? Hm. Vielleicht reagiere ich einfach nur spontan.
Muss da immer ein Ziel sein?

Schau mal.

Dass er so nicht mit seinen Mitmenschen umgeht? Dass er andere nicht beleidigt und
so rücksichtslos ist?

Positiv formuliert?

Dass er freundlich, respektvoll sich verhält.

Interessant. Dazu möchtest du ihn mit deiner Wut verhelfen.

Halt, da fällt mir noch ein Ziel ein. Ich möchte ihm zeigen, dass ich mir nicht alles
gefallen lasse. Dass er das mit mir nicht machen kann. Dass man mich nicht so rum-
schupsen kann. Dass ich kein Weichei bin.

Hm, hm. Positiv formuliert. Und wie willst du, dass er dich sieht? … als jemand, der
sich behaupten kann?

Ja, als stark … als eine starke Persönlichkeit.

Hm. Das ist für **dein** Selbstbewusstsein ganz wichtig, dass **er** dich so sieht?

Oh nein! Das ist ja bitter.

DIALOG 8

Die Haltung entscheidet.

Du kannst das beste Werkzeug haben. Aber das genügt nicht. Nehmen wir einen Kugelschreiber als Beispiel. Dieser Lamy hier ist ein echt gutes Schreibgerät. Du kannst damit sehr schön, ganz leicht und mühelos schreiben und auch sehr lange.

Aber es kommt nicht nur darauf an, wie gut das Werkzeug ist, also das Schreibgerät, es kommt auch darauf an, wie du diesen Lamy hältst. Die Haltung ist genauso wichtig, vielleicht sogar noch wichtiger. Denn stell dir vor, ich drehe den Lamy anders herum, halte ihn also falsch, dann schaut das Ergebnis ganz anders aus.

Bei einer falschen Haltung kannst du zwei interessante Aspekte beobachten:
1. Das Ergebnis ist schlecht und
2. du fühlst dich schlecht.

Versuch's mal. Nimm diese verrückte Haltung ein und dreh den Kugelschreiber einfach um. Und jetzt versuche zu schreiben. Was passiert? Wie ist das Ergebnis? Und ... Wie fühlst du dich dabei?

Hm. Ich muss wahnsinnig aufdrücken, um überhaupt eine Spur zu Papier zu bringen. Ich müsste es fast einritzen, dass man überhaupt etwas sieht, geschweige denn, dass man was lesen kann. Wenn ich mit dieser Haltung schreibe, bin ich total verkrampft und mir tut der Arm weh. Das kann man nicht lange machen. Das Ergebnis ist total beknackt.

In doppelter Hinsicht! Nämlich?

Das Ergebnis nach außen ist schlecht. Man kann die Schrift kaum lesen. Und das Ergebnis nach innen ist schlecht. Es ist sehr mühsam, schwierig, anstrengend und tut sogar weh.

OK. So sehen die beiden Aspekte einer falschen oder ungünstigen Haltung aus: Nach außen schlecht – nach innen schlecht.

Ist das immer so?

Schau nach. Überprüfe es selbst.

Du hast dir ein leckeres Brot gekauft und jetzt möchtest du dir ein paar Scheiben davon abschneiden. Kein Problem. Du hast da ein superscharfes Edelstahl-Sägemesser. Du nimmst ganz spontan und ohne große Überlegung die richtige Haltung ein: Du packst das Messer am Knauf und schneidest mit der scharfen Klinge eine Scheibe Brot nach der anderen ab. Das geht ganz leicht, ganz mühelos. Ergebnis: schöne Scheiben, kraftvolles, gutes Gefühl.
Wie du jedoch weißt, kommt es nicht nur auf das supergute Werkzeug an, sondern auch auf deine Haltung, wie du es hältst. Versuch mal dein scharfes Edelstahl-Sägemesser falsch zu halten. Nimm kräftig die scharfe Klinge in die Hand und jetzt schneide mit dem Knauf des Messers dein leckeres Brot. Das wäre also die falsche oder ungünstige Haltung des guten Werkzeuges. Wie schauen die zwei Aspekte dieser falschen Haltung aus?
1. Das Ergebnis nach außen?
2. Das Ergebnis nach innen?

Die Brotscheiben sind total zerbröselt. Mit dem Knauf geschnittenes Brot, unmöglich. Das kann man als Brotscheibe gar nicht mehr erkennen oder bezeichnen. Das Ergebnis nach außen wäre sehr schlecht.

Und das Ergebnis nach innen? Wie würdest du dich dabei fühlen, während du diese falsche bzw. ungünstige Haltung einnimmst?

Sehr schmerzhaft! Es würde sehr wehtun. Ja, so wäre das Ergebnis nach innen. Sehr unangenehm, schmerzhaft, unglücklich.

Schau, genau so ist es mit deiner geistigen Haltung, deiner inneren Einstellung den Gegebenheiten des Lebens gegenüber. Du hast immer die Möglichkeit, eine günstige oder ungünstige Haltung einzunehmen. Und auch da wirst du die beiden Aspekte oder Wirkungen nach außen und nach innen erkennen.

Sogar potentiell positiven Ereignissen gegenüber könntest du eine günstige geistige Haltung einnehmen und deren positive Wirkung in Bezug auf deine Ziele erleben. Du hast aber auch die Freiheit, eine ungünstige geistige Haltung und Einstellung zu wählen, mit schlechten Ergebnissen und einer schmerzhaften inneren Erfahrung.

Also führen positive Ereignisse nicht zwangsläufig zu positiven Gefühlen? Ist das so?

Überleg. Sehr viele Menschen werden mit positiven Ereignissen konfrontiert. Zwingt sie das dazu, auch eine günstige Haltung den Ereignissen gegenüber einzunehmen?

*Heißt das, meine **geistige Haltung**, meine **innere Einstellung** zu einem Ereignis bestimmt mehr meine Gefühle als das äußere Ereignis selbst?*

Das ist eine interessante Überlegung.

Das würde ja bedeuten, wir können zu einem potentiell positiven Ereignis sowohl eine günstige als auch ungünstige geistige Haltung einnehmen. Aber auch bei potentiell negativen Ereignissen hätten wir die Möglichkeit – oder wie du sagst – die Freiheit, eine günstige wie auch eine ungünstige geistige Haltung einzunehmen.

Haben wir das etwa nicht? Was meinst du?

Ich sehe diese Wahlmöglichkeit oder Freiheit nicht. Ich glaube, wir sind einfach nur blind. Wir sehen die vielen möglichen positiven Gelegenheiten nicht. Wir sind einfach blind dafür oder wir übersehen sie. Oder wir haben nicht gelernt sie wirklich wahrzunehmen und zu schätzen. Dann haben wir auch keine Wahl. Ich entscheide mich ja nicht, eine ungünstige geistige Haltung einzunehmen. Ich bin doch nicht bescheuert. Ich denke, ich habe keine Wahl. Keine Freiheit. Bei positiven Ereignissen fühle ich mich wohl und bei negativen Ereignissen eben schlecht bis furchtbar.

Ja, so stellt sich das für viele von uns dar. So ist eigentlich unsere Alltagserfahrung, wenn wir die Bedeutung unserer **inneren Einstellung** bzw. unserer **geistigen Haltung** völlig außer Acht lassen.

Erinnerst du noch, was wir über die richtige, günstige Haltung des Messers herausgefunden hatten? Und wie sich eine falsche, ungünstige Haltung auswirkt nach außen auf das Ergebnis und nach innen auf den Gefühlszustand? Genau so ist es bei der geistigen Haltung auch.
Was nützt dir das beste Werkzeug, wenn du es falsch gebrauchst? Was nützt dir das teuerste Instrument, wenn du falsch damit umgehst? Du bist die großartigste „Maschine", du bist das Höchste, was die Evolution bisher hervorgebracht hat. Jetzt kommt alles auf deine innere Einstellung zu den Gegebenheiten des Lebens an. Es ist wie mit den Radiowellen. Tausende von Radiosendern senden Musik, Reportagen, Nachrichten. Um sie klar zu hören und dich daran zu erfreuen, musst du die richtige Einstellung treffen.

Das ist mir alles zu theoretisch. Sei mir nicht böse, aber das klingt mir alles etwas zu banal und auch etwas sehr abgehoben, realitätsfremd. Irgendwie so gurumäßig.

Schön. Dann lass es uns an einer ganz praktischen Situation untersuchen. Du hast mir erzählt, dass deine Mutter dich immer maßregelt, gängelt und bevormundet, obwohl du schon über 30 bist. Stimmt das?

Ja, das tut sie sehr oft.

So ist das Verhalten, das dich an deiner Mutter stört, das Bevormunden? Und du würdest es gerne abstellen?

Ja, sehr gerne. Aber das ist unmöglich. Ich hab schon alles versucht. Sie bringt mich zum Wahnsinn damit. Ich raste total aus, wenn sie auf diese Tour kommt und meint, mir als Erwachsenen noch Vorschriften machen zu müssen.

Ja, ich verstehe. Wenn deine Mutter dich bevormundet, dann fühlst du dich...?

Ganz klein, nicht ernst genommen, verletzt, wütend.

Hm. Das scheint wirklich eine sehr schmerzliche Erfahrung für dich zu sein. Das tut weh. Hm? Und wie reagierst du dann auf deine Mutter? Wie sprichst du mit ihr? Wie verhältst du dich ihr gegenüber?

Ich reagiere genervt. Ich mache ihr Vorwürfe. Ich schreie sie sogar manchmal an.

Und hat sie das Bevormunden abgelegt?

Nein. Bis jetzt nicht.

OK. Was sind die beiden Kennzeichen einer falschen und ungünstigen geistigen Haltung?

Nach außen schlechte Ergebnisse. Mein Ziel nicht erreicht. In meinem Fall meine Mutter bevormundet mich weiterhin. Ich konnte sie nicht stoppen. Ich schlage mich immer noch mit diesen Bevormundungen herum. Wenig effektive Handhabe.

Und was ist der andere Aspekt der ungünstigen Haltung?

*Die Wirkung nach innen. Die Wirkung, die meine geistige Haltung auf meinen Ge-
fühlszustand hat.*

Nämlich?

*Sehr schmerzlich. Sehr unangenehm. Sehr viel Anspannung und Stress. Viel negative
Energie.*

Nun, welchen Rückschluss auf deine innere Einstellung und geistige Haltung lässt das
zu?

*Dass sie falsch und ungünstig ist. Deshalb schlechte Ergebnisse nach außen und in-
nen. Und ich dachte immer, dass meine Mutter mir diese Gefühle macht und dass sie
sich ändern sollte, dass ich mich besser fühle.*

Und jetzt?

*Jetzt könnte ich mich ganz anders fühlen und auch total anders auf meine Mutter rea-
gieren.*

Denn?

*Bei einer supergünstigen geistigen Haltung könnte ich geschickt reagieren und das
störende Verhalten meiner Mutter wirklich effektiv abstellen.*

Hm. Und wie wäre die Wirkung deiner Super-Einstellung nach innen? Wie würdest du
dich fühlen, **bevor**, **während** und **nach** dem Abstellen der Bevormundung?

*Hui. Kaum zu glauben! Ich fühle mich großartig! Kraftvoll, super, einfach gut. Frei.
Es ist plötzlich so leicht. Ganz einfach und mühelos. Ohne Anstrengung. Ohne Stress.
Super. Ich mache das mit Freude. Ich bin einfach gut drauf.*

Hm. Und wie reagiert deine Mutter? Wie geht sie damit um? Wie fühlt sie sich wohl?

*Sie lässt das Bevormunden einfach sein. Es ist total irre. Sie streicht es ersatzlos. Sie
ist noch nicht einmal beleidigt. Sie ist nicht gekränkt, nicht verärgert. Sie lässt es einfach sein und ist gut drauf. Keine Missstimmung. Kein Streit. Wir freuen uns beide. Es
ist so, als wäre sie von einer Last befreit. Als würde sie sich freuen, mich nicht mehr
bevormunden zu müssen. Sie hat irgendwie ein neues Zutrauen zu mir gefunden. Sie*

vertraut mir. Sie scheint an mich zu glauben. Hm. Dieses Gefühl ist sicherlich sehr viel schöner und kraftvoller für sie als der Drang, mich bevormunden zu müssen, der aus Angst und übertriebener Sorge kommt.

Ja, du beschreibst gerade die beiden Super-Effekte einer günstigen geistigen Haltung nach außen und nach innen:
Bessere Ergebnisse – bessere Gemütsverfassung.

Und weißt du was? Ich hab keine Angst mehr, von meiner Mutter bevormundet zu werden.

Keine Angst mehr vor Bevormundung?

Nein. Nicht im Geringsten! Selbst wenn sie wieder rückfällig werden würde. Keine Angst. Kein Stress. Kein Ärger. Juhu. Ich hab keine Angst mehr vor Bevormundung!

Keine Angst mehr vor der Bevormundung deiner Mutter?

Keine Angst mehr vor Bevormundung überhaupt! Nicht nur bei meiner Mutter!

Hm. Wirklich?

Mit einer supergünstigen Haltung kannst du auf jede Bevormundung super reagieren. Egal, von wem sie kommt.

Huch. Das ist aber eine Erkenntnis.

*Ja, ich habe keine Angst **vor** der Bevormundung.*
*Ich fühle mich frei **während** der Bevormundung.*
*Ich freue mich **hinterher** über das Super-Ergebnis.*
Denn auch der andere profitiert von meiner günstigen bis super-günstigen geistigen Haltung. Auch ihm geht es besser.

Danke. Danke für diesen Dialog.

DIALOG 9

Erkenne das A B C der Gefühle, Teil 1

Das Leben ist ein ganz spannendes Abenteuer. Es gibt so viel zu entdecken. So viel Neues. So viel Interessantes. So viel Aufregendes. Tagtäglich! Lass uns heute über das ABC der Gefühle sprechen. Unsere Gefühle sind ein faszinierendes Phänomen. Lerne sie zu verstehen – und du hast den Schlüssel zu einem glücklichen Leben in deiner Hand.

Ich bin gespannt.

Bevor ich dir das ABC der Gefühle zeige, möchte ich an einem kleinen Wortspiel deutlich machen, was Gefühle sind. Und du weißt ja, ich beschreibe alles ganz simpel, ganz einfach.

Einverstanden.

Also, statt „Gefühl" benutzen wir für unser Wortspiel das Wort „Emotion". Was bedeutet das Wort „Emotion"? Wir nehmen das englische Wort und schreiben es etwas anders:
E-motion. Der Buchstabe E steht für Energie. Also eine Emotion ist eine Form der Energie. „E" für Energie! Und dann steht da das englische Wort „motion", das heißt Bewegung. So, jetzt haben wir es. Eine Emotion ist Energie für eine Bewegung, gerichtet auf ein Ziel.
Ein Gefühl kannst du dir vorstellen als:
E-motion = Energie für eine Bewegung auf ein Ziel

Hm. Pfiffig.

So, jetzt zum ABC der Gefühle. Sehr vereinfacht, aber trotzdem sehr hilfreich ist das ABC-Modell der Gefühle, das in der kognitiven Verhaltenstherapie Anwendung findet.

Inwiefern kann es mir helfen glücklicher zu leben? Was ist das ABC der Gefühle?

Nun ich könnte es dir theoretisch erklären und mit vielen wissenschaftlichen Experimenten belegen, doch lass es mich an einer ganz alltäglichen Situation deutlich machen:

Ein Ehemann, der wohl seit längerer Zeit etwas viel Alkohol getrunken hatte, entschließt sich, für eine gewisse Zeit dem Alkohol ganz zu entsagen und nichts zu trinken. Einige Tage hat er es sehr gut geschafft, ganz auf den Alkohol zu verzichten. Als er am fünften Abend von der Arbeit nach Hause kommt, begrüßt ihn seine Frau ganz freundlich, nimmt ihn in den Arm und gibt ihm einen Kuss. So weit, so gut. Aber sie macht noch etwas. Sie macht einen kleinen Fehler: Sie schnuppert. Sie schnuppert fast unmerklich, ob ihr Mann wohl Alkohol getrunken hat. Ja, und dann ist es passiert. Der Ehemann hat es bemerkt, dass seine Frau geschnuppert hat.
Nach dem ABC-Modell bezeichne ich diesen Anlass, das Schnuppern der Frau, das der Ehemann bemerkt, als [A].
Das [A] steht also für Anlass, Auslöser oder auslösendes Ereignis. Nun, wie wird sich der Ehemann fühlen in diesem Moment? Wie wird er reagieren, wenn er merkt, dass seine Frau schnuppert?

Ich denke, er wird sich kontrolliert fühlen und sauer sein.

Ja, und wie wird er reagieren, wie wird er sich verhalten, wenn er sich kontrolliert fühlt und sauer ist? Was wird er seiner Frau sagen? Wie wird er mit ihr sprechen? Was für einen Ton wird er seiner Frau gegenüber anschlagen?

Er wird eventuell laut werden, ihr Vorwürfe machen, sie beschimpfen. Auf jeden Fall sehr unfreundlich reagieren. Es kann sogar sein, dass er dann zur Flasche greift und trinkt.

Schau, diese gefühlsmäßige Reaktion des Ehemanns ist nach dem ABC-Modell das C-Element. Das [C] steht also für das Gefühl und das Verhalten, das auf den Anlass folgt. Dazu gehören neben der gefühlsmäßigen Reaktion aber auch vegetative Reaktionen und das gesamte Verhalten, auch der Tonfall und die Sprechweise. Schau dir die Reaktion des Ehemanns mal genau an. Ist er gerade gut drauf oder schlecht drauf?

Er ist ziemlich schlecht drauf.

Was spürt er in sich? Positive Energie oder negative Energie?

Sicherlich eine Form von negativer Energie.

Also ist er eher glücklich oder unglücklich in diesem Moment?

Bestimmt unglücklich.

So lass mich kurz zusammenfassen. Die gefühlsmäßige Reaktion des Ehemanns [C]: Er ist schlecht drauf, spürt negative Energie in sich und fühlt sich unglücklich. Er beschimpft seine Frau. Er wird laut und macht ihr heftige Vorwürfe. Er greift zur Flasche und trinkt. Dieser unglückselige Gemütszustand des Ehemanns … wer hat ihn hervorgerufen?

Seine Ehefrau, weil sie geschnuppert hat und ihrem Mann misstraut und ihn kontrolliert hat.

Glaubst du das wirklich? Glaubst du wirklich, dass ein vorsichtiges, fast unmerkliches Schnuppern der Ehefrau den Ehemann zu so einer unglückseligen Gemütsverfassung zwingt?

Ja. Das Schnuppern zeigt ja, dass die Ehefrau misstrauisch ist und ihren Mann kontrolliert.

Ja, ich verstehe, wie du das siehst. Du glaubst, dass das Misstrauen, das Kontrollieren der Ehefrau den Ehemann praktisch so wütend und unglücklich macht, dass er zur Flasche greift.

Hm, muss es ja eigentlich nicht zwangsläufig, oder?

Wenn ich den Ehemann fragen würde: „Wer hat dich so wütend gemacht?" Was würde er wohl antworten?

Er würde sicherlich sagen: meine Frau, ihr Misstrauen, das Kontrollieren.

Fällt dir etwas auf?

Oh ja. Er selbst erzeugt diese negative Energie in sich. Er selbst macht sich unglücklich. Er selbst bringt sich schlecht drauf. Er selbst greift zur Flasche und trinkt den Alkohol.

Und wem gibt er wohl die Schuld für sein seelisches Dilemma?

Seiner Ehefrau.

Heureka! Da ist es ja wieder!

Was denn?

Dieses uralte Gefühlsmuster! Dieser Ehemann macht sich selbst unglücklich und macht seine Frau für sein Gefühlsdilemma verantwortlich. Er gibt ihr die Schuld.

Interessant, hm?!

Aber warum tut er das? Er macht sich selbst unglücklich und gibt ihr die Schuld. Seltsam.

Ja, da ist dieses uralte Gefühlsmuster. Ich mache mich unglücklich und gebe dir dafür die Schuld.
Und die Frage ist:
Warum mache ich das? Oder noch besser:
Wozu mache ich das? Was möchte ich damit erreichen?

Mich würde auch interessieren: Wie genau mache ich mich unglücklich? Wie stelle ich das an? Und vor allem, welche Alternativen habe ich? Hab ich wirklich die Freiheit zu anderen Reaktionen?

Das bringt uns zum Element [B] des ABC-Modells. Das liefert uns den Schlüssel zum Verständnis der Gefühle.

Wofür steht das [B] genau?

Wenn [A] der Anlass ist, das auslösende Ereignis,
und [C] die gefühlsmäßige Reaktion auf diesen Anlass,
dann steht das [B] für Bewusstsein, Blickpunkt, Betrachtungsweise, Perspektive, Sichtweise. Es sind praktisch die Gedanken, die ich über den Anlass habe.

Also heißt deine vereinfachte Gleichung A + B = C?

Ja, so ist es. Da ist eine auslösende Situation [A], die ich durch die Brille meines Bewusstseins [B] sehe. Beides zusammen ergibt dann mein Gefühl [C], aus dem mein Verhalten resultiert.

Das klingt sehr einfach. Aber ist es das wirklich? Hat unser Ehemann wirklich allein die Kontrolle über seine Gefühle? Dann hätte er ja die Wahl, auch anders zu reagieren.

Nun, hat er etwa nicht die Wahl? Hat er nicht die Freiheit, auch ganz anders mit dem Schnuppern seiner Frau umzugehen? Ist er wirklich auf dieses Gefühlsmuster festgelegt?

Ich denke schon. Er hat keine Wahlmöglichkeit. Denn dieser Ehemann weiß bestimmt nichts von dem ABC der Gefühle. Er weiß bestimmt nicht, welche Rolle sein Bewusstsein [B] bei dieser Interaktion spielt.

Du hast recht. Wenn jemand nichts von seinen Möglichkeiten weiß ... nicht seine Freiheit kennt, dann hat er sie auch nicht. Er kann dann auch keinen Gebrauch von seiner Freiheit machen.

Stell dir doch nur mal vor, du würdest diesen Ehemann fragen: Warum freust du dich nicht, wenn deine Frau schnuppert?

Ich glaube, er würde dich für verrückt halten. Er wäre vielleicht stinksauer auf dich. Er würde sich von dir „verarscht" fühlen.

Ja, er könnte sich überhaupt nicht vorstellen, dass er sich in derselben Situation auch radikal anders fühlen könnte. Er ist der festen Überzeugung, dass er so reagieren muss, dass dies ganz normal sei. Dass seine Frau ihn schließlich so wütend macht. Dass er seine Wut rauslassen muss.

Aber sag mir, wie sieht er seine Frau, dass er so wütend ist? Wie ist sein Bewusstsein beschaffen, dass er sich so unglücklich macht, nur weil seine Frau schnuppert?

Die Worte, die er seiner Frau an den Kopf wirft, verraten etwas über **sein** Bewusstsein, über **seine** Sichtweise. Sein ganzes Sprechen und Benehmen verraten etwas über **seine** unglückselige Perspektive [B], **seine** innere Sicht.

Der Ausgangspunkt [A] ist doch, dass die Frau schnuppert, das ist eine Tatsache. Diese Tatsache allein würde ihn ja nicht unglücklich machen, oder?

Richtig.

Es ist, wie wir schon erörtert haben, sein Bewusstsein [B]. **Sein** Denken, **sein** Sprechen und **sein** Verhalten machen ihn unglücklich.

Aber wie? Wie denkt er genau, dass er so unglücklich ist und so viel negative Energie in sich erzeugt?

Er sieht, dass seine Frau schnuppert. (Tatsache)
Er denkt, sie misstraut mir, sie kontrolliert mich. (Möglichkeit, die mich unglücklich machen kann)
Er ist der festen Überzeugung:
Meine Frau **darf** mir **nicht** misstrauen.
Sie ist gemein!

Hm. Diese zwei Gedanken machen ihn also unglücklich und nicht das Schnuppern selbst?

Ja, so ist es.
Es ist das Bewusstsein, die innere feste Überzeugung:
Man **darf** mir **nicht** misstrauen.
Wer mir misstraut, **der ist gemein**.
Wer so gemein ist, dem **muss** ich **weh tun**, den muss ich bestrafen.

Ja, das scheint sein Ansatz zu sein. Wenn er das für wahr, richtig und normal hält, dann wird er sich sehr elend fühlen. Bei diesen Gedankengängen kommt wirklich keine Freude auf.

Und nicht nur das. Welche Worte und Verhaltensweisen kommen aus diesem Bewusstsein, aus diesem elenden, diesem düsteren Gefühlszustand?

Nun, er wird laut, schreit rum, macht Vorwürfe, beleidigt seine Frau und säuft. Huch! Da ist Feuer unterm Dach. Das ist ja die Hölle!

Und wem gibt er die Schuld für seine inneren Turbulenzen?

Seiner Frau. Aber haben wir nicht noch etwas vergessen zu bedenken? Er macht sich doch unglücklich, gibt seiner Frau die Schuld und das alles mit einem bestimmten Ziel. Oder?

Ja richtig. Er verfolgt damit ein ganz positives Ziel.
Was meinst du, wozu er dies alles tut?
Frag also nicht warum, frag lieber wozu.
Was will er damit erreichen?

Dass seine Frau nicht mehr misstrauisch ist und ihn kontrolliert? Ist es das?

Hm. Positiv formuliert.

Er will damit erreichen, dass seine Frau ihm glaubt und vertraut und sich mit ihm freut. Aber das ist ja bitter.

Ja, er verwendet negative Energie, um ein positives Ziel zu erreichen. Er macht's mit Sauer-Power!

Er macht's mit Sauer-Power und hofft, dass was Süßes draus wird? Hui – wie naiv kann man doch sein?!

Denk dran.
Dieser Ehemann ist nicht gemein oder schlecht!
Schau nicht auf ihn herab.
Ihm geht es in erster Linie schlecht, weil er schlecht informiert ist. Er hat es so gelernt. Er hat dieses Denken unkritisch von anderen wichtigen Personen übernommen. Er ist der festen Überzeugung, dass er so handeln muss, dass es so richtig und normal sei. Eine andere Handlungsweise käme ihm völlig absurd und unnormal vor, wäre also völlig außerhalb seines Vorstellungsvermögens.

Diese negative Energie, die der Ehemann einsetzt, ist also in genauer Übereinstimmung mit seinem Denkansatz, seinem Bewusstsein?

Klar! Bei dieser Denke produziert sein Körper diese negative Energie mit all seinen dazugehörigen Verhaltensweisen.

Hm. Und das alles in Lichtgeschwindigkeit, um sein positives Ziel zu erreichen?!

Ja, so ist es.

Aber welches Bewusstsein, welche Perspektive könnte dem Ehemann in dieser Situation helfen? Wie müsste sein [B] aussehen, damit er glücklicher und effektiver mit dieser Situation umgehen kann?

Nun, lass uns diese ganze Episode in einer anderen Version durchspielen. Da ist wieder dieser Ehemann, 5 Tage hat er es geschafft, nichts zu trinken. Er freut sich über seine Überwindungsleistung und ist ganz stolz auf sich, wie in unserem ersten Beispiel. Als er abends nach Hause kommt, begrüßt ihn seine Frau ebenfalls freundlich, gibt ihm einen Kuss und ... sie schnuppert, ob er Alkohol getrunken hat.

Sie macht also denselben Fehler? Sie misstraut ihm und kontrolliert ihn?

Ja, sie zeigt dieselbe Reaktion wie in unserem vorigen Beispiel: Sie schnuppert fast unmerklich. Doch der Ehemann hat es sofort bemerkt.

Und wie reagiert er auf das Schnuppern seiner Frau? Wie geht er mit ihrem Misstrauen und ihrem Kontrollieren um?

Er strahlt sie an. Er freut sich. Er bringt seine Freude voll zum Ausdruck und sagt zu ihr: „Schnupper ruhig! 5 Tage haben wir schon geschafft! Ist das nicht toll?" Er nimmt seine Frau in den Arm, drückt sie und wirbelt mit ihr durchs Zimmer. Beide freuen sich über diesen Erfolg, über diesen Sieg.

Das ist ja unglaublich! Der muss ja einen völlig anderen Denkansatz haben, dass sein Körper so viel positive Energie produziert und diese Fülle an positiven Verhaltensweisen ermöglicht.

Du siehst, der Anlass [A] ist derselbe, doch die gefühlsmäßige Reaktion mit den dazugehörigen Verhaltensweisen [C] ist ganz anders.

Total anders! Total entgegengesetzt!

Wo der eine mit Ärger, Wut, Beschuldigen und Beleidigen reagiert und die Hölle tobt, reagiert der andere mit Begeisterung und mitreißender Freude und die Sonne scheint.

Was für ein Unterschied! Einfach genial!

Was glaubst du, was für dieses völlig andere Reagieren die notwendige Voraussetzung ist?

Für diese gefühlsmäßige Reaktion [C] mit den entsprechenden Verhaltensweisen ist das Bewusstsein [B] dieses Ehemannes verantwortlich. Also sein innerer Ansatz, seine ganz andere Perspektive. Er hat eine völlig andere Sicht von der auslösenden Situation [A], seiner misstrauisch schnuppernden Ehefrau.

Ja, richtig. Das muss er wohl. Sonst könnte er nicht so überzeugend, so klar, so mitrei-ßend positiv reagieren. Lass uns nun seine innere Sicht genau untersuchen. Was glaubst du, mit welchen Augen muss dieser Ehemann das Schnuppern seiner Ehefrau sehen, dass sein Körper positive Energie produziert?

Er interpretiert das Schnuppern nicht als Fehler oder gar als ein schlimmes Vergehen. Ist es das?

Ja, richtig. Lass es uns noch präziser machen:
Hegt er die stille Erwartung, dass seine Ehefrau nicht schnuppern dürfte? Dass seine Frau nicht misstrauisch sein dürfte?

Nein, im Gegenteil. Er ermutigt sie sogar noch und fordert sie noch auf und sagt: „Schnupper ruhig". Er scheint nichts dagegen zu haben, wenn seine Frau ihm miss-traut. Er hat vielleicht sogar Verständnis dafür.

Hält er seine misstrauisch schnuppernde Ehefrau für gemein?

Sicher nicht. Vielleicht eher als ängstlich besorgt. Unnötig besorgt!

Will er sie bestrafen? Möchte er ihr wehtun? Ihr eine Lektion erteilen?

*Bestimmt nicht. Dann könnte **er** nicht so gut drauf sein.*

Ja. Und was meinst du, ist sein Ziel? Was möchte er?

Dass seine Frau nicht so misstrauisch und besorgt ist?

Positiv formuliert.

Dass seine Frau ihm vertrauen kann. Dass seine Frau sich mit ihm freut. Mit ihm fei-ert. Mit ihm glücklich ist.

Ist ihm das gelungen?

Ja, 100%ig. Du würdest es bestimmt „supereffektiv" nennen.

Nämlich?

Effektiv nach innen, er fühlt sich super. Und effektiv nach außen: Seine Frau hat bestimmt nach dieser Aktion mehr Vertrauen zu ihm als vorher und mehr Freude. Mehr gemeinsames Glück. Ein echter Gewinn für alle.

Das klingt nach „Jeder-gewinnt-Methode".

Einfach genial.

DIALOG 10

Erkenne das A B C der Gefühle, Teil 2

Gerne würde ich noch eine Situation mit dir durchgehen und das ABC der Gefühle in Aktion erfahren. Ich finde es wichtig, dieses Modell genau zu verstehen, um es wirklich anwenden zu können.

Jeder Tag liefert dir Tausende von Anschauungsbeispielen für das ABC der Gefühle in Aktion. Es ist so irre und macht richtig Spaß, die neuen Möglichkeiten, die wir haben, zu erkennen. Erinnere dich an den Werbespruch von IKEA „Entdecke die Möglichkeiten!". Entdecke die Möglichkeiten – nicht nur bei IKEA! Mit dem richtigen Verständnis für das ABC der Gefühle wird dein Alltag zur Entdeckungsreise. Tagtäglich entdeckst du völlig neue Möglichkeiten! Völlig neue Möglichkeiten, Probleme und Konflikte zu lösen. Völlig neue Möglichkeiten, das Leben zu genießen und Freude am Leben zu haben. Alles wird wie neu. Sogar deine Vergangenheit und alles, was bisher in deinem Leben passiert ist, kannst du mit neuen Augen sehen, neu bewerten, andere Schlussfolgerungen daraus ziehen und völlig neue Lektionen lernen und Weisheit daraus gewinnen.

Hui, das wäre ja toll. Aber ist das positive Denken nicht eine Form von Verdummung? Von „sich etwas schön reden"? Kann das wirklich eine Hilfe sein, wenn ich eine rosarote Brille aufsetze und all das Negative in meinem Leben ignoriere? Das klingt ja so, als wolltest du mir sagen: „Das Wichtigste im Leben ist sich wohl zu fühlen". Das kann's ja doch nicht sein, oder? Ist das dein Wertesystem? Das ist ja wirklich sehr oberflächlich und naiv. Das klingt so wie „Rom brennt und Nero spielt Flöte". „Hauptsache ich fühle mich wohl". Ich finde deine Anschauung sogar gefährlich, jeder Junky denkt so und zieht sich seine Drogen rein. Die Pharmafirmen sacken Millionen damit ein. Hauptsache gut drauf und alles andere juckt mich nicht mehr. Der Markt boomt mit Büchern über positives Denken und „Du schaffst alles"-Literatur. Eine Erfolgsideologie, die ich für total primitiv halte und die wirklich keine echte Lebenshilfe sein kann: oberflächlich, naiv, ohne wirklich gute Ethik. Ich halte sie für verlogen, gerade gut genug, um finanziellen Profit zu machen. Dieser Wohlfühl-Ideologie als scheinbar höchstem Lebensgut sind Raucher, Alkoholiker, Medikamentenabhängige und alle Süchtigen verfallen und ganze Industriezweige profitieren von dieser „Hauptsache-gut-drauf"-Ideologie. Tagtäglich wird uns diese Ideologie über die Massenmedien suggeriert. Dass sie langfristig schadet und sogar krank macht, wird unter den Teppich gekehrt. Ich hätte nicht gedacht, dass auch du ein Opfer dieser Ideologie sein könntest.

Schön, dass du mich darauf aufmerksam machst. Das hilft mir, den Unterschied deutlich zu machen zwischen oberflächlich positivem Denken um des Wohlfühlens willen und einem Bewusstsein, das dir und anderen hilft Missstände zu überwinden mit mehr Freude, Kraft, Weisheit, Kreativität und Liebe. Lass uns also zunächst tiefer in das ABC der Gefühle einsteigen, denn das bildet die Grundlage für das richtige Verständnis und es hilft dir feinere Unterscheidungen zu treffen.

Unterscheidungen?

Ja. Die Fähigkeit zu unterscheiden – vermindert dein Leiden.

Meinst du damit, dass ein Teil unseres Leidens durch einen Mangel an Unterscheidungskraft verursacht ist? Und wenn ich feinere Unterscheidungen treffe, ich weniger Leid erleben werde?

Hm. Lass es uns herausfinden. Es geht nicht darum, was ich glaube, sondern wie wir einen geistigen Ansatz finden, der tragfähig ist, der uns wirklich hilft: kurzfristig und langfristig. Sei also bei allem, was ich sage, sehr skeptisch und überprüfe es selbst, ob es für dich stimmt. Glaube mir nichts. Prüfe es selbst. Unterziehe es einer harten Prüfung. Sei kritisch. Hinterfrage alles. Glaube nichts. Übernimm nichts ungeprüft. Nur was du selbst geprüft und für wahr empfunden hast, ist hilfreich für dich und gibt dir Kraft. Ein ungeprüftes Fürwahrhalten, ein unkritisches Übernehmen und Glauben ist nicht hilfreich und sogar gefährlich. Alle deine Fragen und Einwände sind hilfreich und tragen dazu bei, genauer hinzuschauen und präzisere Unterscheidungen zu treffen.

Deine Strategie ist also: Genau hinschauen, was wirklich ist. Nichts glauben – hart prüfen. Und erst, wenn es den Härtetest bestanden hat, wenn ich selbst von seiner „Wahrheit" überzeugt bin, damit zu arbeiten?

Ja, genau so. Skeptisch! Hinterfragen! Hart prüfen auf den Wahrheitsgehalt! Nur dann trifft das zu, was in der Bibel steht: Die Wahrheit macht frei. Finde also heraus, was für dich wahr ist. Das verleiht dir eine ganz neue Freiheit und innere Stärke. Die Kraft der Wahrnehmung. Die Kraft der Unterscheidung.

Und die theoretische Basis dafür ist das ABC-Modell der Gefühle?

Ja. Sehr vereinfacht natürlich. Doch als Einstieg, als Einführung eine super Methode. Ich möchte es dir noch mal an einem Beispiel zeigen, das mit Misstrauen und Kontrolliertwerden zu tun hat.

Super. Dann kann ich meine Erkenntnisse zu diesem Thema gleich vertiefen.

Zwei Verliebte sind für ein halbes Jahr voneinander getrennt. Wolfgang fliegt aus beruflichen Gründen in die USA, seine Freundin Petra bleibt hier in Deutschland. Täglich sind sie am Telefonieren oder schreiben sich liebevolle E-Mails. Doch eines Tages passiert etwas, das Petra ganz durcheinander bringt. Ein charmanter intelligenter Mann macht bei ihr starke Annäherungsversuche, Petra wird schwach und beide erleben intime Stunden zusammen. Als Petra bewusst wird, was sie getan hat und dass sie doch lieber ihrem Freund in USA treu bleiben möchte, hat sie sofort die Affäre beendet. Als ihr Freund aus den USA zurückkam, erzählte sie ihm von ihrer Affäre. Sie wollte doch offen und ehrlich sein. Und sie hielt es nur für fair, ihren Freund alles wissen zu lassen und so ihr Gewissen zu erleichtern.

Und wie reagierte ihr Freund? Wie hat er ihren Fehltritt aufgenommen?

Er war zunächst sehr traurig und niedergeschlagen. Es hat ihn doch sehr getroffen. Damit hatte er einfach nicht gerechnet.

Und dann?

Da er aber sah, wie leid es seiner Freundin tat und wie sehr sie ihn doch lieb hat, hat er ihr verziehen.

Ist ja eine starke Leistung. Geht das so einfach?

Nun, lass uns sehen, wie die Geschichte weiterging. Es ist Sonntagabend, Wolfgang verabschiedet sich und geht nach Hause in seine Wohnung. Zwei Stunden später kommt er, mit einer recht fadenscheinigen Begründung zu seiner Freundin zurück.

Und merkt Petra, warum er eigentlich zurückkommt? Was der Grund seines Kommens ist?

Ja natürlich. Sie hat es sofort erkannt. Sie hat ihn durchschaut. Und sie erkannte sofort, wie dürftig seine Begründung war. Sie sah, dass er kam, um sie zu kontrollieren.

Er war also sehr misstrauisch und wollte sie kontrollieren und dachte, seine Freundin würde es nicht bemerken?

Richtig. Doch sie hat es sofort gemerkt. Und was glaubst du, wie sie sich gefühlt hat?

Oh, sie hat sich sicher kontrolliert gefühlt.

Hm, hm. Sich kontrolliert fühlen ist kein echtes Gefühl. Wie wird sie sich gefühlt haben, wenn sie merkt, ihr Freund kontrolliert sie?

Enttäuscht, verletzt, sauer und aufgebracht.

Wie wird sie reagieren? Was wird sie ihm sagen? Wie wird sie mit ihm sprechen, wenn sie verletzt und sauer ist?

Sie wird ihm Vorwürfe machen und sehr unfreundlich mit ihm sprechen.

Was könnte sie ihm vorwerfen?

„Das nennst du verzeihen?! Erst tust du so großmütig und willst mir verzeihen und dann spionierst du hinter mir her und kontrollierst mich! Wie erbärmlich du bist. Und ich dachte, ich könne mit dir über alles reden. Wie naiv von mir! Deine Eifersucht macht mich wahnsinnig!"

Nun, wie würdest du die Stimmung beschreiben, die sich bei diesem Paar entwickelt hat?

Eine schreckliche Stimmung. Die Hölle.

Schau dir nun mal Petra an. Was glaubst du, wen macht sie verantwortlich für **ihre** schlechte Stimmung, **ihren** Schmerz und **ihre** Wut?

Von ihrem Standpunkt aus gesehen, wird sie Wolfgang die Schuld für ihre miese Stimmung geben. Sie wird glauben, dass seine Eifersucht, sein Spionieren, sein Kontrollieren sie wütend und unglücklich machen.

Und wer ist wirklich für ihre Stimmung und ihren Gemütszustand verantwortlich? Wer erzeugt diese spezielle Stimmung, diese spezifischen Gefühle in ihr?

Ich weiß, du würdest sagen, sie selbst erzeugt ihre Gefühle.

Und was meinst du?

Ich kann verstehen, dass Petra so verstimmt ist. So ein Misstrauen und Kontrollieren kann einem mächtig auf den Zeiger gehen. Ich könnte da auch nicht ruhig bleiben und einen auf „Keep smiling" machen.

Ich verstehe, dass du so denkst. Die Aufregung und Wut, die Petra spürt, ist ja nicht falsch, schlecht oder verwerflich. Es ist lediglich ein Gefühlszustand, der bestimmte Verhaltensweisen hervorbringt. Natürlich darf Petra in dieser Situation enttäuscht, aufgeregt und sauer sein. Die Überlegung war nur: Wer erzeugt in Petra diese Gefühle, diese Stimmung? Sie selbst oder Wolfgang? Wer ist quasi der Verursacher ihrer Gefühle?

Nun, ich sag mal, sie selbst. 100%ig bin ich aber davon nicht überzeugt. Warum sollte sie sich freiwillig so unglücklich machen und so viel negative Energie in sich erzeugen?

Statt warum frag wozu? Frag nach dem Ziel ihrer negativen Energie. Was möchte sie damit erreichen?

Da haben wir es wieder: unser uraltes Gefühlsmuster. Ich erzeuge in mir negative Energie, um ein positives Ziel zu erreichen.

Nun, wie sieht es im Falle von Petra aus?

Petra bringt sich selbst in Rage. Sie will damit erreichen, dass Wolfgang ihr nicht misstraut und sie nicht kontrolliert. Dass er nicht so eifersüchtig ist.

Positiv formuliert.

Petra verwendet negative Energie, um bei Wolfgang zu erreichen, dass er ihr wirklich verzeiht. Sie will damit bei ihm das positive Ziel Vertrauen erreichen.

Wie würdest du diese Methode hinsichtlich ihrer Effektivität einschätzen? Führt diese Strategie zu dem erwünschten Ergebnis? Was glaubst du?

Ich denke, Wolfgang würde weiterhin misstrauisch sein und eventuell noch raffinierter kontrollieren. Niemandem wäre damit geholfen.

Und Petra?

Petra fühlt sich dabei sehr unglücklich und hat nichts erreicht. Das wäre eine äußerst schwache Lösung. Aber ist es nicht gerade so, wie es die meisten von uns machen?

94

Ja, da hast du recht. Sehr viele würden so reagieren. Das ist normal. Das ist althergebracht. Das ist üblich. Das ist einfach die konventionelle Reaktion.

Wie aber würde eine supereffektive Aktion aussehen, wo jeder gewinnt? Wo ich mein Ziel erreiche und dabei noch aus einem positiven Gemütszustand heraus handle?

Lass uns das bei Petra ansehen, wenn sie sich selbst als Urheber ihrer Gefühle und Handlungen sehen würde und wie sie geschickt oder supereffektiv mit dem Misstrauen, dem Kontrollieren von Wolfgang umgehen könnte.

Da bin ich wirklich gespannt. Doch halt. Warte. Lass mich erst noch mal zusammenfassen, wie Petra sich unglücklich macht. Ich möchte noch einmal ganz konkret die Bestandteile ihres inneren Gemütszustands erkennen, um besser zu verstehen, wie ihre Reaktion selbst erzeugt ist. Diesen Aspekt des selbstverantwortlichen Reagierens, den möchte ich noch mal mit dir durchgehen, bevor wir dann zum supereffektiven Umgang mit dem Fehlverhalten von Wolfgang kommen.

OK, tu das. Denn die Selbstverantwortung für unsere Gefühle, unser Denken, unser Sprechen und unser Handeln bildet die Grundlage für unsere innere Freiheit und somit auch für ein glücklicheres Leben.

Innere Freiheit? Meinst du damit meine Freiheit zu wählen? Meine Freiheit, dass ich mich auch immer anders entscheiden kann? Meine Freiheit, nicht auf ein bestimmtes Reiz-Reaktionsmuster festgelegt zu sein?

Ja, richtig. Nur wenn wir die volle Verantwortung für unsere Gefühle und alle damit verbundenen Reaktionen übernehmen, können wir wirklich wählen, neu entscheiden, eine günstigere Wahl treffen. Das nenne ich innere Freiheit.

Hm, genau genommen handle ich ja dann immer aus meiner inneren Freiheit heraus, auch wenn ich eine ungünstige Wahl treffe und mich ganz beschissen fühle und sogar dem anderen die Schuld dafür gebe, oder?

Interessant, was?! Nun aber zurück zu Petra. Wie genau kriegt sie es hin, sich unglücklich zu machen? Wieso macht sie sich so unglücklich, wenn Wolfgang misstrauisch, kontrollierend und eifersüchtig ist? Was möchte sie denn damit erreichen?

Also, ich fasse mal zusammen. Korrigier mich bitte, wenn ich einen wichtigen Aspekt vergessen oder falsch verstanden habe.

OK. Lass uns sehen.

Wenn ich Petra fragen würde, wer oder was sie so wütend [C] macht, würde sie antworten: Wolfgang, sein Misstrauen, sein Spionieren, seine Eifersucht [A].

Vermutlich.

Jetzt formuliere ich mal diese Aussage in der „Weil-Struktur", dann würde Petra sagen:
"Ich bin verletzt und wütend, weil ... *Wolfgang mir misstraut, mir hinterherspioniert, mich kontrolliert, so eifersüchtig ist."*

Korrekt.

Jetzt formuliere ich dieselbe Aussage in der „Macht mich-Struktur", dann würde Petra sagen: Wolfgang, sein Misstrauen, sein Kontrollieren und seine Eifersucht verletzen mich und machen mich wütend.

Super. Diese Aussage ist dieselbe, nur anders formuliert. Dadurch wird die Opferhaltung von Petra noch deutlicher. Sie ist das gefühlsmäßige Opfer. Sie bekommt ihre Gefühle von Wolfgang gemacht. Der andere macht mir meine Gefühle, ich kann nichts dafür. Er ist der Urheber meiner Gefühle. Der andere hat mehr Kontrolle darüber, wie ich mich fühle, als ich selbst. Klingt das nach Freiheit? Nach Wahlmöglichkeit? Nach Selbstbestimmung?

Sicher nicht. Im Gegenteil. Es klingt so, als müsse sie sich so fühlen, als habe sie gar keine andere Wahl. Schließlich macht ja Wolfgang ihr die Gefühle, was kann sie denn dafür, dass sie so empfindet?!

OK. Kannst du dieselbe Aussage noch einmal neu formulieren, dass dieser Aspekt noch klarer herauskommt?

Wie meinst du das? Dass der Aspekt von „keine Wahl" noch deutlicher wird?

Ja. Petra geht ja stillschweigend davon aus, dass...?

*... sie so fühlen und empfinden **muss**, wenn Wolfgang ihr misstraut, spioniert, kontrolliert und eifersüchtig ist.*

Hm, hm.

*Sie hält es für richtig und normal, so zu empfinden, ja vielleicht sogar für **zwingend notwendig,** so zu reagieren.*

Lass das „Vielleicht" weg.

*Petra glaubt, dass sie sich verletzt und wütend fühlen **muss**, wenn Wolfgang ihr misstraut, spioniert, kontrolliert und eifersüchtig ist.*

Interessant, wenn man es so formuliert, oder?

Ja, gewiss. Und die Bedeutung dieser „Muss-Formulierung" ist bereits in den beiden anderen Formulierungen implizit enthalten.

Und das bedeutet …?

Keine Wahl, keine Alternative, auf eine Reaktion festgelegt, keine Freiheit im Wählen, einer Reaktion verpflichtet, keine Selbstbestimmung, ich bin das gefühlsmäßige Opfer, der andere bestimmt zu 100% meine Gefühle, mein Denken, Sprechen und Handeln. Der andere bestimmt zu 100% meine Reaktion.

Ich nenne dieses Muss das **„versteckte Muss"**. Du findest es in den beiden anderen Formulierungen, wenn du danach Ausschau hältst. Es ist eine **Denk-Struktur**, die sich auch in der Sprechweise und im Verhalten zeigt.

Hm, das klingt gut: „Das versteckte Muss". Das klingt so geheimnisvoll.

OK. Welche Formulierungen der gleichen Aussage kennst du nun?

Wenn ich das ABC der Gefühle mir ansehe, so erkenne als Erstes das A-Element (Wolfgangs Misstrauen, Kontrollieren, Eifersucht) und das C-Element bei Petra (Gefühl des Verletztseins, Ärger, Wut). Interessant ist jetzt, wie Petra diese Reiz-Reaktionsverbindung bzw. diese AC-Elemente für sich verbindet.
„Weil-Formulierung"
„Macht-mich-Formulierung"
„Muss-Formulierung" (das versteckte Muss)

Ja, und wenn ich das noch ergänze, dann gehört diese interessante Annahme über die Reiz-Reaktionsverbindung zum Teil B des ABC-Modells.
„Wolfgang macht mir meine Gefühle"
„Wolfgang bestimmt meine Denken, Sprechen und Verhalten"
„Wenn Wolfgang mir misstraut, dann **muss** ich mich verletzt und wütend fühlen". Alles ganz interessante Sichtweisen, Gedankengänge oder Glaubenssätze.

Ja, das ist wirklich spannend und faszinierend, wie man von einer Aussage bzw. Reaktion auf die dahinterliegenden Gedanken, Annahmen und Glaubenssätze kommt, besonders das „versteckte Muss".

Schön, aber es gibt noch sehr viel mehr zu entdecken. Wie macht sich Petra noch unglücklich. Fahre fort mit deiner Zusammenfassung der Strategien, dass wir dann zu den supereffektiven Möglichkeiten kommen können, die Petra ebenfalls hat.

Wir sind also beim B-Element (das B steht für Bewusstsein, Blickpunkt, Perspektive, Denkansatz, geistige Haltung) und den unterschiedlichen Möglichkeiten, wie Petra sich unglücklich macht, richtig?

Ja. Richtig. Eine Denkstruktur oder Strategie hast du schon beschrieben. Petra sitzt dem Irrtum auf, als würde der Anlass A ihr Gefühl C, ihr Denken Sprechen und Verhalten verursachen, als habe sie keine Wahl, keine Freiheit, als müsse sie in dieser Situation so empfinden und handeln.

Ein weiterer Irrtum wäre, ihre Erwartung, dass Wolfgang ihr nicht misstrauen dürfe, ihr nicht hinterher spionieren dürfe, nicht eifersüchtig sein dürfe, und besonders dann nicht, wenn er vorher noch groß getönt hat, dass er ihr verzeiht.

Ja, richtig. Aber warum ist das ein Irrtum? Und warum sollte sie diese Erwartung unglücklich machen?

Um mit deinen Worten zu sprechen: Es ist eine Tatsache, dass Wolfgang misstraut, kontrolliert und eifersüchtig ist. Diese Tatsache an sich kann nicht wehtun und macht folglich auch nicht unglücklich. Wenn also Petra unglücklich ist, so sitzt sie verschiedenen Irrtümern auf, die nicht im Einklang mit der Wirklichkeit sind. Ihre Erwartung, Wolfgang sollte nicht misstrauisch, kontrollierend und eifersüchtig sein, ist nicht im Einklang mit der Wirklichkeit, denn er ist es und sie merkt es ja auch.

Gut auf den Punkt gebracht.

*Es ist also nicht Wolfgangs Misstrauen, sein Kontrollieren und seine Eifersucht [A], die Petra unglücklich machen, sondern ihre eigene **Fehl-Erwartung**, dass Wolfgang **nicht** misstrauisch, und eifersüchtig sein **dürfte** [B], und dass er ihr vertrauen **müsste**.*

Ja, hier fordert jemand Vertrauen, wo keins ist. Das ist gegen die Realität. Das tut weh.

Das ist nicht nur eine Fehl-Erwartung, das klingt wie eine Forderung, ja fast wie ein Befehl: „Du musst mir vertrauen, auch wenn du es nicht kannst." „Vertrau mir gefälligst!"

Hm, hm. Und kann man sich bei dieser geistigen Haltung des Forderns und Befehlens, bei dieser Fehl-Erwartung frei und wohl fühlen und kreativ und flexibel reagieren, was meinst du?

Sicher nicht. Man fühlt sich dabei unglücklich und eingeschränkt in seinen Reaktionsmöglichkeiten.

Und wen mache ich verantwortlich für mein unglückseliges Gefühl? Meine schlechte Stimmung? Und für die Eskalation des Streits? Meine geistige Haltung, meinen schrägen Denkansatz?

Nein. Den anderen natürlich.

Warum tue ich das? Bin ich böse? Gemein? Niederträchtig?

Nein, keinesfalls. Nur unwissend. Ich hab nur unkritisch übernommen, was andere wichtige Personen in meinem Umfeld mir vorgelebt haben. Ich hab es mir einfach nur abgeschaut, ohne gegenzuchecken, ob es für mich funktioniert, ob es mir hilft, ob es mein Glück fördert.

OK. Gehen wir einen Schritt weiter. Welchen geistigen Irrtümern sitzt Petra noch auf, um sich so unglücklich zu machen und wenig effektiv mit Wolfgangs Fehlverhalten umzugehen?

*Petra geht von einer weiteren Annahme aus, die nicht im Einklang mit der Wirklichkeit ist und die ihr sehr weh tut. Ihr inneres Motto lautet: „Wer mir misstraut, mich kontrolliert oder eifersüchtig ist, der **ist gemein**." Dieser **Herabsetzer**, wie du ihn nennst,* *hat mit der Realität nichts zu tun. Es ist lediglich eine unzutreffende Bewertung einer Person. Eine Abwertung.*

Aber warum eine unzutreffende Bewertung?

Es ist eine Abwertung der ganzen Person. Es handelt sich dabei nicht um die Einschätzung von konkreten Verhaltensweisen, sondern um eine Art Entwertung, Abwertung der gesamten Persönlichkeit.

Ja, richtig. Es stimmt, dass Petra Wolfgang in dieser Situation als gemein abstempelt, aber warum tut dieses herabsetzende Verhalten Petra weh? Wolfgang ist doch eigentlich das Opfer ihrer Vorwürfe und Beschimpfungen.

Hui, wie kompliziert. Aber warte, wir kriegen das auseinander dividiert. Wenn Petra über Wolfgang abwertend, herabsetzend denkt und ihn für gemein abstempelt, weil er ihr misstraut, dann ist ihr Denkansatz daneben und bringt ihr Schmerzen ein. Ihr Denken ist dann nicht im Einklang mit der Wirklichkeit. Das tut weh. Das tut ihr weh. Und sie wird ihm die Schuld daran geben.

Aber sag mir, ist es nicht verständlich, dass man auch mal seinen Partner für gemein hält, wenn er einen misstraut und kontrolliert?

Verständlich ja. Natürlich. Doch in diesem Moment, wo ich abwertend über ihn denke und ihn als ganze Person herabsetze – in diesem Moment – und nur für diesen Moment, solange ich dieser Fehleinschätzung aufsitze, leide ich unter dieser geistigen Fehlhaltung, dem **Herabsetzer***. Sehe ich das richtig?*

Ja, du konntest den **Herabsetzer** sehr klar erkennen, als **eine geistige Fehlhaltung**, eine verzerrte Einschätzung der Person. Diese Art der Bewertung und Abwertung wird der Persönlichkeit des anderen nie gerecht. Sie ist einseitig und übertrieben. In der Psychologie spricht man von Übergeneralisierung, Etikettierung und Labeling, wenn du einen Fachbegriff dafür *haben* willst.

Mir kommt da der Vergleich mit einer Brille in den Sinn. Wenn ich eine falsche Brille auf habe, eine Brille, die alles verzerrt oder die mich alles unklar und verschwommen sehen lässt, dann bin in erster Linie ich der Leidtragende: Ich sehe schlecht oder nichts oder falsch. Ich erleide also dadurch große Nachteile. Wenn ich meinen Partner oder meine Mitmenschen durch eine verzerrte Brille der Wahrnehmung sehe, leide ich und kann nicht sehr effektiv mit ihnen umgehen.

Richtig. Die Gefühle und Verhaltensweisen aber, die aus einer solch falschen und verzerrten Sicht entstehen, können zu großen Nachteilen für alle Beteiligten führen. Gehen wir zum nächsten Punkt, der unmittelbar damit verbunden ist.

Welchen meinst du?

Wenn Petra denkt, Wolfgang **ist gemein**, was will sie dann bei Wolfgang erreichen?

Dass er nicht mehr misstrauisch und kontrollierend ist? Meinst du das?

Da fehlt noch ein kleiner Zwischenschritt, oder?
Sie will ihn am liebsten...?

*Sie will ihn am liebsten bestrafen, sie will ihm wehtun. Ach ja, das ist die **Negativ-Strategie „wehtun wollen"** bzw. bestrafen wollen. Ich setze negative Energie ein, um positives Ziel zu erreichen.*

Wem tue ich mit dieser Negativ-Strategie weh?

Mir selbst. Diese negative Energie, die ich aufwende, tut mir selbst weh und bringt sicher nicht das positive Ergebnis, das ich mir wünsche.

Richtig. Es ist so, als würde ich einen stacheligen Kaktus in die Hand nehmen und auf den anderen werfen. Ich steche mich auf jeden Fall selbst. Aber nun, was heißt das, auf Petra und Wolfgang angewendet?

Petra fügt sich selbst sehr viel Schmerz zu, wenn sie Wolfgang wehtun will. Sein Vertrauen kann sie dadurch nicht herstellen. Auch macht sie sich selbst nicht vertrauenswürdiger dadurch. Er wird weiterhin eifersüchtig sein, weiterhin kontrollieren – nur etwas raffinierter. Sowohl die Freude als auch die Liebe leiden dadurch. Schade.

Noch einen kleinen Reim für dich:
Wer wehtun will –
dem tut was weh,
(der tut sich weh),
auch wenn ich's manchmal nicht gleich seh.

Hui, mir wird's ganz heiß. Hui jui jui.

Wieso? Woran denkst du gerade, dass es dir so heiß wird?

Ich denke gerade darüber nach, wie oft ich mir wohl selbst schon die Lebensfreude und meine Fähigkeit zu lieben geraubt habe. Wie viel Kreativität, wie viele Chancen vertan, wie viel Glück verspielt. Wie oft ich mich selbst unglücklich gemacht habe und anderen dafür die Schuld gegeben habe. Mein Gott ist das übel!

Du magst recht haben mit dem, was du sagst. Je mehr Weisheit du gewinnst, umso mehr wirst du dir auch deiner Fehlversuche bewusst.

Ist das so?

Wenn du heute klüger bist als gestern, dann siehst du deine Fehler von gestern klarer.

Oh wie furchtbar! Gehört das zum Weisheitsgewinn dazu?

Ja. Du bekommst das eine nicht ohne das andere. Aber warum findest du das furchtbar?

Das ist doch schrecklich! Du siehst all deine Fehler, deine Fehlversuche, deine Missgriffe, dein Unvermögen klarer all die Chancen, die du vertan hast, all die Möglichkeiten, die du nicht genutzt hast – das hält doch niemand aus!

Glaubst du das wirklich? Glaubst du wirklich, du würdest es nicht aushalten, deine Fehler klar zu erkennen? Alle Fehler, die du gemacht hast, hast du gemacht. Sie liegen alle hinter dir. Du hast sie alle überlebt und „ausgehalten". Sie alle sind in deinen Erfahrungsschatz eingegangen. Sie alle sind eine Fundgrube der Weisheit. Die Fehler sind gemacht, doch wie du über sie denkst, was du jetzt daraus lernst, was du jetzt daraus machst, an wem liegt das?

An mir selbst.

Richtig. Nun – die Fehler sind gemacht. Die Versäumnisse sind geschehen. Wenn ich heute klüger bin als gestern, dann sehe ich natürlich klarer die Fehler und Versäumnisse von gestern. Hilf mir, was soll ich tun? Was würdest du mir empfehlen? Soll ich mich ärgern und unglücklich machen wegen der Fehler von gestern oder mich freuen und dankbar sein über die neugewonnene Weisheit, die mir so viel mehr Freude für die Gegenwart und Zukunft bringt?

Hm – du solltest dich freuen und dankbar sein für die neugewonnene Weisheit. Das würde ich dir empfehlen. Aber wie man das anstellt, so erleuchtet zu reagieren, das weiß ich nicht.

Ich freue mich, mit dir darüber zu sprechen. Lass es uns herausfinden, ob das überhaupt möglich ist. Und wenn, was es für einen Gewinn für dich und deine Mitmenschen hätte. Lass uns dieses Thema in einem anderen Zusammenhang diskutieren und jetzt fortfahren mit den neuen inspirierenden Möglichkeiten, die Petra im Umgang mit Wolfgangs Fehlverhalten hat: sein Misstrauen, sein Spionieren und Kontrollieren, seine Eifersucht.

OK. Ich bin gespannt.

Die Ausgangssituation [A] ist die gleiche: Wolfgang kommt zurück unter einem fadenscheinigen Vorwand, einer billigen Ausrede. Petra hat sofort erkannt, warum Wolfgang noch einmal zurückkommt.

Und wie fühlt sie sich [C], wie empfindet sie? Wie reagiert sie? Was sagt sie? Was passiert?

Eins nach dem anderen.

Das ist ja spannend.

Sie fühlt sich großartig und voller Freude. [C]

Unvorstellbar! Sie muss eine völlig andere Denkschiene [B] haben, eine völlig andere innere Sicht [B] von Wolfgang und seinem Fehlverhalten als bei der vorigen Version.

Richtig. Eine ganz andere Perspektive [B] und deshalb auch einen anderen Gefühlszustand [C] als in der ersten Version.

OK, sie fühlt sich großartig und voller Freude. Bringt sie das auch zum Ausdruck? Wie reagiert sie auf ihren Freund?

Als sie Wolfgang kommen sieht, strahlt sie ihn an und sagt etwas verschmitzt und mit halb zugekniffenen Augen: „Ich weiß ganz genau, warum du zurückgekommen bist. Ich weiß es ganz genau." Und stupst liebevoll-scherzend ihren Zeigefinger auf seine Brust. Mehrmals wiederholt sie voller Freude, wie ein kleines ausgelassenes Kind: „Ich weiß es ganz genau! Ganz genau!" und dann sagt sie ihm mit Worten, die sanft, aber direkt ins Herz gehen: „Du bist gekommen, um mich zu kontrollieren – stimmt's?" Er schaut etwas verlegen, fühlt sich ertappt und sagt halblaut: „Ja, stimmt". Und mit einem ganz liebevollen, süßen Blick sagt Petra: „Kontrollier mich nur. Du kannst mich kontrollieren, wann immer du willst. Die Hauptsache ist doch, dass du mir wieder vertrauen kannst. Ich hab dich lieb." Ohne eine Reaktion abzuwarten, nimmt sie Wolfgang in den Arm, drückt ihn ganz fest und übersät sein Gesicht mit zärtlichen Küssen.

Puuh! Starke Reaktion! Wahnsinn!

Ja, der perfekte Mix aus Humor, Lebensfreude, Verspieltheit, Charme, Liebe, Klarheit, Begeisterung, Leichtigkeit, Geschicklichkeit, Weisheit und mitfühlender, ja mitreißender Menschlichkeit.

Absolut genial!

Petra reagiert aus einem erhöhten Gemütszustand. Aus einem sehr hohen, positiven Stimmungsniveau.

Ich frag mich, wie kriegt sie das bloß hin? Mit welchen Augen sieht sie Wolfgang? Wie ist ihre innere Sicht [B] von ihm, dass sie so positiv empfinden und so genial reagieren kann?

Du stellst gerade Überlegungen an, wie die geistige Haltung [B] von Petra ist, dass sie so zauberhaft reagieren kann [C]?

Ja.

Glaubt sie, dass Wolfgang nicht misstrauisch sein dürfte und sie nicht kontrollieren sollte?

*Nein, dieser **Fehl-Erwartung** sitzt sie nicht auf. Auch fordert sie nicht Vertrauen, im Gegenteil sie fördert es auf völlig neue Art.*

Hält sie ihn für gemein, wenn er sie kontrolliert und wenn er eifersüchtig ist?

*Nein. Da ist kein **Herabsetzer**, keine Verurteilung, keine Abwertung der ganzen Person in ihrem Bewusstsein. Dieser geistigen Fehl-Haltung sitzt sie nicht auf.*

Will sie ihm wehtun? Will sie ihn bestrafen für sein „fehlerhaftes" Verhalten, damit er sich bessert?

*Oh nein! Die **Strategie des „Wehtun-Wollens"** hat sie nicht drauf. Sie setzt keine negative Energie ein, um Positives zu bewirken. Macht's auch nicht mit Sauer-Power. Sie macht sich selbst nicht unglücklich, um Wolfgang zum Positiven zu beeinflussen.*

Du siehst, wenn Petra diesen Fehleinschätzungen, diesen geistigen Irrtümern nicht aufsitzt, ist sie frei für zauberhafte Reaktionen auf einem hohen Stimmungsniveau.

Ist ja irre. Aber mit welchen Augen sieht Petra ihren Freund?

Sie sieht einfach nur, was ist. Da kommt Wolfgang, misstrauisch, kontrollierend, eifersüchtig. Und obendrein ist er auch noch ängstlich bemüht, sein Misstrauen zu verbergen. Das ist alles.

Das ist Fakt. So ist es. Das ist die Wirklichkeit. Und wenn ich die sehe, wie sie ist, dann bin ich frei und kann kreativ und genial reagieren?

Ja, so ist es. Sieh einfach genau hin und sieh die Wirklichkeit, so wie sie ist. Ohne die Erwartung, sie müsse anders sein. Ohne die Person pauschal zu verurteilen und herabzusetzen. Ohne die Absicht, dieser Person wehtun zu wollen. Ohne die Negativ-Strategie anzuwenden, und du bist gut drauf und gut dran und kannst kreativ und effektiv reagieren.

Hm, er muss Petra vorgekommen sein wie ein kleiner Junge, der verbergen will, dass er von der Schokolade genascht hat, und nicht merkt, dass sein ganzer Mund noch mit Schokolade verschmiert ist. Ich selbst muss lachen bei dieser Vorstellung. Da kommen Verständnis, Mitgefühl und liebevolle Freude auf.

Ja, und vergiss nicht: Aus diesem inneren freien Zustand kann Petra sehr kreativ, flexibel, geistesgegenwärtig reagieren. Diese gehobene, positive Stimmungslage macht supereffektive Reaktionen möglich.

Dieser besondere Gemütszustand ist also die Voraussetzung, um mit Situationen supereffektiv umzugehen?

Ja, genau das ist die wichtigste Voraussetzung für glücklichere Gefühle und effektives Handeln. Dann kannst du zaubern. Dann kannst du inspirierende Ergebnisse erzielen, die für alle Beteiligten ein Gewinn sind.

Das ist ja irre! Mit der richtigen geistigen Perspektive erfährt Petra für sich nicht nur einen positiven, glücklichen Gemütszustand, sondern entdeckt Lösungsmöglichkeiten, die nicht nur hilfreich und effektiv, sondern einfach zauberhaft sind. Sie inspiriert damit Wolfgang auch zu ähnlichen Gefühlen: Vertrauen, Freude, Liebe, Humor, Lebendigkeit, Leichtigkeit und und und.

DIALOG 11

Wir haben bisher an verschiedenen Beispielen das ABC-Modell der Gefühle besprochen. Die einzelnen Glieder des ABC: A steht für Anlass, die auslösende Situation. B steht für Betrachtungsweise, also die Art und Weise, wie ich das auslösende Ereignis sehe und wie ich darüber denke. C steht für meine gefühlsmäßige Reaktion und wie ich mich verhalte. Das Neue und der Schwerpunkt unserer Erörterung war dabei jedoch…?

… dass ich selbst dafür verantwortlich bin, wie ich mich fühle. Meinst du das?

Ja, richtig. Der entscheidende Punkt ist die Selbstbestimmung unserer Gefühle oder die Selbstverantwortung für unsere Reaktionen.

Seit unseren Dialogen konnte ich immer deutlicher erkennen, wie wir selbst unsere Gefühle hervorrufen, jedoch dem anderen dafür die Schuld geben.

Hast du da ein Beispiel?

Jemand macht eine zynische oder abfällige Bemerkung [A] und ich fühle mich verletzt [C]. Wenn ich jetzt sage, **er hat mich verletzt**, *dann ignoriere ich die Tatsache, dass ich selbst dieses Gefühl in mir hervorgerufen habe und dafür dem anderen die Schuld gebe.*

Und es klingt so, als ob man sich verletzt fühlen muss, nur weil jemand eine zynische oder abfällige Bemerkung macht. Es klingt so, als hättest du wirklich keine Wahl, wie du darauf reagierst. Du musst dich einfach verletzt fühlen.

… und der andere tut es mir an. Der andere macht mir mein Gefühl des Verletztseins. Ich bin das Opfer.

Es klingt so, als habe der andere mehr Kontrolle über deine Gefühle als du selbst. Hast du noch ein Beispiel, wo du diesen Mechanismus beobachten konntest?

Was ich häufiger beobachten kann, ist ein interessanter Mechanismus, der die Unfreundlichkeit anderer betrifft.

Nämlich?

Behandelt mich ein Verkäufer unfreundlich, reagiere ich verärgert und wütend.

So, wie du es gerade formulierst, ist es eine Beschreibung von zwei Tatsachen: Tatsache Nummer 1, ein Verkäufer behandelt dich unfreundlich, Anlass [A]. Tatsache Nummer 2, du reagierst darauf gefühlsmäßig ärgerlich und wütend [C].

Aha, ich verstehe, was du meinst. Wenn ich sage „Der Verkäufer behandelt mich unfreundlich" **und** *„Ich reagiere ärgerlich und wütend", dann ist das eine Beschreibung von zwei Tatsachen, die gleichzeitig auftreten. Die Formulierung „Ich reagiere ärgerlich und wütend" ist eigentlich eine selbstbestimmte, selbstverantwortliche Ausdrucksweise.*

Ja, genau. Und wie würde die fremdbestimmte Ausdrucksweise aussehen?

Wenn ich sagen würde: „Die Unfreundlichkeit des Verkäufers **macht mich** *ärgerlich und wütend", dann bringe ich damit zum Ausdruck, dass er mir meine Gefühle macht, ich aber nichts dafür kann, wie ich fühle. Er bestimmt meine Stimmung. Er bestimmt, wie ich reagiere. Er ist für meine Reaktion verantwortlich. Ich gebe ihm praktisch die Schuld dafür, wie ich mich fühle.*

Ja, so ist es.

Aber die meisten von uns denken und handeln doch so, als würden andere unsere Gefühle hervorrufen, als seien die anderen „schuld", wie wir uns fühlen.

Ja, richtig. Viele haben diesen Denkstil drauf. Es ist nur wichtig, ihn zu erkennen und ihn zu durchschauen. Das ist der Ausgangspunkt, um neue Erfahrungen zu machen. Kannst du mir nun am Beispiel der Prüfungsangst diese zwei Denk- und Sprechweisen verdeutlichen?

Ja, ich kann's versuchen. Da sind zunächst diese beiden Tatsachen: Ich habe eine Prüfung vor mir, das ist der Anlass oder Auslöser [A] **und** *ich habe das Gefühl der Angst [C]. Der Satz „Ich habe Angst vor der Prüfung" ist selbstverantwortlich formuliert, genau so wie der vorherige „Und-Satz".*

Korrekt.

Die Selbstbestimmung für meine Gefühle würde ich ignorieren, wenn ich sagen würde: „Die Prüfung **macht mir** *Angst". Da steckt wieder dieses Muss dahinter.*

Wie meinst du das? Kannst du das etwas genauer beschreiben?

Wenn ich sage: „Die Prüfung macht mir Angst", dann hab ich keine Wahl, anders zu reagieren, dann muss ich quasi Angst haben. Es ist so, als bestimmt die Prüfung zu 100 % meinen Angstlevel. Ich bin zur Angst verpflichtet. Die Prüfung macht mir mein Gefühl – ich kann nichts dafür, wie ich mich fühle.

Muss heißt: Keine Wahl. Keine Alternativen. Und dieser Muss-Gedanke steckt in dieser „Macht mich"-Aussage.

Ja, aber was hilft mir das jetzt? Ich hab trotzdem Prüfungsangst, egal, wie ich es formuliere. Egal, ob ich sage: „Die Prüfung macht mir Angst" oder ob ich eigenverantwortlich sage: „Ich habe Angst vor der Prüfung" bzw. „Ich scheiße mir ins Hemd vor der Prüfung".

Ja, du hast recht. Da ist trotzdem dieses Angstgefühl in dir. Und das ist ja auch ganz in Ordnung, oder? Du hast eben Angst vor der Prüfung. Punkt. Die Angst ist in dir. Fertig. Du darfst doch auch Angst vor der Prüfung haben – oder?

Ja, aber nicht so. Die Angst blockiert mich. Sie schadet mir nur. Ich kann die ganze Nacht nicht schlafen, habe Magenschmerzen, bin wie gerädert, habe Durchfall. Ich scheiße mir wirklich in's Hemd vor Angst. Da helfen mir deine Wortspielerein auch nicht weiter.

Das ist sicherlich ganz schlimm für dich. Wenn man jetzt nur wüsste, wer dir diese Angst macht und wie genau sie erzeugt wird?

Huch, ich weiß. Ist ja schon gut. Ich selbst jage mir vor Prüfungen diese Wahnsinnsangst ein. Bla bla bla. Die Prüfung kann da gar nichts dafür, dass ich vor ihr Angst habe.

Macht es für dich wirklich keinen Unterschied zu wissen, wer dieses Gefühl in dir hervorruft? Spielt das für dich wirklich keine Rolle – wie genau dieses Angstgefühl erzeugt wird?

Doch. Zu erkennen, welche Rolle ich selbst bei der Angstproduktion spiele, könnte ein erster Schritt sein, besser mit ihr umzugehen und vielleicht weniger Angst hervorzurufen.

Genau so ist es. Ich erkenne und akzeptiere, dass ich Angst habe. Punkt. Ich sage nicht mehr: „Die Prüfung **macht mir** Angst". Ich mache also nicht mehr die Prüfung für meine Angstreaktion verantwortlich. Das ist alles. Das ist Angst pur – ohne der Prüfung die Schuld für meine Angst zu geben.

Und das ist der erste Schritt? Der Ausgangspunkt?

Ja, das ist der Anfang, der erste Schritt. Aber auch der wichtigste. Denn alles beginnt mit der Erkenntnis der Selbstbestimmung und Selbstverantwortung für unsere Gefühle, für unser Denken, Sprechen und Verhalten.

Auch die Verantwortung übernehmen für unsere negativen Gefühle und Verhaltensweisen?

Richtig. Auch für diese.

Und wenn ich dafür Verantwortung übernehme – als ersten Schritt –, dann kann ich vielleicht auch andere Gefühle und Reaktionen wählen.

Lass das „Vielleicht" weg. Du bist dann frei und kannst auch andere Gefühle in dir hervorzurufen, andere Reaktionen wählen. Gefühle und Reaktionen, die dir helfen und die dich glücklich machen. Doch eins nach dem andern.

Hui, solange ich nicht erkenne, dass ich es bin, der die Gefühle in sich erzeugt, suche ich an der falschen Stelle nach Lösungen.

… und werde dort auch schwer welche finden. Deshalb ist der wichtigste Ausgangspunkt, diese „Macht mich"-Philosophie fallen zu lassen, die, wie wir gesehen haben, ein „verstecktes Muss" enthält, uns keine Wahl lässt und uns blind macht für Alternativen und völlig neuartige Lösungen.

OK. Darf ich es noch einmal wiederholen?

So oft du willst. Du wirst mit jeder Wiederholung neue Fassetten entdecken, neue Erkenntnisse gewinnen, die dich befreien.

Also noch mal: Wenn meine kleine Tochter ganz böse mich anschaut und wütend schreit: „Papi, du lügst", obwohl ich gar nicht gelogen habe, obwohl ich wirklich offen und ehrlich zu ihr war … wenn ich mich in dieser Situation verletzt und wütend fühle, dann kann ich einmal sagen: „Ich fühle mich verletzt und bin wütend" oder ich könnte sagen: „Meine Tochter verletzt mich und macht mich wütend". Die erste Formulierung ist eine selbstbestimmte, eigenverantwortliche, die zweite hingegen wäre eine ungünstige Formulierung.

Warum ungünstig?

Sie impliziert, dass meine Tochter dafür verantwortlich ist, wie ich mich fühle und wie ich auf sie reagiere.

Und warum ist das ungünstig?

Hm, warum ist das ungünstig für mich, wenn ich glaube, dass meine Tochter mich verletzt hat und mich wütend gemacht hat?

Ja.

Nun, sie hat mir etwas Falsches unterstellt und dies auf eine sehr unschöne, garstige Art. Wie ich jetzt damit umgehe, wie ich darauf reagiere, liegt ja an mir und meiner geistigen Entwicklung und sicher nicht an meiner Tochter. Wenn ich dieser „Sie macht mich"-Philosophie aufsitze, habe ich keinen Spielraum für Alternativen. Keine Wahl. Ich bin auf ein primitives Reiz-Reaktionsmuster reingefallen. Da sind alle meine kreativen und konstruktiven Möglichkeiten blockiert.

Eigentlich schade. Oder?

Hm – so hab ich's auch noch nicht gesehen: Zu glauben, dass die falsche Unterstellung und die unschöne Reaktion meiner Tochter mich verletzen und wütend machen, … hm … nein … dies zu glauben ist schade für mich. Diese Sicht schadet mir. Sie schränkt mich ein. Diese Annahme degradiert mich auf eine bloße Reiz-Reaktions-Maschine. Diese Annahme raubt mir meine Freiheit mit Liebe, mit klarem Kopf und mit Kreativität der falschen Unterstellung meiner Tochter zu begegnen. Diese Annahme unterdrückt alle positiven Gefühle und produktiven Verhaltensweisen.

Es ist also nicht deine Tochter, nicht deren falsche Unterstellung, nicht deren garstiger Ton, die dich einschränken und unglücklich machen?

Oh, nein. Puh. Jetzt sehe ich das ganz klar. Meine falsche Annahme, mein eigenes Denken engt mich ein, blockiert meine kreativen Fähigkeiten und macht mich unglücklich.

111

OK. Und wem hättest du früher dafür die Schuld gegeben?

Meiner Tochter. Der falschen Unterstellung. Dem garstigen Ton.

Darf ich dir noch eine ketzerische Frage stellen?

Ja, schieß los.

Sollte die falsche Unterstellung eines Kindes, das du liebst, wirklich mehr Kontrolle über dein Denken, Sprechen, Fühlen und Verhalten haben als du selbst?

Danke.

DIALOG 12

Bei unserem letzten Dialog ging mir ein Licht auf. Plötzlich sah ich etwas ganz klar. Es war wie ein Schock. Ein positiver Schock.

Ja?

Ja, mir wurde wirklich klar, dass die Formulierungsübungen, die wir da immer wieder versuchten, keine bloßen Wortspielereien sind. Die sind der Hammer!

An welche Formulierungen denkst du genau?

Die Umformulierung von fremdbestimmte in selbstbestimmte Sätze. „Dein unfreundlicher Ton ärgert mich oder macht mich wütend" umformuliert in „Ich ärgere mich, ich bin wütend über deinen unfreundlichen Ton". Ich erkannte erstmals, was die fremdbestimmte Sicht-, Denk- und Sprechweise für Konsequenzen hat.

Nämlich?

Diese Fehleinschätzung ... diese falsche Zuordnung meiner Gefühle zu deren vermeintlicher Ursache ... puh ...

Ja?

Hm, ich kann es kaum in Worte fassen. Es ist so vielschichtig. So viel geht mir durch den Kopf.

Versuch's. Wenn der Geist klar ist, sind auch deine Worte stark und klar.

Kann das wirklich sein? Kann das wirklich wahr sein, dass...? Hm, dass ich mir durch diese fremdbestimmte Sicht- und Sprechweise meine Freiheit nehme? Meine Freiheit zu wählen? Dass ich mich selbst einenge? Ich mich selbst beschneide, mich selbst behindere? Ich mich wie eine Marionette verhalte? Wie ein Roboter? Nicht ich reagiere – nein, der andere lässt mich reagieren?

Und nicht nur das. Welche Konsequenzen hat es noch für dich, wenn du dem Irrtum aufsitzt, den anderen als alleinigen Verursacher deiner Gefühle zu sehen?

Ich führe ein sehr eingeschränktes Leben. Diese eingefahrenen Reiz-Reaktions-Muster blockieren alle wirklich kreativen Lösungen und die damit verbundene Freude und Begeisterung.

Wie meinst du das?

Nun, wenn ich wirklich kreativ bin und neuartige Lösungen finde, also wahrhaft flexibel mit schwierigen Situationen umgehen kann, dann ist das doch der Hit, oder? Da fühlt man sich doch prächtig. Unschlagbar. Super.

Was also unterdrückt deine Freude? Deine Begeisterung? Deine Lebendigkeit? Deine Kreativität? Deine Flexibilität? Dein Selbstbewusstsein? Dein allgemeines Glücksempfinden?

Es ist sicher nicht der äußere Anlass [A]. Der wahre Unterdrücker kreativer Lösungen und flexibler Reaktionen … der wahre Unterdrücker meiner Freude und Begeisterung … meiner Lebendigkeit, das ist diese simple fremdbestimmte Sichtweise … diese „Der andere macht mir meine Gefühle"-Philosophie. Eigentlich der Irrtum, wer der wahre Urheber und Verursacher meiner Gefühle ist. Der andere ist der alleinige Verursacher meiner Gefühle. So ein Quatsch!

Richtig. Nicht die falsche Unterstellung deiner Tochter kränkt dich, sondern …?

… mein Irrtum, dass sie es ist, die mich kränkt. Dass sie es ist, die mich durch ihre falsche Unterstellung und ihren unfreundlichen Ton unglücklich macht. Diese Fehleinschätzung, dieser Irrtum unterdrückt meine Kreativität und die Möglichkeit, völlig neue Erfahrungen in dieser Situation zu machen.

Und nicht nur das.

Ja, auch meine Freude, meine Geistesgegenwart, meine Weisheit, wenn du so willst. Meine Sensibilität, mein Fingerspitzengefühl geht flöten.

Ja.

Puh. Potentiell hätte ich ja 1000 Möglichkeiten zu reagieren. Die unterschiedlichsten Gefühle zu erleben, auch ganz positive. Die ganze Palette! Das ganze Spektrum der Gefühle.

Ja, nicht festgelegt. Nicht eingeschränkt. Du bist der Urheber deiner Gefühle, deiner Stimmungen, deiner Reaktionen. Du machst deine Erfahrung.

Einfach frei. Die Wahl. So viele Möglichkeiten. Super!

Lass uns am Beispiel deiner Tochter doch gleich auch die anderen Elemente betrachten, wie du dich unglücklich machen kannst, wie du bei dir selbst Gefühle des Verletztseins, der Hilflosigkeit und Wut erzeugen kannst.

Also noch einmal. Die falsche Unterstellung meiner Tochter, der scharfe, unfreundliche Ton, ihre Gestik, ihr wütender Blick ..... all dies ist nur der äußere Anlass [A].

Ja, richtig. Sozusagen das auslösende Ereignis [A].

OK. Die Erfahrung, die ich damit mache, kreiere ich selbst, durch eine Reihe von Gedanken und Annahmen, inneren Glaubenssätzen oder auch geistigen Irrtümern. Meine eigene geistige Haltung, meine innere Einstellung [B] bestimmt letztlich meine Gefühle und Verhaltensweisen [C] in dieser Situation.

Korrekt. Deine innere Sicht ist der entscheidende Faktor.

Habe ich eine günstige geistige Haltung in dieser Situation, werde ich sehr gute, starke und hilfreiche Gefühle haben und kreativ, flexibel und effektiv reagieren können.

Hm, hm. Auf die richtige Perspektive kommt es an.

Nehme ich eine ungünstige geistige Haltung ein, so folgt daraus ein negativer innerer Gefühlszustand. Aus diesem negativen Gefühlszustand (z.B. Verletztsein, Gereiztheit, Wut) kommen dann oft sehr fehlgeleitete, unkluge Reaktionen, die die Probleme oft eskalieren lassen, zumindest nicht dazu beitragen, mein Ziel zu erreichen. Oder wie du sagst: „Aus einem gekränkten Herzen kommt die größte Scheiße".

Hm, hm. Aber wie kommt es bei dir zu einem „gekränkten Herzen", wenn deine Tochter dir in diesem wütenden Ton unterstellt, du seiest ein Lügner, obwohl du sie nicht belogen hast?

Durch eine Reihe von Fehleinschätzungen und geistigen Irrtümern, denen ich noch aufsitze.

Nämlich?

OK. Unglücklich machende Fehleinschätzung Nr. 1:
Ich betrachte das Verhalten meiner Tochter (falsche Unterstellung, scharfer unfreund-
licher Ton) [A] als alleinige Ursache meines Gefühls des Verletztseins und der Wut.
Ich denke und spreche fremdbestimmt: „Sie verletzt mich. Sie macht mich wütend. Sie
macht mir meine Gefühle. Sie ist der Urheber und Verursacher meiner Gefühle, nicht
ich. Ich kann nichts dafür, wie ich reagier. Nicht ich reagiere, nein sie lässt mich rea-
gieren. Ich bin wie eine Marionette. Ich bin das gefühlsmäßige Opfer. Der andere hat
mehr Kontrolle über mein Fühlen und Empfinden als ich selbst."

Ja, richtig. Deine dich unglücklich machende Einstellung ist der Art, dass du das Verhalten deiner Tochter auf eine bestimmte Art wahrnimmst ... so, als würde sie nicht
nur eine falsche Unterstellung mit unfreundlichem Ton machen [A] – sondern als würde sie dir auch deine eigene Erfahrung [C] von dieser falschen Unterstellung machen.
Kompliziert?

Nein, nein. Dass meine Tochter mir etwas Falsches unterstellt und dabei einen sehr
scharfen Ton anschlägt, das ist ihre Sache, welche Erfahrung ich jedoch damit mache,
das ist meine Sache. Das ist meine Angelegenheit. Das entscheide ich. Ich mache mei-
ne eigene Erfahrung daraus.

Ja, das ist ein großer und sehr wichtiger Unterschied. Zum einen sind da die falsche
Unterstellung und der scharfe Ton deiner Tochter ... jedoch, die Erfahrung, die du mit
dieser falschen Unterstellung und dem scharfen Ton machst ... ja, die Erfahrung davon,
die kann sie dir nicht machen.

Ja, ich mache die Erfahrung, die ich mache. Ich sammle Erfahrungen im Umgang mit
falschen Unterstellungen und scharfen Tönen. Noch mal: Meine Tochter kann mir et-
was Falsches unterstellen und auch einen scharfen Ton anschlagen, meine Erfahrung
davon, die kann sie mir nicht machen. Das ist mein Job. Das hängt sicherlich auch
von meiner geistigen Entwicklung ab.

OK. Du fühlst dich verletzt und wütend, wenn dir deine Tochter etwas Falsches im scharfen Ton unterstellt. Und du sitzt dieser freiheitsberaubenden Fehleinschätzung Nr. 1 auf:
Du hältst die andere Person für den Urheber und alleinigen Verursacher deiner Gefühle
und Verhaltensweisen. Was gehört noch dazu, um in dieser Situation diesen desolaten
Gefühlszustand in dir hervorzurufen?

OK. Freiheitsberaubende Fehleinschätzung Nr. 2:
Diese Fehleinschätzung, mit der ich mich unglücklich mache, ist eigentlich eine Fehl-
Erwartung. Es ist die Erwartung, dass meine Tochter mir nichts Falsches unterstellen
dürfte und keinen scharfen Ton mir gegenüber verwenden dürfte.

Warum ist dies eine unglücklich machende Fehl-Erwartung?

Der Wunsch, dass meine Tochter mir nichts Falsches unterstellt, in diesem Fall, dass
sie mir vertraut und freundlich oder doch wenigstens gemäßigt mit mir spricht, ist
vernünftig.

Ja, aber …?

Wenn ich die Erwartung hege, sie sollte mir (gefälligst) vertrauen, und sie tut es nicht,
so ist diese Erwartung gegen die Realität, wie ich sie gerade vorfinde. Erwartungen
dieser „Sollte-Kategorie", die nicht im Einklang sind mit der Wirklichkeit, tun weh.

Hm, hm. Also wie würde die Sollte-Erwartung, diese unglücklich machende Fehl-Erwartung ausformuliert lauten?

Meine Tochter dürfte mir nichts Falsches unterstellen. Sie dürfte mich nicht als Lügner
abstempeln, wenn ich ehrlich war. Sie dürfte mir gegenüber keinen scharfen Ton an-
schlagen. Sie müsste mir vertrauen. Sie müsste mit mir freundlich sprechen.

Was ist die Konsequenz für dich? Wie fühlst du dich, wenn deine Tochter nicht erwar-
tungsgemäß reagiert? Wenn sie ihren Gedankengängen folgt statt deinen? Wie fühlst
du dich, wenn du denkst, deine Tochter müsste dir vertrauen und sie dürfte dir nichts
Falsches unterstellen?

Ja, dann bin ich sehr verletzt, wütend einfach unglücklich.

Und wem wirst du die Schuld geben für deinen desolaten Gefühlszustand?

Meiner Tochter natürlich.

Und nicht …?

… meiner bisherigen mir verborgenen „Sollte-gefälligst"-Erwartung oder „Hat gefäl-
ligst anders zu sein, als es ist"-Forderung.

Ja. Jetzt haben wir schon zwei unglücklich machende Einstellungen oder Perspektiven. Kennst du noch eine? Lass sie uns alle herausfinden. Je öfter wir diese kognitive (geistige) Analyse machen, um so besser erfährst du, welche Annahmen und geistigen Prozesse deinen schmerzlichen Gefühlen zugrunde liegen. Erkenne sie. Durchschaue sie. Überprüfe sie nach ihrem Wahrheitsgehalt und ihrer Nützlichkeit. Entschärfe sie. Und freue dich auf deine Freiheit, völlig neue Erfahrungen mit denselben Situationen zu machen.

Ja, und nicht nur völlig neue Erfahrungen zu machen, sondern auch unkonventionelle Lösungen zu finden. Ich freu mich riesig darauf, völlig neuartig zu reagieren. Ich bin gespannt darauf, supereffektive Lösungen zu finden, die die besten Ergebnisse für alle Beteiligten bringen. Ich kann es kaum erwarten, aus einem erhöhten Bewusstseinszustand supereffektiv zu handeln.

Hui, jetzt geht es aber ab mit dir. Was?

Ja, ich ahne Möglichkeiten, die ich früher nie für möglich gehalten hätte. Es ist nur eine Ahnung, doch auch eine innere Gewissheit...

Ja?

Ja, es ist ein Mix aus einer wilden Ahnung und frohen Gewissheit völlig neuer und ungewöhnlicher Möglichkeiten, von Lösungen, die in keinem Buch stehen, wie du immer sagst. Jetzt kapiere ich erst langsam, was du damit gemeint hast. Es ist nur eine Ahnung, eine sehr kraftvolle Ahnung. Puuh, eine Zuversicht. Eine Kraft. Unglaublich. Als würde das Leben neu beginnen. Einfach schön.

Hm, hm. Lass dich überraschen! Dein Alltag ist ein aufregendes Abenteuer. Immer neue Erfahrungen sind möglich, sogar mit denselben Situationen und Ereignissen.

Ich bin gespannt. Ich freue mich auf diese Entdeckungsreise. Neue Möglichkeiten entdecken. Neue Lösungen ... neue Wege ...

Aber lass uns erst weiter sehen, wie du dich selbst unglücklich machen kannst, wenn deine Tochter dich anschreit: „Papi, du lügst", wenn sie dir etwas Falsches unterstellt und diesen scharfen, unfreundlichen Ton anschlägt.

Jetzt die nächste unglückselige Perspektive?

Ja, welche fällt dir ein?

Freiheitsberaubende Fehleinschätzung Nr. 3:
Dieser geistige Irrtum betrifft die Etikettierung der ganzen Person. Du nennst es wissenschaftlich auch Übergeneralisierung oder Labeling. Es ist die Bewertung und Abwertung der ganzen Person statt einer differenzierten Einschätzung einer einzelnen Verhaltensweise. Du definierst diese Fehleinschätzung kurz als Herabsetzer.

OK. Wie sieht nun diese Denkstruktur konkret aus? Wie kannst du dich mit ihr unglücklich machen und Gefühle des Verletztseins und der Verärgerung in dir hervorrufen?

*Ja, das ist ganz einfach. Ich brauche nur zu denken und zu glauben „**Sie ist gemein**",*
und schon fühle ich mich verletzt und wütend.

Richtig. Aber ist sie denn nicht **gemein**, wenn sie dich so anschreit, in so einem Ton mit dir spricht und dich der Lüge bezichtigt?

Natürlich kann ich so denken. Ich kann sie deshalb für gemein halten...

Ja, das darfst du. Das kannst du. Das ist deine Freiheit. Du darfst diesem Denkfehler aufsitzen. Das ist menschlich. So etwas kommt vor. Doch beschreibt dieses Etikett „**Sie ist gemein**" die Wirklichkeit?

Nein, sicher nicht. Von einer anderen Perspektive aus gesehen zeigt sich da ein ganz anderes Bild. Zudem ist diese Sichtweise sehr undifferenziert. Aufgrund einer einzelnen Verhaltensweise schließe ich auf die ganze Person und werte diese in meiner Vorstellung ab, als sei sie 100%ig schlecht.

Und wie fühlst du dich, wenn du denkst, deine Tochter ist gemein, sie sei 100%ig schlecht? Wie fühlt sich das in dir an? Fühlst du dich bei dieser Einschätzung wohl oder unwohl?

Sehr unwohl. Sehr unglücklich.

Und wie reagierst du auf deine Tochter? Wie behandelst du sie, wenn du dem Gedanken aufsitzt „Sie ist gemein"?

Ich schreie sie an. Ich mache ihr Vorwürfe. Ich verbitte mir diesen Ton. Ich reagiere aggressiv und schlage auch einen sehr scharfen Ton an.

Und wie immer. Du weißt schon, was jetzt kommt. Wem wirst du die Schuld geben für deine schmerzliche Erfahrung ... deine Fehleinschätzung? ... dem Herabsetzer in deinem Kopf oder deiner Tochter?

Wie immer, meiner Tochter natürlich. Sie tut es mir an. Sie macht mir meine Erfahrung. Sie ist mein Erfahrungsmacher. Sie ist der Produzent meiner Erfahrung – juhu. Und wieder diese alte Leier: Ich kann nichts dafür, wie ich reagier. Jeder andere hat doch mehr Kontrolle über meine Gefühle als ich selbst. Das ist doch klar, oder? Aber weißt du was?

Was?

Da kommt doch kein normaler Mensch dahinter.

Wie meinst du das?

Diese Herabsetzer-Struktur in meinem Kopf ist doch sehr versteckt.

Findest du? Wenn du genau darauf achtest, kannst du sie unzweideutig erkennen. Es kann sogar sein, dass du nicht nur denkst „Sie ist gemein", sondern dass du es ihr sagst oder sie anschreist: „Du bist so gemein". Diese Denkstruktur liefert die geistige Grundlage für eine ganze Reihe von negativen Gefühlen: Verletztsein, Gereiztheit, Ärger, Wut und Selbstmitleid.

Also könnte ich einfach bei derartigen Gefühlen genau nachforschen und in mich hineinhören, ob ich dieser Denkstruktur aufsitze, ob da dieser geheime versteckte Herabsetzer ist, der mich unglücklich macht und meine Fähigkeit, effektive Lösungen zu finden, drastisch einschränkt.

Ja, das wäre ganz interessant und sehr sinnvoll, danach Ausschau zu halten. Bedenke auch die Nachteile und Kosten, die für dich daraus entstehen, an diesem Gedankenmuster festzuhalten. Die Abwertung der ganzen Person, der Herabsetzer in deinem Kopf, hat einen hohen Preis für dich.

Mir war nicht bewusst, welch fatale Wirkung diese Denkstruktur auf mich, meine Gefühle und mein Finden von Lösungsmöglichkeiten hat. Früher sah ich das nur moralisch.

Inwiefern?

Ich dachte, man solle andere Menschen nicht herabsetzen, um sie nicht zu verletzen, um ihnen nicht zu schaden.

Hm, hm. Und wie sieht es jetzt für dich aus?

Wenn ich daran festhalte, andere Personen auch nur in meinen Gedanken als ganze Person in ihrem Wert herabzusetzen, sie abzustempeln, sie für 100%ig schlecht zu halten, sie abzuwerten...

Ja? Dann ...?

Dann verderbe ich mir damit die Stimmung. Ich bringe mich damit nur schlecht drauf. Das raubt mir meine Energie. Schade. Welch ein energievergeudender Irrtum! Löst keine Probleme. Macht mich schwach und ungeschickt. Im Gegenteil: Die Konflikte eskalieren. Den anderen abzuwerten und gering zu schätzen schadet mir selbst.

Richtig. Es ist nicht in deinem eigenen besten Interesse, dies zu tun.

Wenn ich diesen Bezug ... diese Wirkung auf mich selbst deutlicher erkenne, klarer sehe ... dann könnte es mir auch leichter fallen, es sein zu lassen. Es ersatzlos zu streichen.

OK. Kennst du noch eine freiheitsberaubende Idee? Eine Annahme, die dich unglücklich macht, wenn du sie weiterhin glaubst?

Ja, die steht in sehr engem Zusammenhang mit dem Herabsetzer, der globalen Verurteilung und Abwertung der Person.

Ja. Welche Idee ist es?

*Es ist die unglücklich machende Strategie Nr. 4: Die **Negativ-Strategie „wehtun wollen".** Wenn ich denke „Sie ist gemein", dann hab ich auch gleich den Gedanken, sie bestrafen zu müssen. Ich will ihr irgendwie auch wehtun. Sie hat ja schließlich – nach meiner veralteten Sicht – mir wehgetan. Ich möchte ihr wehtun, damit sie ihr Verhalten mir gegenüber verändert.*

Verbessert?

Ja, dass sie mir vertraut und meinen Worten glaubt. Dass sie freundlich mit mir spricht und mich nicht so anschreit. Ich glaub es nicht! Was ist das für ein Müll! Aber der Prozess läuft so schnell und automatisch ab.

Ja, richtig. Aber was für eine Philosophie steckt denn dahinter?

Lehren durch Wehtun. Ja, das ist die Negativ-Strategie, mit der ich offensichtlich eine Verbesserung des Verhaltens bei meiner Tochter erreichen möchte. Puuuh, das ist ja die Härte …!!!

Was?

Was liefere ich da meiner Tochter für ein Vorbild! Ist ja unglaublich! Ruckzuck lernt sie an meinem lebendigen Beispiel diesen Irrsinn …

Ja, welchen …?

… diesen Irrsinn durch Abwerten und Herabsetzen und durch Wehtunwollen den anderen zu beeinflussen und zu manipulieren.

Ja, so haben wir alle diese Philosophie kritiklos übernommen. Wir schauen sie uns einfach ab, von Menschen, die uns wichtig sind, und wir vertrauen darauf, dass das schon alles okay ist, dass man das einfach so machen muss. So gehört sich das. Das ist normal.

Ohne es zu wissen, verbreite ich also diesen geistigen Virus und gebe ihn an meine Tochter weiter.

Doch vergiss nicht … dahinter steckt eigentlich eine ganz positive Absicht?

Positive Absicht ja, aber das kann doch nicht funktionieren! Man macht sich gegenseitig Vorwürfe, wird laut und steigert sich immer mehr in Rage.

Hm, hm. Und erreichst du damit dein **positives Ziel**, dass deine Tochter dir vertraut, deinen Worten Glauben schenkt und freundlich mit dir spricht?

Nein, bestimmt nicht. Und trotzdem mach ich so einen Quatsch! Das ist doch nicht zu fassen! Mit dieser Negativ-Strategie mach ich mich doch nur unglücklich und verschlimmere die ganze Situation.

Ja. Aber wie erfährst du die ganze Situation? Wen siehst du als Verursacher deiner starken Gefühle des Verletztseins und der Wut?

Wie immer meine Tochter. Das ist doch furchtbar! Ich wäre nie darauf gekommen, dass meine Philosophie, meine Negativ-Strategie, die ich anwende, zu meinen seelischen Turbulenzen beiträgt.

Beiträgt?

Ist dir das zu ungenau?

Ja. Wer oder was trägt denn noch zu deinen seelischen Turbulenzen bei?

Meine Tochter doch auch, oder?

Ja wirklich?

Bin ich's wirklich ganz alleine, der diese seelischen Turbulenzen erzeugt? Mach ich es nicht mit ihrer „Hilfe"?

Deine Tochter erzeugt einen Teil deiner inneren Spannungen und Turbulenzen? Glaubst du das wirklich?

Mein Gott, du machst mich wieder 100%ig allein für meine Erfahrung und meine Reaktion verantwortlich.

Und … bist du das nicht?

Scheinbar. Wenn ich das wirklich erkennen und anerkennen würde … hui …

Ja, dann … was hätte dies für Vorteile für dich? Was hätte das für Vorteile auch für deine Tochter?

Wenn ich das wirklich erkennen und anerkennen würde, dass ich für meine Erfahrung, also mein Denken, mein Sprechen, meine Gefühle und meine Reaktionen 100%ig selbst verantwortlich bin … hm mir liegt es auf der Zunge.

… und nicht nur teilweise.

Ja, 100%ig für meine eigene Erfahrung, die **ich** *mache ... nicht für die Gefühle, Worte und Verhaltensweisen meiner Tochter.*

Ja, was hätte das für Vorteile?

Dass ich auch zu 100% eine andere Erfahrung in dieser Situation machen kann. Dass ich die 100%ige Freiheit habe, zu denken, zu sprechen, zu fühlen und zu reagieren, wie ich will und wie ich es für sinnvoll und nützlich halte.

Ja, 100% Freiheit, was deine Erfahrung und deine Reaktionen betrifft. Nicht, was die Reaktionen deiner Tochter betrifft. Was bedeutet das für dich, 100% Freiheit für deine Erfahrung zu haben.

Freie Wahl! Die freie Auswahl! Das kommt mir vor wie ein Hauptgewinn.

Kommt dir vor ...?

Das ist der Hauptgewinn! Das ist der Hit! Hab ich die freie Auswahl, dann kann ich auch wählen, in dieser Situation glücklich zu sein. Dann kann ich eine inspirierende Erfahrung machen, wenn meine Tochter mir etwas Falsches unterstellt und in einem scharfen und unfreundlichen Ton mit mir spricht. Dann könnte ich auch aus dem inneren Zustand der Freude reagieren.

Ja, das könntest du.

Dieser erleuchtete Zustand ist mir aber nicht möglich, wenn ich denke: „Sie verletzt mich und macht mich wütend", wenn ich denke „Sie ist gemein" und wenn ich die Negativ-Strategie „wehtun wollen" anwende.

Du hast es erfasst. Diese Denkmuster sind völlig inkompatibel (unvereinbar) mit einem erleuchteten Zustand. Keine Inspiration! Keine positiven Gefühle! Keine Weisheit! Keine Flexibilität! Keine Kreativität! Kein Fingerspitzengefühl! Kein Mitgefühl! Keine Selbstbestimmung!

Und dieser Supererfahrung beraube ich mich selbst?

Ja genau, nicht deine Tochter. Diese Supererfahrung kann dir deine Tochter weder geben noch nehmen.

Das ist ja wirklich der Hit! Der Hauptgewinn! Der ist ja praktisch immer möglich, wenn ich diesen Denkfehlern nicht aufsitzen würde.

Ja, so ist es. Welche freiheitsberaubende Idee kennst du noch?

Ah ja! Die gefällt mir besonders. Da kommt doch keiner dahinter ... irre!

Welche ist es?

Das „versteckte Muss". Es ist die versteckte Muss-Annahme. Es ist der freiheitsberaubende Irrtum Nr. 5. Sie steht in sehr engem Zusammenhang mit der Nr. 1, dass der andere mir meine Gefühle und Erfahrungen macht.

Wie sieht das „versteckte Muss" aus in Bezug auf deine Belastungsgefühle mit deiner Tochter?

Wenn ich glaube, sie verletzt mich oder sie macht mich wütend, dann liegt da eine versteckte Muss-Annahme zugrunde.

Kannst du sie ausformulieren?

*Ja. Wenn meine Tochter mir etwas Falsches unterstellt und mich im scharfen, unfreundlichen Ton als Lügner hinstellt, dann **muss** ich mich verletzt und wütend **fühlen**. Wenn ich an diesem Glauben festhalte, werde ich immer in einer ähnlichen Situation derartige Gefühle empfinden.*

Und wem wirst du die Schuld für deine Gefühle geben? Wen wirst du dafür verantwortlich machen, wie du empfindest?

Meine Tochter sicherlich. Erst wenn ich um diesen Mechanismus ... diesen Automatismus ... diesen geistigen Irrtum ... dieses „versteckte Muss" weiß, ... puh, das ist ja unglaublich!!!

Was ist dann?

... dann werde ich nicht mehr dem andern die Schuld für meine Reaktion, meine Erfahrung geben. Ich werde nicht mehr meine Tochter als die Ursache meiner Gefühle sehen. Ich kann dann aus diesem unbewussten Mechanismus aussteigen und völlig neu und kreativ reagieren. Auf eine Art, für die ich mich selbst verantwortlich fühle. Aber

es ist nur eine Ahnung. Eine Vermutung. Eine Hoffnung. Eine neue Möglichkeit. Sehr schön.

Diesen versteckten Muss-Mechanismus zu erkennen ist schon eine tolle Sache. Eine befreiende Erkenntnis. Jedes Mal, wenn du diesem Muss-Automatismus aufsitzt und ihn erkennst, kann etwas völlig Neues entstehen. Können Wunder geschehen. Du hast dann die Freiheit zauberhaft, wunderbar zu reagieren und natürlich damit auch zauberhafte und wunderbare Ergebnisse zu erzielen, „die in keinem Buch stehen".

Ich bin darauf gespannt. Ich bin richtig neugierig geworden. Selbst wenn ich also total daneben reagiere, ich mich wieder mal selbst richtig unglücklich mache, habe ich doch die Chance auf diese „befreiende Erkenntnis", wie du sagst, den Muss-Mechanismus zu erkennen und völlig neuartig zu reagieren: unkonventionell, unerwartet, kreativ und flexibel. So ist nicht meine Tochter für mein verletztes und wütendes Gefühl verantwortlich, sondern ich selbst, weil ich noch diesem „versteckten Muss" aufsitze.

Ja. So ist es. Vermutlich aber ruht die Muss-Annahme über diesen Reiz-Reaktionszusammenhang schon lange in deinem Bewusstsein. Sie wird wie ein Virus aktiv, wenn ein bestimmtes Signal gegeben ist. Ein bestimmter Auslösereiz … und zong! … das „versteckte Muss" wird aktiv.

Ist ja irre! Vielleicht hatte ich mir diesen Virus schon eingefangen, bevor meine Tochter überhaupt geboren wurde.

Da bin ich mir ziemlich sicher. Vermutlich hast du ihn dir eingefangen von wichtigen Menschen deiner Umgebung, die auch von diesem Virus infiziert waren. Du hast, ohne es zu wissen, diesen Reiz-Reaktions-Muss-Zusammenhang übernommen. Vermutlich arbeitest du schon seit zig Jahren auf der Basis dieser Annahme.

Ich brauche nur eine falsche Unterstellung, einen unfreundlichen scharfen Ton von einer Person, die mir sehr wichtig ist oder die ich liebe…

… und zong! Da schlägt das Virus wieder zu. Das geht ganz automatisch, wie auf Knopfdruck. Du brauchst dir keine Mühe zu geben. Du brauchst nicht lange zu überlegen, das geht wie von selbst. Eben automatisch. Das ist ein völlig automatisierter Prozess.

Hui. Und wie knack ich den? Reicht es aus, wenn ich diesen Muss-Zusammenhang erkenne? Wenn ich ihn durchschaue?

Würde es dir genügen zu wissen, dass auf deinem PC ein Virus ist ... würde das ausreichen, damit er keinen Schaden anrichten kann?

Nein. Ich müsste ihn entschärfen oder löschen, damit er keinen Schaden anrichten kann.

Richtig. Ihn erkennen ist der erste Schritt. Ein ganz wichtiger Schritt. Er gibt dir schon mal das Werkzeug an die Hand, deine Tochter nicht mehr für deine inneren, psychischen Turbulenzen verantwortlich zu machen.

Das hast du schön gesagt. ... und trotzdem hätte ich natürlich noch meine inner-psychischen Turbulenzen. Und ich würde beim nächsten ähnlichen Auslöser genauso reagieren, nur eben den Virus erkennen und trotzdem wieder seelisch turbulent reagieren, jedoch ohne falsche Schuldzuweisung. Welch ein Gewinn! (Schmunzel). Wie aber entschärfe ich diesen Virus? Wie überwinde ich das „versteckte Muss", das so viel Unheil stiftet?

Das ist eine sehr wichtige und interessante Frage und wir werden uns damit ganz ausführlich beschäftigen ... ganz systematisch ...

Ich bin gespannt.

Doch stell dir für einen Moment mal vor ... stell dir vor, du siehst deine Tochter, wie sie gerade vor dir sitzt, wie sie dich anschreit, wie angespannt sie ist, wie sie in diesem unfreundlichen, scharfen Ton mit dir spricht, wie sie dich der Lüge bezichtigt, obwohl du nicht gelogen hast ... stell dir das vor ...

Hm, hm.

Schau genau hin. Schau, welche Erfahrung sie gerade macht. Schau sie dir an, deine Tochter. Wie aufgeregt sie ist, wie wütend, wie durcheinander, wie aufgebracht. Macht sie dir einen glücklichen oder eher einen unglücklichen Eindruck in dieser Situation?

Einen sehr unglücklichen. Sie fühlt sich schlecht.

Hm, hm. Schau dir deine Tochter an. Schau, wie sie denkt, wie sie spricht, wie sie sich fühlt, wie angespannt sie ist. Schau sie dir an, ohne diese trübsinnige Einschätzung: Sie tut mir weh ... sie macht mich wütend. Schau sie dir an, ohne die Fehl-Erwartung: Sie dürfte nicht wütend sein ... sie müsste freundlich sein ... sie dürfte mir nichts Falsches

127

unterstellen ... sie müsste mir vertrauen. Schau dir deine Tochter genau an, ohne den herabsetzenden Gedanken: Sie ist so gemein. Schau sie dir an, ohne die Negativ-Strategie ... ohne ihr wehtun zu wollen ... ohne sie bestrafen zu wollen. Schau dir deine Tochter genau an, so wie sie gerade ist ..., ohne zu wissen, wie du dich in so einer Situation zu fühlen, wieder zu reagieren hast. Wie siehst du dann deine Tochter? Mit welchen Augen siehst du dann deine Tochter?

Hm ... Sie ist sehr aufgeregt und angespannt. Sie glaubt fälschlicherweise, ich würde sie anlügen.

Sie sitzt einem Irrtum auf und sie ist sehr aufgeregt und angespannt.

Ja.

Ist das ein eher glücklicher oder eher unglücklicher Zustand, in dem sich deine Tochter befindet?

Es ist ein unglücklicher Gemütszustand, in dem sie sich befindet.

Wer sitzt dem Irrtum auf, du würdest lügen?

Meine Tochter.

Wer leidet also unter diesem Irrtum? Wer ist der Leidtragende dieser aufgeregten, angespannten und unglücklichen Gemütslage?

Meine Tochter.

Wer nur kann wirklich wissen und sicher sein, dass du ehrlich bist und nicht lügst?

Nur ich kann das wirklich wissen und sicher sein, dass ich die Wahrheit sage.

Wer also ist hier in der besseren Position, derjenige, der wissend ist, nämlich du, oder derjenige, der unwissend ist, deine Tochter?

Eigentlich ich. Nur ich kann es wirklich wissen. Ich bin demnach auch in einer besseren Position.

Ja, nur du kannst es wirklich wissen. Deine Tochter ist in dieser Hinsicht unwissend. Sag mir, kränkt dich wirklich die Tatsache, dass deine Tochter diesem Irrtum aufsitzt, dass sie so unglücklich ist, so aufgeregt, so angespannt? Glaubst du wirklich, sie will dich verletzen? Sie will dir wehtun? Glaubst du das wirklich?

Nein. Oh, nein! Wenn sie glaubt, ihr Papi würde sie belügen ... wenn sie das wirklich glaubt ...

Ja? Dann ...?

Dann kann ich verstehen, dass sie aufgebracht und so durcheinander ist.

Schau dir deine Tochter genau an. Wie fühlst du dich jetzt?

Frei. Frei. Ich hab sie einfach lieb. Ich kann sie verstehen. Ich kann zuhören. Ich kann spüren, wie sie leidet, wenn sie glaubt, ihr Papa würde sie belügen. Ich hab sie einfach lieb. Ich seh die Tränen in ihren Augen. Ich sehe den Schmerz hinter ihren scharfen Worten ... in ihrem unfreundlichen Ton ... in ihrem angespannten Gesicht...

Ja und weiter ...

Ich will ihr helfen.

Helfen? Inwiefern helfen?

Wenn sie den Irrtum überwindet ...

Du willst ihr helfen, den Irrtum zu überwinden?

Ja, ich will ihr helfen, den Irrtum zu überwinden, schließlich weiß ich ja um die Situation, wie sie wirklich ist. Ich bin in dieser Hinsicht wissend und deshalb in der besseren Position. Meine Tochter tappt sozusagen im Dunkeln. Ich verlange nicht von ihr, dass sie mir vertraut ...

Ja wirklich?

Nein, ich fordere nicht von ihr Vertrauen ... ich hab sie einfach lieb und helfe ihr, mir zu vertrauen. Ich erinnere mich an Situationen, wo ich auch meinem Vater nicht vertraut habe. Erst später konnte ich klar sehen, wie die Situation wirklich war.

Hm, hm. Vertrauen fordern oder Vertrauen fördern.
Wie fühlst du dich jetzt deiner Tochter gegenüber?

Ganz nah ... Ja ... unheimlich nah. Ich hab Zeit. Ich hab Geduld. Ich hab das Gefühl „Das ist jetzt ganz wichtig". Hui ... das Gefühl: „Jetzt passiert etwas ganz Grundlegendes ... etwas, was für uns beide wichtig und sehr wertvoll ist ..." So, als könnte ich in diesem Moment sehr viel von meiner Tochter erfahren ... als könnte ich von ihr viel lernen ... das ist eine großartige Gelegenheit ... die Chance. Es ist so spannend. Ich will wissen, wie es kommt, dass sie mir nicht glaubt. Ich will wissen, wie sie mich sieht ... wie es ihr dabei geht.

Das klingt nach Verständnis und Interesse?

Ja, und nicht nur das ... da ist so viel Nähe und Verbundenheit ... so eine Kraft ... so eine Klarheit ... unbeschreiblich ... ein tolles Gefühl!

Hm, hm.

Es ist unglaublich! Es ist so eine positive Kraft in mir ... so ein Vertrauen ... so eine Zuversicht ... so eine innere Sicherheit ... und dann diese ... ich trau es mir kaum zu sagen...

Ja, was ist es? Ich glaub dir ... sag es ...

So eine Freude ... so eine Freude! Puuh! Die Melodie „We shall overcome" geht mir durch den Kopf ... Wir sangen zu Hunderten diesen Song zur Hippie-Zeit in London, wenn auf dem Piratensender Radio Caroline punkt 12 Uhr mittags dieser Song gespielt wurde ... ein Lied voller Kraft und Zuversicht.

„We shall overcome" – was ist das für ein Gefühl, wenn du jetzt deine Tochter ansiehst?

Ich weiß, sie kann mir alles sagen ... sie kann mir die schlimmsten Worte an den Kopf werfen ... jetzt spielt es keine Rolle mehr, ob ihr Ton freundlich oder unfreundlich ist, wie angespannt ihr Gesicht ist ... einfach da sein, das genügt ... wir kommen da durch ... der geistige Nebel kann uns nicht wirklich trennen ... „we shall overcome" ... Wenn ich in so einer Situation frei sein kann ... dann kann es meine Tochter auch.

Lass uns beginnen mit der Freiheit von innen.

Ja, ich kann frei sein, auch wenn meine Tochter im Moment vielleicht noch nicht frei sein kann. Ich kann frei sein, auch wenn meine Tochter noch im Irrtum verstrickt ist. Wer wohl, glaubte ich, sollte mit dem Freisein beginnen?

Richtig. Dieses zu wissen … ?

Ist einfach schön! Wunderbar! Nicht in Worte zu fassen! Keine Angst vor „bösen" Worten. Kein Gekränktsein bei falschen Unterstellungen. Ich darf doch auch mal missverstanden werden. We shall overcome.

„Mich stört die Dunkelheit nicht", sagte das Licht und strahlte immer heller und heller.

Ja, wenn ich mit mir im Reinen bin, wenn ich klar sehe, wenn ich wirklich voll da bin und bewusst wahrnehme, was wirklich ist … wenn ich die Realität sehe, wie sie wirklich ist, dann …

Ja, dann … was ist dann?

Wenn meine Sicht nicht verzerrt wird durch die verschiedenen geistigen Fehlhaltungen, Fehl-Einschätzungen oder geistigen Irrtümer …

Ja, was ist dann … ?

Dann spür ich in mir eine große Kraft und Klarheit, einen tiefen inneren Frieden, ein Vertrauen und eine Zuversicht, die unschlagbar sind. Ein völlig neuartiges Interesse, eine Neugierde und einen Wissensdrang. Ein Staunen … Inspiration … große Freude und Begeisterung. Aber auch Liebe … sehr viel Liebe … Dankbarkeit … Mitgefühl und Wohlwollen. Und im Angesicht von Schwierigkeiten … hui

Ja? Bei Hindernissen, Widrigkeiten und Schwierigkeiten? Wenn etwas ganz anders läuft, als du es gerne hättest?

Da ist es wieder … dieses Gefühl … dieser Eindruck … diese Kraft … diese innere Gewissheit von …

Diese innere Gewissheit von … ?

Von „We shall overcome" … von „Auch dieses Problem werden wir lösen". Oder gar „Ich kann mich dafür begeistern, schwierige Situationen zu meistern".

Das klingt nach kraftvoller Zuversicht. Ein höherer Gemütszustand. Das nenn' ich Soul-Power. Wie reagierst du dann auf deine Tochter, was antwortest du ihr aus diesem gehobenen Gefühlszustand?

Wenn ich so klar sehe ... wenn ich dabei so gut drauf bin ... puh ... so eine Freude ... das ist die Gelegenheit ... das ist die Chance ... es gibt so viel zu lernen ... so viel Spannendes zu entdecken und zu erfahren ...

Na, komm schon. Wie reagierst du dann, wenn du diese Situation mit deiner Tochter als Chance siehst, als Gelegenheit ... als eine Art von Bereicherung?

Es ist die Gelegenheit, aus dem üblichen zermürbenden und energieraubenden Streit-muster auszusteigen. Das ist der Hit!

Zum Streiten gehören zwei, zum Aufhören reicht ... ?

... da reicht einer. Richtig. Ich muss die Einladung zum Streit ja nicht annehmen.

Ja, es ist wie beim Spiel Tauziehen. Wenn einer das Seil loslässt, ist das Spiel vorbei. Aber sag mir, wie reagierst du, was sagst du deiner Tochter, wenn du die Situation als Chance, Gelegenheit und Bereicherung betrachtest?

Aus dieser Haltung heraus und aus diesem erhobenen Gefühlszustand heraus wird aus einem Streit ein befreiender Dialog.

Befreiender Dialog?

Ja, ich reagiere mit Interesse auf die Vorwürfe meiner Tochter. Ich bin neugierig und will wissen, wie sie die Situation sieht? Wie sie dazu kommt, anzunehmen, ich würde sie belügen? Wie sie sich fühlt? Was sie will? Was sie von mir erwartet?

Spannend für dich?

Ja, natürlich. Ich bin interessiert und neugierig statt verletzt und wütend. Was für ein Unterschied! Und mir wird immer klarer, dass das wirklich meine eigene Wahl ist. Meine Entscheidung.

Interessiert zu sein oder dich verletzt zu fühlen?

Ja, das ist wirklich meine Wahl. Das ist meine Sache. Wie ich damit umgehe, wie ich auf die falschen Beschuldigungen meiner Tochter reagiere, bestimme wirklich nur ich selbst.

Also du reagierst auf die falschen Unterstellungen deiner Tochter mit Neugierde und Interesse, du weißt, es gibt viel zu lernen und Neues zu entdecken, du findest diesen ganzen Prozess sicherlich spannend …, aber inwiefern befreiend?

Befreiend zunächst für mich selbst insofern, als ich frei werde von den negativen, störenden Gefühlen von Verletztsein, Wut, Selbstmitleid und dieser „Wie ungerecht ist die Welt"-Leier. Aber auch frei in meinem Kopf … nämlich mit meiner Aufmerksamkeit voll bei meiner Tochter zu sein, zuhören zu können, präsent zu sein. Puh – welche Kraft!

Kraft?

Ja, das fühlt sich sehr kraftvoll an. Kraftvoll, gelassen, frei. Einfach schön. Unglaublich. So ein Gefühl von innerer Sicherheit. Innerer Gewissheit. Geborgenheit. Zuversicht.

Zuversicht?

Ja, die innere Gewissheit, Missverständnisse überwinden zu können. Vom Streit zum befreienden Dialog zu kommen.

Von der Dunkelheit zum Licht?

Stimmt, auch wenn das vielleicht etwas übertrieben formuliert ist. Aber das ist wirklich so. Wenn dieser Dialog gelingt … wenn dieser Dialog befreiend ist, dann ist es genau so, als käme man aus der Dunkelheit ins Licht.

Kommst du in einen dunklen Raum, in dem 10 Menschen sitzen und nichts sehen können … kommst du mit Licht in diesen dunklen Raum, kannst dann nur du sehen oder können alle anderen auch sehen?

Auch alle anderen können dann besser sehen.

Dein Licht scheint nicht für dich allein. Mit deinem Licht können auch alle anderen besser sehen. Oder?

Hm ... ja, so ist es.

Was heißt das nun für dich und deine aufgeregte Tochter?

Wenn ich klar sehe ... wenn ich frei von störenden Gefühlen bin ... wenn ich frei von diesen geistigen Irrtümern bin ...

Ja? Dann ...?

Dann bin ich wie ein Licht, bildlich gesprochen ... nicht nur ich kann dann klar sehen, sondern auch meine Tochter kann dann klarer sehen ... wenn sie klarer sieht, kommt sie automatisch in eine bessere Gemütslage ... ihre Stimmung wird heller, positiver ... sie kommt auch gut drauf ....

Nelson Mandela hatte bei seiner Antrittsrede zur Präsidentschaft 1994 in Südafrika gesagt: „Und wenn wir unser eigenes Licht scheinen lassen, geben wir unbewusst anderen Menschen die Erlaubnis, dasselbe zu tun. Wenn wir von unserer eigenen Angst befreit sind, befreit unsere Gegenwart automatisch andere."

Auf die Situation mit meiner Tochter übertragen würde das bedeuten, dass, wenn ich frei bin von Angst und Schmerz ...

Ja? Wenn du frei bist von Angst und Schmerz, wenn deine Tochter im unfreundlichen, scharfen Ton dich als Lügner bezeichnet ...?

Hui jui jui. Dann wirkt meine Gegenwart auch automatisch befreiend auf meine Tochter?

Könnte das sein?

Dann wäre ja mein Freisein von Angst und Schmerz das größte Geschenk nicht nur für mich, sondern auch für meine Tochter?!

Bist du bereit, solch ein Geschenk, solch eine Freiheit, die befreiend wirkt, zu erhalten?

Sicher doch. Das passt zu deiner Antwort von vorhin.

Ja, welcher?

„Dein Licht scheint nicht für dich allein. Mit deinem Licht können auch andere besser sehen". Das heißt doch auch, dass es wichtig ist, dass ich selbst erst mal frei bin ... frei von den störenden Gefühlen, um dann meiner Tochter ...

Ja, erst du.

Huch. Klingt das nicht sehr egoistisch.

Nur ein Befreiter wirkt befreiend. Und denk dran, wenn Nelson Mandela sagt: „Und wenn wir unser eigenes Licht scheinen lassen, geben wir unbewusst anderen Menschen die Erlaubnis, dasselbe zu tun." Dann heißt das nicht, dass du deine Tochter befreist oder sie gar zu etwas zwingst. Sie kann in deinem Licht einfach besser sehen.

Das erinnert mich an meinen letzten Flug. Die Stewardess machte uns darauf aufmerksam, bei Luftdruckabfall, die herunterfallenden Sauerstoffmasken erst uns selbst aufzusetzen und dann erst den Kindern oder anderen Personen zu helfen. Ich musste lachen und sagte meinen Kindern, mit denen ich geflogen war, scherzhaft: „Wie egoistisch!" Meine Kids lachten auch und fassten die Weisheit in Worte: „Wenn du Sauerstoff hast, kannst du anderen viel besser und schneller helfen, als wenn du ohnmächtig bist."

Gut drauf, gut dran. Ha, ha.

Du hast recht. Wenn sie wirklich gut drauf ist ... wenn sie auf einem besseren Stimmungsniveau ist ... dann ist dies eine sehr befreiende Erfahrung für sie ... sie hat mehr positive Energie, bessere Einfälle und Ideen. Sie hat selbst mehr Strahlkraft und kann klarer denken. Sie ist in der Lage, auch schwierige Situationen mit mehr Geduld und Ausdauer anzugehen. Vor allem hat sie dann auch wieder mehr Freude am Lösen von Problemen und am Überwinden von Hindernissen. Sie kann dann auch mit Neugierde und Interesse knifflige Themen angehen.

Das heißt im Umkehrschluss: Die schlechte Laune deiner Tochter ist schlecht für ... ?

... für sie selbst. Vielleicht heißt es ja auch „schlechte Laune", weil es eine Laune ist, die für einen selbst schlecht ist. Ha, ha.

Ja, mit guter Gestimmtheit laufen alle Körperfunktionen besser ab, auch die Denkprozesse. Deshalb geben auch die Psychiater ihren depressiven Patienten stimmungsaufhellende Antidepressiva. Mit besserer Stimmung – besseres Funktionieren in allen Bereichen.

Reagiere ich also aus einem lichtvollen und hellen inneren Gemütszustand, dann stört mich der düstere und dunklere Zustand des anderen nicht. Das Licht lässt die Dunkelheit verschwinden – ganz ohne Gewalt?

„Mich stört die Dunkelheit nicht" – sagte das Licht und strahlt einfach weiter.

Hm, das klingt ja sehr faszinierend. Wie komme ich also selbst erst mal in diesen „lichtvollen und hellen" Zustand?

Du musst nicht viel tun, du bist schon drin.

Wie meinst du das? Ich bin schon drin?

Du schaust gerade so überrascht, wie Boris Becker bei dem AOL-Werbespot: „Ich bin schon drin?!"

Wenn die Ursache für die störenden Emotionen weg ist …

Du meinst, wenn ich nicht an den geistigen Irrtümern und Fehleinstellungen festhalte, dann …

Genau das meine ich. Dann bist du frei und wirkst befreiend. Dann bist du wie eine brennende Kerze, die anderen Kerzen Licht geben kann, ohne selbst weniger Licht zu haben. Wenn andere Kerzen an deiner Kerze sich entzünden …

Dann hab ich deshalb nicht weniger Licht – und alle haben mehr.

Nur diese geistigen Irrtümer und Fehlhaltungen verbergen dein Licht, halten deine Strahlkraft zurück. Du kannst dir das so vorstellen, als würde einer brennenden Lampe ein Topf übergestürzt. Die Lampe brennt weiter, doch das Licht hat keine erhellende Wirkung.

Und in deinem Vergleich würde der Topf, der das Licht verbirgt … hm

Ja, die geistigen Irrtümer sind wie Filter. Diese mentalen Filter verhindern, dein strahlendes Licht zur Wirkung kommen zu lassen.

Wenn ich mich also von diesen mentalen Filtern befreie ... wenn ich diese freiheitsberaubenden Annahmen überwinde ... wenn ich diesen geistigen Irrtümern nicht aufsitze...

Dann? Ja, was ist dann ...?

Dann könnte ich ja theoretisch in diesem „lichtvollen und hellen" Zustand sein?

Könnte ich theoretisch ... eventuell ... vielleicht?

Nein, dann bin ich automatisch in diesem erhobenen und erleuchteten Gemützustand.

Richtig. Die Sonne scheint immer. Lass noch so viele Wolken davor sein. Die Sonne stört sich an den Wolken nicht, sie verströmt immer ihr Licht.

Hm, hm. Da jagt ja wieder ein Vergleich den anderen. Auch hier heißt es also: Die das Sonnenlicht verbergenden Wolken entsprechen den mentalen Filtern, den einengenden Annahmen und den verschiedenen Denkfehlern. Überwinde ich sie...? Lege ich sie ab ...?

Das kannst du dir nicht vorstellen, wie du dann die Welt siehst ... was du dann in dir spürst ... was dann möglich ist.

Doch, ich bekomme mehr und mehr einen Eindruck davon. Mir wird vieles klarer, auch wenn du heute besonders viel in Bildern sprichst. Fallen die falschen Erwartungen, die Fehleinschätzungen, die geistigen Irrtümer, die mentalen Filter weg, dann lösen sich auch die negativen, störenden Gefühle auf.

Und ohne negative, störende Gefühlte ... ? Bist du dann gefühllos?

Nein. Bestimmt nicht. Im Gegenteil! Wenn sich die negativen, störenden Gefühle auflösen, dann wechsle ich automatisch von einem düsteren Mind (Zustand) in einen hellen Zustand.

Wechsle ich?

Nicht wirklich. Ich bin schon drin. Doch die Filter sind weg. Der Vorhang ist auf. Die Sonne scheint wieder.

Ja, die verschiedenen geistigen Fehleinstellungen und die damit verbundenen negativen, störenden Gefühle … die gilt es genauer zu erkennen und zu überwinden. Dann kannst du mit vielen Menschen und Situationen in deinem Leben völlig neue Erfahrungen machen.

Und das Leben beginnt! Einfach großartig. Einen kleinen Einblick, wie das ist, wenn die einschränkenden Annahmen wegfallen, konnte ich ja schon erleben: Die falschen Unterstellungen und der unfreundliche, scharfe Ton meiner Tochter …

Vorher-Nachher-Show.

OK. Mit den einschränkenden Annahmen, der schrägen Sichtweise und geistigen Fehlhaltung … verletzt, wütend, unglücklich … und die Konflikte eskalieren. Ohne die Denkfehler … Interesse, Neugierde, Wohlwollen, Helfen wollen, Mitgefühl, Verbundenheit und Nähe, Freude und Liebe … aber auch der starke Wunsch etwas lernen zu wollen, mich zu entwickeln, zu wachsen, neue Erfahrungen zu machen, neue Lösungen zu finden … völlig neue Möglichkeiten zu entdecken mit „schwierigen" Situationen umzugehen, ein Gefühl der Bereicherung … bereichert zu werden und zu bereichern. Diese Erfahrung ist sehr kostbar. Das ist ja der Hammer! Das ist ein Geschenk!

Und immer daran denk – das Leben ist ein Geschenk!
Und immer daran denk – auch du bist ein Geschenk!
In dir ist das Leben,
In dir ist das Licht
Vielleicht bist du ja schon erleuchtet,
und du weißt es nur nicht.

Aus dieser Perspektive kann ich mit meiner Tochter in einen interessanten Dialog kommen über Lügen, Notlügen, Ehrlichkeit, Mut, Zivilcourage, Selbstbewusstsein und und und ….

Ja, in einen sehr interessanten, spannenden, inspirierenden und befreienden Dialog. Das ist möglich.

Das ist ein echter Gewinn für uns beide. Das ist eine echte Bereicherung. Auch wenn der Anlass dafür sicherlich etwas krass ist.

Was hattest du gedacht, wie der Anlass für inspirierende und befreiende Dialoge sein sollte?

Du bist gnadenlos! Bei dir könnte wohl alles ein willkommener Anlass für inspirierende und befreiende Erfahrungen sein?

Nun, wann brauchst du das Licht dringender, wenn es eh schon hell ist oder wenn es dunkel ist?

Wenn es dunkel ist natürlich. Soll das heißen, dass die Zeit für inspirierende und befreiende Dialoge dann am besten gegeben ist, wenn der Anlass krass ist? Wenn emotionale Turbulenzen den Blick verstellen? Wenn es heiß hergeht?

Was meinst du?

DIALOG 13

Ich versuche mich gerade in meine Tochter zu versetzen. Wie das für sie ist, wenn sie glaubt, ihr Vater lüge sie an.

Ja? Lass uns dies mal etwas genauer ansehen. Jetzt aus der Perspektive der Tochter. Da wäre deine vermeintliche Lüge das auslösende Ereignis [A] für deine Tochter. Richtig?

Ja. Die vermeintliche Lüge des Vaters wäre das A-Element bei der ABC-Analyse. Die gefühlsmäßige Reaktion [C] wäre ihr Gefühl von Verletztsein, Enttäuschung und Wut, verbunden mit dem scharfen Ton, dem Lautwerden und dem vorwurfsvollen Verhalten.

Ja, richtig. Und jetzt lass uns versuchen genau herauszufinden, wie deine Tochter sich selbst unglücklich macht, wenn sie glaubt, ihr Vater belüge sie. Du hast vorhin Verständnis dafür gezeigt, dass deine Tochter verletzt und wütend ist, wenn sie glaubt, du hättest sie belogen. Doch was deine Tochter unglücklich macht, ist nicht deine vermeintliche Lüge, sondern …?

Hm, selbst wenn ich sie belogen hätte … die Tatsache, dass ich lüge … also weder meine vermeintliche Lüge noch eine wirkliche Lüge von mir …

Ja? Eine Lüge oder vermeintliche Lüge von dir, das wäre für deine Tochter der Anlass [A].

Nur der Auslöser, der Anlass [A]. Wie meine Tochter auf meine vermeintliche Lüge reagiert, wie sie damit umgeht, das entscheidet sie selbst. Auch wie sie sich fühlt. Das liegt in ihrer Verantwortung.

Richtig. Wie sie sozusagen antwortet auf deine vermeintliche Lüge, das liegt in ihrer Verantwortung. Ihre gefühlsmäßige Reaktion [C] erzeugt sie selbst in sich. Aber lass uns nichts überspringen. Eins nach dem anderen. Wer macht deine Tochter unglücklich? Wer verletzt sie? Wer macht sie wütend? Ganz konkret. Ganz präzise.

Es ist genau genommen ihr Bewusstseinszustand, ihre Perspektive, ihr Denkansatz [B], der für ihre unglücklichen Gefühle [C] zuständig ist.

Ja, du hast recht. Unser Bewusstseinszustand, unsere Bewertung der Situation, unsere Denke bestimmen unsere Gefühle und unsere Verhaltensweisen. Doch welche Aspekte unseres Bewusstseins führen zu störenden Emotionen oder unglücklichen Gefühlen? Zu schlechter Stimmung und ungünstigen Ergebnissen? Ganz konkret. Ganz präzise. Nur wenn wir ganz genau und präzise sind, gelangen wir zu wirklich hilfreichen Erkenntnissen.

Es sind eine Reihe von Denkfehlern … von realitätsverzerrenden Sichtweisen … von geistigen Irrtümern.

Kannst du sie bei deiner Tochter erkennen und präzise beschreiben? Diese Denkfehler fungieren wie Filter. Setze eine gelbe Brille auf und schau auf ein weißes Blatt Papier …

Es sieht gelb aus.

Richtig. Schau jetzt mit dieser gelben Brille auf ein rotes Papier …

Das rote Papier erscheint dann orange.

Richtig. Schau jetzt mit dieser gelben Brille auf ein blaues Papier …

Das blaue Papier erscheint jetzt grün.

Es ist blau und erscheint aber grün. Unsere Denkfilter arbeiten genau so. Nur checken wir nicht, durch welchen Filter wir sehen. Letztlich ist dann die Farbe Grün eine Illusion. Lass den Gelbfilter weg und du siehst klar. Blau.

Treten also bei meiner Tochter negative, turbulente Gefühle auf, so liegt es daran, dass sie einer Illusion aufsitzt, die sie die Wirklichkeit nicht klar sehen lässt.

Ja, davon kannst du ausgehen: Nenn' es Illusionen, Denkfehler, geistige Irrtümer, Fehleinschätzungen der Realität … die Folge davon sind immer gestörte turbulente Gefühlszustände, die zu ungünstigen gestörten Verhaltensweisen führen … und die Konsequenz?

Schlechte Ergebnisse. Streit. Eskalation. Missstimmung. Leid. Sogar Krankheit. Jede Menge Nachteile und Kosten für alle Beteiligten.

Es sei denn …?

Ich erkenne bei mir und beim anderen diese wirklichkeitsverzerrenden Denkfehler und Illusionen. Dann kann die Bewältigung schwieriger menschlicher Situationen auch ganz anders ablaufen, oder?

Total anders. Völlig neue Möglichkeiten. Lass uns also weiter sehen, welche Illusionen und Denkfehler deine Tochter unfrei und unglücklich machen?

Gefahr erkannt – Gefahr gebannt?

Ja. Die richtige Erkenntnis ist dabei eine sehr große Hilfe. Welche Illusionen und Denkfehler, die deine Tochter unglücklich machen, kannst du bei ihr erkennen?

Hm, vermutlich sind es genau dieselben, die ich auch bei mir gefunden hatte.

Interessant. Könnte das sein?

Also kann ich die Gleichung aufstellen: Anlass + Illusionen / Denkfehler = negative, störende Gefühle. Die negativen, störenden Gefühle [C] meiner Tochter haben zwar als Anlass [A] meine vermeintliche Lüge, doch die wahre Ursache, der wirkliche Grund für den negativen Gefühlszustand meiner Tochter sind die 5 Illusionen bzw. Denkfehler [B].

Richtig. So ist es.

Im Umkehrschluss würde das aber auch heißen, dass … hm …, wenn meine Tochter frei wäre von diesen Illusionen … frei wäre von diesen Denkfehlern … diesen geistigen Irrtümern nicht aufsitzen würde … dass sie dann glücklich wäre, trotz meiner vermeintlichen Lüge.

Glücklich darüber, dass du sie anlügst?

Nein, das nicht gerade. Aber in einer positiven Gemütsverfassung, trotz meiner vermeintlichen Lüge.

Was für einen Vorteil hätte dies für deine Tochter?

Sie könnte mir leichter zur Wahrheit verhelfen, wenn ich sie tatsächlich angelogen hätte. Andererseits aber vielleicht erkennen, dass sie selbst einer Täuschung aufgesessen war. Ihr Tag wäre nicht ruiniert. Sie hätte mehr positive Energie. Sie hätte sicher viel gelernt.

Wie meinst du das?

Sie hätte gelernt, wie man geschickt und konstruktiv mit Lügen anderer umgeht. Wie man einen klaren Kopf behält, wenn man angelogen wird. Wie man auf sachliche Art dem anderen hilft, von der Lüge zur Wahrheit zu kommen. Wie spannend dieser Prozess sein kann. Sie hätte dadurch aber auch entdecken und erfahren können, wie sie selbst etwas falsch verstanden hat und wie leicht Missverständnisse entstehen können.

Oh, das klingt nach Bereicherung.

Verrückt! Nein, nicht schon wieder!

Was denn?

Sie könnte im Extremfall über meine vermeintliche Lüge mit mir in einen interessanten, spannenden und befreienden Dialog treten. Über Ehrlichkeit, Wahrheit, Lügen, Angst, Selbstbewusstsein, ...

Was wäre die Konsequenz?

Interesse und eine lebendige Neugierde ... große Nähe und Verbundenheit ... Achtung und Respekt ... eine friedliche Atmosphäre ... gute Stimmung auf beiden Seiten ... ein echter Gewinn. Brrr.

Ja, eine echte Bereicherung für beide.

Aber sie ist doch noch ein Kind. So eine hohe Qualität an Bewältigungsverhalten kann ich doch nicht von ihr erwarten. Das hab ich doch selbst noch nicht drauf.

Richtig. So eine hohe Qualität an Bewältigungsverhalten musst du nicht von ihr erwarten. Aber kannst du wirklich sicher sein, dass nicht auch schon ein Kind zu so einer hohen Qualität an Bewältigungsverhalten fähig ist? Ist eine hohe Qualität an Bewältigungsverhalten vom Alter abhängig? Ist es das, was du glaubst?

Nein, das kann nicht sein. Viele Erwachsene reagieren oft wie kleine Kinder, rasten aus, beleidigen sich gegenseitig, lügen und betrügen, regen sich über Kleinigkeiten auf...

Also was meinst du, was sind wohl die Voraussetzungen für eine hohe Qualität an Bewältigungsverhalten, egal ob Kind oder Erwachsener?

Wenn ich frei bin ...

Frei wovon?

Wenn ich frei bin von den Illusionen und Denkfehlern, die mich unfrei und unglücklich machen, dann ...

Beziehe es jetzt ruhig einmal auf deine Tochter.

OK. Wenn meine Tochter also frei von den 5 Illusionen und Denkfehlern, die sie unglücklich machen, wäre, dann ...

Was wäre dann?

Dann wäre sie auch frei von den daraus resultierenden negativen, störenden Gefühlen.

Positiv formuliert?

Dann wäre sie in einem positiven, erhobenen Gefühlszustand, in einer verbesserten Stimmungslage. Einfach gut drauf.

Trotz deiner vermeintlichen Lüge?

Ja, trotz meiner vermeintlichen Lüge wäre sie besser gestimmt. Hm ... sie würde sich freier fühlen. Sie könnte klarer denken ... bessere Intuition ... bessere Konzentration ... mehr Geduld ... mehr Geistesgegenwart.

Gut drauf – gut dran.

Ja, vielleicht könnte sie sogar liebevoll mit mir umgehen, obwohl ich sie angelogen habe.

Vielleicht?

Hm. Bestimmt. Warum nicht? In diesem gehobenen Stimmungszustand verfügt sie über eine hohe Qualität von Bewältigungsverhalten. Du hast recht. Sie könnte dann sogar liebevoll mir zur Wahrheit verhelfen. Vielleicht würde ihr der ganze Prozess der Wahrheitsfindung Spaß machen.

Vielleicht?

Huch, du bist ja heute wieder hartnäckig. Ja, du hast recht. Auf einer hohen Stufe der Bewältigung hat sie Freude an dem Prozess der Wahrheitsfindung. Sie ist dann wirklich darauf gespannt, wo das Missverständnis liegt ... wieso ich noch zu einer Lüge greifen sollte ... wovor ihr Vater Angst hat, dass er seine Tochter belügen muss ... warum er noch so eine Angst hat ....

Ja.

Vielleicht hat sie dann auch Mitgefühl, wenn sie sieht, von welch lächerlichen Ängsten ich mich noch leiten lasse.

Vielleicht?

Sie hat dann Mitgefühl mit mir, weil sie erkennt, wie ich versuche mich mit Lügen-Strategien zu retten. Wenn ich solche Low-Level-Methoden schon bei ihr einsetze, wie kann da mein Leben im Großen und Ganzen funktionieren?

Hm, hm. Interessant.

Nein, das geht mir jetzt aber doch zu weit! Das grenzt ja schon an Arroganz! So eine Überheblichkeit!

Wie meinst du das?

„Der arme Vater! Sieh ihn dir an, auf welcher Ebene des Bewusstseins er hier noch rumkriecht. Der muss ja total unterbelichtet sein, wenn er noch zu solchen Low-Level-Methoden greift. Wie armselig! Er versucht hier mit Lügengeschichten sein Fell zu retten! Der kann einem doch nur leid tun!"

Ja, du hast recht. So sieht die Haltung von Arroganz und Überheblichkeit aus. Schön, dass du sie mir so ausformuliert hast. Führt diese Haltung zu echtem Mitgefühl und Liebe?

Nein, bestimmt nicht.

Führt diese Haltung zu einem Gefühl der Nähe und der Verbundenheit?

Nein, auch nicht.

Wird bei dieser Haltung die Freude des Ringens um die Wahrheit deutlich?

Nein, auch nicht. Keine wirkliche Freude. Keine Nähe und Verbundenheit. Kein liebe-volles Mitgefühl. Keine Achtung, kein Respekt.

Eine spannende und inspirierende Erfahrung für euch beide?

Nein, das kann ich nicht sagen.

Eine wirkliche Bereicherung? Ein echter Gewinn für euch beide?

Nein, ganz bestimmt nicht.

Würdest du Arroganz und Überheblichkeit als „hohe Qualität von Bewältigungsverhalten" bezeichnen?

Nein, das ist Low-Level.

Was ist Low-Level? Deine Tochter oder deren Arroganz-Methode?

Nein, nein. Meine Tochter ist großartig. Wenn sie diese arrogante Haltung einnehmen würde …

Ja?

Dann würde sie zu einer Low-Level-Methode greifen. Nur ihre Bewältigungsmethode wäre Low-Level, nicht sie als Person.

Schön. Dann lass uns noch einmal zusammenfassen, was genau bei deiner Tochter das effektive Bewältigen der Situation mit deiner vermeintlichen Lüge unterdrückt.

Solange meine Tochter den 5 Illusionen oder Denkfehlern aufsitzt, ist die Qualität ihres Bewältigungsverhaltens sehr niedrig. Oder umgekehrt: Ist sie frei von diesen Illusionen und Denkfehlern, kann sie mit meiner vermeintlichen Lüge supergut umgehen. Sie beherrscht dann eine hohe Qualität von Bewältigungsverhalten, das zu sehr guten Ergebnissen führt, und zwar für uns beide.

Richtig. Deshalb ist es so wichtig, dass wir auch beim anderen, der gerade uns gegenüber in einem negativen Gemütszustand ist, genau erkennen, wie diese Illusionen und Denkfehler ihn selbst unfrei und unglücklich machen, dass wir ihm aber diese Denkfehler nicht zum Vorwurf machen und noch nicht einmal darauf hinweisen.

Aber dass ich sie sehe und erkenne, das ist wichtig.

Ja. Also welche sind es bei deiner Tochter, wenn sie so wütend und aufgebracht ist? Wenn sie dich im unfreundlichen Ton anschreit und dir etwas Falsches unterstellt?

Mir ist gerade noch etwas klar geworden, das möchte ich noch kurz erzählen, damit ich es nicht vergesse, bevor ich dann die einzelnen Illusionen, die meine Tochter unfrei und unglücklich machen, zusammenfasse.

OK. Was ist es?

Wir sprachen davon, wenn bei meiner Tochter ihre Fähigkeit, super mit meiner vermeintlichen Lüge umzugehen, nicht durch die Denkfehler unterdrückt wäre...

Sie also nicht unfrei und unglücklich wäre in dieser Situation? Sondern frei und in gehobener Stimmungslage?

Ja, genau. Dann könnte sie den Prozess der Wahrheitsfindung auch als spannend empfinden und sich freuen, statt verletzt und wütend zu sein.

Ja, so weit waren wir schon. Was ist dir dazu noch eingefallen?

Kennst du die Kriminalserie Colombo?

Ja, schon mal gesehen.

Colombo wird belogen und getäuscht, doch fühlt er sich nicht verletzt und gekränkt. Er wird auch nicht wütend oder rastet aus, obwohl er weiß, dass er gerade belogen wird. Selbst wenn er mehrmals belogen wird, scheint ihm das nichts auszumachen. Er bleibt gelassen ... wachsam ... voll konzentriert. Er ist voller Interesse und Neugierde. Es muss wirklich für ihn ein spannender Prozess der Wahrheitsfindung sein und bestimmt hat er auch große Freude daran, den Personen, die ihn anlügen, auf die Schliche zu kommen. Unermüdlich. Ohne Ärger. Ohne Wut, auch wenn er reingelegt wird. Er scheint wirklich mit klarem Kopf und hoher Konzentration nach der Wahrheit zu suchen. Und man kann förmlich seine Freude, seine Leidenschaft, seine Hingabe, sein lebendiges Interesse und seine ansteckende Neugierde sehen. Man fiebert richtig mit, bei diesem spannenden Prozess.

Ja, das ist ein schönes Beispiel, wie jemand durch Interesse und geschickte Fragen der Wahrheit näher kommt. Der Unterschied bei dir und deiner Tochter und dem Kriminalfall von Colombo ist der: Bei Colombo landet einer im Gefängnis. Nach dem inspirierenden und befreienden Dialog deiner Tochter seid ihr beide freier.

DIALOG 14

Mir brennt etwas auf den Nägeln, worüber ich mit dir sprechen möchte. Du hast vor einiger Zeit erwähnt, dass der Update-your-brain-Ansatz nicht nur im Umgang mit verbalen Angriffen zu neuen Erkenntnissen und konstruktiven Ergebnissen führt, sondern auch auf ganz andere Probleme angewendet werden kann.

Ja, das stimmt. Davon gehe ich aus. Was ist es denn, was dir so zu schaffen macht, dass wir heute darüber sprechen sollten?

Ich leide seit einiger Zeit an furchtbarer Schlaflosigkeit. Und es wird immer schlimmer. Ganz besonders jetzt vor meiner letzten und wichtigsten Diplomprüfung.

Ha ha ha ha. [lautes Lachen]

Warum lachst du?! Du nimmst mich nicht ernst! Was soll dieses arrogante, überhebliche Lachen von dir? Das ist jetzt wirklich nicht angebracht! Ich glaub, wir brechen unsere Gespräche ab. Das ist ja nun wirklich keine Basis für fruchtbare Gespräche hier. Oder willst du mich provozieren?! Ich glaub, du verstehst mich nicht! Ich leide seit Wochen unter quälender Schlaflosigkeit und steh kurz vor einer sehr wichtigen Prüfung!

Ja, das hab ich verstanden. Du quälst dich jede Nacht, findest kaum Schlaf und stehst kurz vor einer sehr wichtigen Prüfung. Zum Lachen ist es dir da wirklich nicht.

Ganz bestimmt nicht! Ich bin ein Wrack! Tagsüber fühle ich mich total müde und abgeschlafft, kann mich nicht konzentrieren ... dabei müsste ich noch so viel lernen. Aber in diesem desolaten Zustand geht in meine Birne einfach nichts mehr rein. Das ist furchtbar! Ich steh so unter Druck. Nachts kein Schlaf und tagsüber total kaputt, gereizt und einfach nur noch schlecht drauf.

Hm ... und was möchtest du? Was wünschst du dir?

Oh, ich will einfach wieder richtig gut und erholsam schlafen. Ich würde gerne den nächsten Tag erholt und fit beginnen und den Tag wieder mehr genießen können. Ich wünsche mir, dass ich bessere Stimmung habe und mich gut konzentrieren und auf die Prüfung vorbereiten kann. Und ich möchte nicht so viel Angst vor dieser letzten Prüfung haben. Ich hab oft richtig Panik davor.

Lass mich zusammenfassen, ob ich dich richtig verstanden habe, was deine Ziele sind: Du willst gut und erholsam schlafen? Am nächsten Morgen fit und erholt aufstehen? Du willst dich wieder besser konzentrieren und besser lernen können?

Ja, richtig. Nicht so düster drauf sein, ständig gereizt und von der Rolle. Ich möchte nicht so panisch auf die Prüfung reagieren.

OK. Was, glaubst du, ist wohl der Grund dafür, dass du dich in so einem desolaten Zustand befindest?

Dass ich einfach nicht schlafen kann. Es ist zum Verrücktwerden. Diese ewige Schlaflosigkeit macht mich einfach fertig.

Hm, hm. So ist diese „ewige Schlaflosigkeit" die Ursache der ganzen Misere in der du steckst?

Ja. Ich wache morgens total gerädert auf und schleppe mich nur noch so durch den Tag: Lustlos, unfähig, mich zu konzentrieren und zu arbeiten.

Gut, das hab ich verstanden. Du sprichst von „ewiger Schlaflosigkeit", aus der du morgens gerädert erwachst. Wie klingt das in deinen Ohren, wenn du das so hörst?

Das klingt sehr paradox. Aber was willst du mir damit sagen?

Die Worte, die du gebrauchst, um dein Problem zu beschreiben, sind mit Teil deines Problems und sie zeigen mir dein Bewusstsein.

Das verstehe ich nicht.

Nun, deine Wortwahl widerspiegelt dein Denken, das, was du glaubst.

Ja, das mag sein. Wie ich spreche, wie ich mich ausdrücke, so denke ich auch. Richtig.

Und wenn dein Denken nicht im Einklang mit der Wirklichkeit ist, dann gibt's Probleme. Große Probleme.

Aber ist denn mein Denken nicht im Einklang mit der Wirklichkeit? Woher willst du das wissen? Ich empfinde es jedenfalls so.

Auch wenn du mich für spitzfindig halten magst, aber deine Probleme entstehen „nur" dadurch, dass dein Denken nicht im Einklang mit der Wirklichkeit ist.

Huch, das musst du mir genauer erklären. Das würde ja im Umkehrschluss heißen, wenn ich mein Denken in Einklang mit der Wirklichkeit bringe, dann hätte ich diese Probleme nicht?

Richtig. Ich kann es so auf den Punkt bringen:
Gedanken, die nicht im Einklang sind mit der Wirklichkeit, tun weh. Und das ist gut so.

Auch das noch! Was soll an meiner quälenden Schlaflosigkeit gut sein?

Deine Schlafprobleme, deine Angst- und Panikzustände, deine Konzentrationsstörung und deine düsteren Gefühlszustände sind ganz hilfreiche Signale.

Ja wirklich?! Das kann doch nicht dein Ernst sein! Was soll daran hilfreich sein? Das genaue Gegenteil ist der Fall! Sie blockieren mich total und es kann sogar sein, dass ich deshalb bei dieser wichtigen Prüfung versage.

Du hast recht, das könnte sein. Ich sprach von diesen Symptomen als hilfreiche Signale … sogar sehr hilfreiche Signale.

Und? Inwiefern sollen diese Symptome, unter denen ich furchtbar leide, hilfreich sein?

Ich sage nicht, dass diese Symptome für dich gut und hilfreich sind. Nein. Oh, nein!

Was dann? Hab ich etwas falsch verstanden?

Ich sage, diese Symptome sind „sehr hilfreiche Signale". Ja, du hast richtig gehört. Deine Symptome sind sogar super hilfreiche und nützliche Signale. Diese Signale sollen dir wirklich helfen, dich unterstützen.

Du meinst, meine Symptome, egal welche, haben eine wichtige Signalfunktion für mich?

Ja, richtig.

Und ich sollte diese Signalfunktion meiner Symptome erkennen? Und das wäre sehr gut, hilfreich und nützlich für mich?

Ja, ganz bestimmt. Davon bin ich überzeugt. Aber es geht nicht darum, dass du mir glaubst oder etwas übernimmst, nur weil es vielleicht ganz gut klingt oder weil ich dir als Autorität erscheine. Nur was du selbst geprüft und als wahr erkannt hast, hilft dir wirklich.

Ja, ja. Ich erinnere mich, schon Apostel Paulus sagte: „Prüfet alles und das Gute behaltet". Ich soll nichts übernehmen, nichts glauben, was ich nicht selbst geprüft habe.

Nur das, was du selbst geprüft hast und für richtig und wahr für dich empfunden hast …, nur das zählt … nur das macht dich frei … nur das gibt dir wirklich Kraft.

OK. Ich seh, wir sind wieder bei dem Punkt „Selbstverantwortung" angelangt.

Ja, wenn du so willst. Doch lass uns zurückkehren zu der Signalfunktion deiner Symptome.

Ja. Inwiefern haben meine Symptome Signalfunktion? Und inwiefern ist diese Signalfunktion gut, hilfreich und nützlich für mich.

Nun, denk an dein Auto. Deine Tankanzeige leuchtet rot auf. Das ist ein Signal für dich, oder? Ist es ein hilfreiches Signal?

Ja, bestimmt. Wenn ich es beachte und entsprechend handele, kann ich mir sehr viel Schwierigkeiten ersparen. Mein Wagen würde sonst vielleicht stehen bleiben an einem Ort, wo kein Benzin in der Nähe ist. Oder zu einem Zeitpunkt, der sehr ungelegen kommt. Wenn ich beispielsweise auf der Autobahn fahre und gerade auf der Überholspur bin und das Benzin geht aus …. huch, das kann sehr gefährlich und teuer werden.

Also ist das Signal, das rote Aufblinken der Tankanzeige, für dich gut, hilfreich und nützlich.

Ja, das schon. Aber nur, wenn ich es beachte und entsprechend handele, richtig?

Richtig. Ist das Aufblinken der Tankanzeige an sich gut, hilfreich und nützlich?

Nein. Ich hab es begriffen. Das Signal selbst ist nur dann gut, hilfreich und nützlich für mich, wenn ich es als hilfreich erkenne und wenn ich dann entsprechend handle, um noch größeren Schaden abzuwenden.

So sind auch deine Symptome ganz nützliche Signale, die dir helfen sollen.

Die mir helfen sollen größeren Schaden zu vermeiden.

Positiv formuliert?

Sie zeigen mir, dass ich etwas falsch mache. Vielleicht falsch denke und mich falsch verhalte.

Positiv formuliert heißt das?

Sie geben mir einen Hinweis darauf, bessere Lösungen zu finden als bisher. Diese Signale sollen mir ja eigentlich helfen, ein glückliches und erfülltes Leben zu führen. Wenn ich also meine Ängste und Belastungen richtig deuten würde, könnten sie mir helfen, größeren Schaden zu vermeiden, und sogar mir die Mittel an die Hand geben, ein glückliches und erfülltes Leben zu führen.

Verbesserung ist möglich.

Hui, ich bin gespannt, wie du das hinkriegst, meine Symptome als hilfreiche Signale zu sehen.

Was ist wohl wichtiger für dich, wenn ich deine Symptome als hilfreiche Signale sehe oder wenn du selbst deine Symptome als hilfreiche Signale sehen kannst?

Hm. Immer wieder zurück zur Selbstverantwortung.

Ja, wie du deine Symptome siehst und wie du darauf antwortest, was du daraus zauberst, in wessen Hand liegt das?

In meiner. Klar.

Zurück zum Ausgangspunkt. Du sagst, du leidest unter „ewiger Schlaflosigkeit". Ich sage, Gedanken, die nicht im Einklang sind mit der Wirklichkeit, tun weh, und das ist gut so.

Gehst du davon aus, dass meine schmerzlichen Symptome ein hilfreicher Hinweis darauf sind, dass meine Gedanken nicht im Einklang mit der Wirklichkeit sind? Wenn ich meine Gedanken in Einklang mit der Wirklichkeit bringe, wie du sagst, dann könnte ich mir diese Schmerzen sparen.

Ja, gewiss. Und nicht nur das. Ein viel größerer Gewinn wartet auf dich.

Es geht also nicht nur darum, größeren Schmerz zu vermeiden, sondern um etwas viel Kostbareres, Glückbringenderes? Hui, da bin ich aber gespannt!

Viel, viel Wertvolleres! Ein noch größerer Gewinn, als würdest du deine Examensprüfung bestehen.

Das kann ich mir kaum vorstellen. Wie soll das gehen?

Fassen wir noch einmal zusammen:
1. Gedanken, die im Einklang sind mit der Wirklichkeit,
   führen zu guten Gefühlen und zu guten Ergebnissen.

2. Gedanken, die nicht im Einklang sind mit der Wirklichkeit,
   tun weh, sie führen zu seelischen Schmerzen und zu schlechten Ergebnissen.

3. Diese seelischen Schmerzen sind sehr hilfreich.
   Der Sinn dieser seelischen Schmerzen ist es, uns zu helfen
   unser Denken in Einklang zu bringen mit der Wirklichkeit.
   Denn:
   Sind die Gedanken im Einklang mit der Wirklichkeit,
   führen sie zu guten Gefühlen und zu guten Ergebnissen.

Demnach bräuchte ich meine Gedanken nur in Einklang zu bringen mit der Wirklichkeit und ich hätte keine Schlafprobleme, keine Panikzustände und kein Abgeschlafftsein mehr. Ist dem so?

Hm. Nicht so schnell. Zunächst ist es wichtig zu erkennen, inwiefern deine Gedanken nicht im Einklang mit der Wirklichkeit sind.

Wie kann ich das erkennen? Welche Kriterien hast du dafür. Denn für mich fühlt es sich so an, dass meine Gedanken mit der Wirklichkeit übereinstimmen.

Achte auf Punkt Nr. 2. Gedanken, die nicht im Einklang mit der Wirklichkeit sind, tun weh, sie führen zu seelischen Schmerzen und zu schlechten Ergebnissen. Kannst du bei dir seelische Schmerzen und schlechte Ergebnisse feststellen?

Sicher doch. Mehr als mir lieb sind. Und aus diesen seelischen Schmerzen und damit verbundenen schlechten Ergebnissen schließt du, dass mein Denken nicht wirklichkeitsgerecht ist?

Lass es uns genau untersuchen, so dass du aus deinen Problemen einen größtmöglichen Gewinn ziehen kannst.

Ich bin gespannt.

Schau her. Ich hab hier eine Box. Ich lege sie jetzt zwischen uns beide. Diesen Stift hier lege ich jetzt neben die Box. Sieh genau hin. Liegt der Stift links von der Box oder liegt der Stift rechts von der Box?

Der Stift liegt rechts von der Box. Rechts von mir aus betrachtet.

Hm. Ich sage, der Stift liegt links von der Box.

Du hast recht. Von dir aus betrachtet liegt er links von der Box. Von mir aus betrachtet, liegt er rechts von der Box.

Das kann doch nicht sein! Der Stift kann doch nicht gleichzeitig links und rechts von der Box liegen, oder?

Doch. Es kommt auf die Sichtweise an. Es kommt auf die Perspektive an, von der aus du es betrachtest.

Bilde ich mir das dann nur ein? Mache ich mir da etwas vor? Ich sehe ganz genau, dass der Stift links von der Box liegt.

Nein, du brauchst dir nichts vormachen, nichts einreden, von deinem Blickwinkel erscheint dir der Stift links.

Erscheint es mir nur so? Scheint es nur so zu sein, dass der Stift links liegt, oder liegt er wirklich links von der Box?

Er liegt wirklich links von der Box, von deiner Perspektive aus betrachtet. Von meiner Seite aus liegt er rechts von der Box. Wir beide haben recht.

Wieder aus einem anderen Blickwinkel betrachtet liegt er vor der Box oder hinter der Box.

Ja, stimmt.

Genau so ist es auch mit deinen Problemen. Nehmen wir als Beispiel dein Schlafproblem. Von einer bestimmten Perspektive aus betrachtet, ist es sehr schwer zu lösen. Aus einem anderen Blickwinkel betrachtet ist es sogar unmöglich zu lösen. Und wieder aus einem anderen Blickwinkel betrachtet, ist es …

… ganz leicht. Nee, das willst du jetzt doch nicht sagen oder? Alles nur Sache der Perspektive?! Denk positiv, und alles wird super? Soll ich mir das einreden?

Nun, ich verstehe deine Empörung. Fühlst dich mit deinen Problemen nicht so richtig ernst genommen, oder?

Ja richtig. Regelrecht verarscht.

Es geht nicht um oberflächliches positives Denken. Es geht nicht darum, sich etwas, was nicht ist, einzureden. Gehen wir noch mal einen Schritt zurück. Betrachte noch einmal das Beispiel mit der Box. Der Stift liegt tatsächlich links. Du musst dir da nichts einreden. Du musst nicht sagen der Stift liegt rechts … der Stift liegt rechts … der Stift liegt rechts, dass er dann plötzlich rechts liegt, oder?

Richtig. Ich muss die Perspektive ändern und er liegt tatsächlich rechts. Ich muss mir nichts einreden. Ich muss mir nichts vormachen. Ich muss den Stift noch nicht einmal anfassen.

So ist es auch bei deinem Schlafproblem. Ein Perspektivwechsel … und alles sieht anders aus. Aus schwer kann unmöglich werden …

… aber auch ganz leicht. Ich müsste also einen anderen Blickpunkt einnehmen, der mir mein Schlafproblem leicht lösbar erscheinen lässt.

Nur leicht erscheinen lässt?

Gut. Ich hab verstanden. Aus der richtigen Perspektive betrachtet erscheint es mir nicht nur leicht, es ist leicht. Huch. Ich kann's kaum glauben. Ich müsste nur nach einem günstigen Blickpunkt suchen.

Ja, einem Blickpunkt, der zu guten Gefühlen und zu guten Ergebnissen führt. Du musst dir dabei nichts einreden, nicht positiv denken ... nein, nichts dergleichen. Nur den richtigen Blickpunkt finden, die richtige Perspektive. Der stoische Philosoph Seneca sagte einmal: „Nichts ist beschwerlich, was man leicht nimmt." Die richtige Perspektive macht den Unterschied.

Wäre ja megastark, wenn ich diese Super-Perspektive recht schnell finden würde.

Gehen wir systematisch vor. Ganz der Reihe nach. Eins nach dem andern. In Millimeterschritten sozusagen. Erinnere dich daran: Verhaltenstherapie heißt Therapie durch dein Verhalten. Dazu gehören auch dein Denken und Sprechen. Also Heilung durch dein Denken, Sprechen und Verhalten.

Durch mein Denken, Sprechen und Verhalten kann ich mich also unglücklich und krank machen, aber auch mich heilen und zu meinem Glück beitragen.

Richtig. So lass uns genau prüfen, ob dein Denken, Sprechen und Verhalten, aber auch deine Perspektiven für dich hilfreich, nützlich und förderlich sind. Ob sie funktional in Bezug auf deine Ziele sind? Unterstützen sie deine Ziele, deine Gesundheit? Helfen sie dir wirklich?

Oder mach ich mich durch mein Denken, Sprechen und Verhalten und durch ungünstige Perspektiven unglücklich und kaputt? Du würdest dann diese Denk- und Verhaltensweisen wohl als dysfunktional für meine Ziele und Gesundheit bezeichnen.

Ja. Du erinnerst dich: „Die Fähigkeit zu unterscheiden vermindert dein Leiden." Also hilft es, wenn du sehr genau unterscheidest, ob deine Denk- Sprech- und Verhaltensweisen funktional (Ziel unterstützend, hilfreich) oder dysfunktional (deinen Zielen entgegenwirken, hinderlich, gesundheitsschädigend) sind.

Langsam beginne ich mich auf diesen Entdeckungsprozess zu freuen: neue Sichtweisen und Perspektiven, die mir helfen, meine Ziele schneller und leichter zu erreichen.

Und auch mit weniger oder sogar ohne Schmerz. Unterscheiden statt leiden!

Ist das dein Rezept für mich und meine Schlaflosigkeit?

Lass uns ganz genau hinsehen, was für dich funktioniert? Welche Perspektive für dich hilfreich ist. Deshalb noch einmal die drei Punkte zur Erinnerung und als Ausgangspunkt für unser Unterscheidungstraining:

1. Gedanken, die im Einklang sind mit der Wirklichkeit,
   führen zu guten Gefühlen und zu guten Ergebnissen.

2. Gedanken, die nicht im Einklang sind mit der Wirklichkeit,
   tun weh, sie führen zu seelischen Schmerzen und zu schlechten Ergebnissen.

3. Diese seelischen Schmerzen sind sehr hilfreich.
   Der Sinn dieser seelischen Schmerzen ist es, uns zu helfen
   unser Denken in Einklang zu bringen mit der Wirklichkeit.
   Denn:
   Sind die Gedanken im Einklang mit der Wirklichkeit,
   führen sie zu guten Gefühlen und zu guten Ergebnissen.

OK. Beginnen wir also mit meiner ewigen Schlaflosigkeit. Demnach sind meine seelischen Qualen und die schlechten Ergebnisse, wie Schlaflosigkeit, Angst- und Panikzustände, ausgelöst durch Gedanken, die nicht im Einklang mit der Wirklichkeit sind.

Die Art, wie du dein Problem beschreibst, wie du darüber sprichst, verrät mir deine Denkschiene, die dir Probleme bereitet. Lass uns zunächst einige Begriffe klären. Du sprichst von „ewiger Schlaflosigkeit". Ist dieser Begriff im Einklang mit der Wirklichkeit. Bist du schon „ewig" gänzlich „ohne Schlaf"? Stimmt das wirklich?

Worauf willst du hinaus?

Ewige Schlaflosigkeit, gibt es das wirklich? Ewige Schlaflosigkeit scheint wirklich unheilbar zu sein. Ha-ha [lautes Lachen]

Lach du nur. Bestimmt ist das eine ungünstige Perspektive, das Problem zu betrachten. Aber ich empfinde es so.

Du hast mir erzählt, du wachst morgens ganz gerädert und total fertig auf. Willst du das dann „ewige Schlaflosigkeit" nennen?

„Ich schlafe sehr schlecht", wäre das eine bessere Beschreibung meiner Schlafprobleme?

Bis jetzt.

Ja, bis jetzt schlafe ich sehr schlecht ein und durch und ich wache schlecht gelaunt auf.

Bis jetzt.

Ja, bis jetzt war das so.

Und es kann auch weiterhin so bleiben.

Muss es aber nicht, oder? Verbesserung ist möglich.

Richtig. Verbesserung ist möglich. Nicht bei „ewiger Schlaflosigkeit", aber bei Schlafstörungen, Schlafproblemen, Schlafschwierigkeiten. Verbesserung ist möglich.

Ich leide also ab heute nicht mehr unter „ewiger Schlaflosigkeit", ich habe lediglich ein Problem mit dem Schlafen, dem Einschlafen, dem Durchschlafen und dem düsteren Erwachen? Allerdings ein großes Problem.

Welch ein Fortschritt! Was fällt dir auf?

Ich beginne zu unterscheiden. Aus einer übertriebenen Verallgemeinerung werden überschaubare Probleme.

Die Kunst zu unterscheiden vermindert dein Leiden. Ist das positives Denken? Muss ich mir dabei etwas einreden, was ich nicht für wahr halte?

Nein. Es ist einfach nur realistisches Denken.

Es ist realistisches Denken, das zu sehr positiven Gefühlen und positiven Ergebnissen führt. Wir sind erst am Anfang.

Es ist so spannend. Überschaubare Probleme, die zu lösen sind … das macht Mut … das gibt Zuversicht … ich freu mich drauf.

DIALOG 15

Ich würde sehr gerne mit dir über die effektive Bewältigung verbaler Tiefschläge spre-
chen, doch die Schlafprobleme und meine Angstzustände stehen so im Vordergrund, so
dass ich kaum an etwas anderes denken kann.

Es spielt keine Rolle, ob wir über den Umgang mit verbalen Angriffen sprechen oder
über Schlafprobleme. Über Prüfungsängste oder Impotenz. Das ist wirklich unerheblich. „Update your brain" ist damit zu vergleichen:
Du gehst auf deinen Dachboden und suchst nach wichtigen Unterlagen. Da ist aber auch
sehr viel Gerümpel auf deinem Speicher und unter all diesem Gerümpel, da sind auch
deine wichtigen Unterlagen, die du unbedingt brauchst. Aber auf deinem Dachboden ist
es stockdunkel. Das Licht funktioniert nicht. Kannst du dir vorstellen, wie beschwerlich
es für dich sein wird, im Dunkeln unter diesem Gerümpel deine wichtigen Unterlagen
zu finden?

Hm. Das dürfte sehr schwierig sein. Vielleicht werde ich mich auch oft an einigen
Gegenständen stoßen, mir wehtun. Es wird lange dauern. Vielleicht wird es sogar un-
möglich sein, weil ich im Dunkeln weder sehen noch unterscheiden kann, was meine
wichtigen Unterlagen sind.

Ja. So ist es. Wenn jetzt aber plötzlich das Licht angehen würde … wäre dann das ganze Gerümpel weg?

Nein, das nicht. Aber ich könnte wesentlich leichter meine wichtigen Unterlagen fin-
den, ohne mir weh zu tun. Und bestimmt in wesentlich kürzerer Zeit.

Das ist „Update your brain".

Hui. Ich würde dann auch meine zweitwichtigsten Unterlagen leichter, müheloser, in
kürzerer Zeit und ohne Schmerzen finden! Eigentlich egal, was ich suche, oder?

Richtig. Egal, was es ist.

Heißt das konkret … wenn ich mein Schlafproblem in den Griff bekomme … wenn ich
geschickt mit der ganzen Schlafsituation umgehen kann … dann …

Ja, dann ...?

Dann kann ich auch geschickt mit verbalen Angriffen umgehen?

Bestimmt. Und umgekehrt auch.

Ach ja, es spielt offensichtlich keine Rolle, wenn man in deiner Licht-Analogie bleibt, was man sucht. Man wird bei Licht alles besser finden.

So ist es. Ob groß oder klein. Ob schwarz-weiß oder bunt. Ob wichtig oder weniger wichtig. Es spielt keine Rolle. Um klar zu sehen, brauchst du Licht. Um wirklich unterscheiden zu können, auch.

Du sagst ja immer: „Die Fähigkeit zu unterscheiden vermindert dein Leiden". Und diese Unterscheidungsfähigkeit scheint wohl bei allen Problemlöseprozessen eine wichtige Rolle zu spielen, oder?

Let's turn on the light! Lass uns ganz praktisch werden.

Ich bin heute wieder mal total durcheinander. Kaum geschlafen, hab mich die ganze Nacht nur rumgequält und bin mies aufgewacht.

„Ewige Schlaflosigkeit"?

Nein. Dieses Etikett versuche ich im Moment abzulegen, obwohl sich's so anfühlt.

Hm, hm. Also „gefühlte Schlaflosigkeit"?

Ich verstehe, was du meinst. Aber ich hab massive Schlafstörungen. Das fängt schon am Tag an. Den ganzen Tag hab ich schon Angst vor der kommenden Nacht. Ich bin am Grübeln, schlecht drauf und mache mir Sorgen, ob ich wohl diese Nacht etwas schlafen kann. Ich denke oft darüber nach, ob nicht mein Schlafmangel oder dieser langandauernde Schlafentzug ... ob ich dadurch vielleicht sogar verrückt werden könnte. Ich glaub, ich hab so etwas gelesen, dass man davon auch Halluzis kriegen kann. Ich mache mir ernsthaft Sorgen, ob ich jemals die Prüfung schaffen werde ..., statt konzentriert mich auf die Prüfung vorzubereiten, hab ich nur Angst und Panik und mache mir Sorgen um den Schlaf.

Also nicht nur abends beim Schlafengehen und in der Nacht, sondern auch tagsüber machst du dir darüber Sorgen, dass du zu wenig Schlaf bekommen könntest?

Ja, den ganzen Tag. Das fängt schon morgens an mit dem Gedanken: „Hoffentlich kann ich nächste Nacht schlafen ... furchtbar ... wie lange soll das noch so weiter gehen?!"

Hm. Ich kann verstehen, dass das für dich sehr belastend ist und du diesen Zustand als unerträglich empfindest.

Ganz furchtbar schlimm.

Trotzdem möchte ich dir, bevor wir über deine Schlafprobleme sprechen, drei Geheimnisse verraten.

Drei Geheimnisse?

Ja. Ich stelle sie dir alle drei vor. Später werden wir dann auf sie zurückgreifen, wenn wir sie für die Anwendung brauchen. Du brauchst dir sie nicht zu merken. Wir kommen immer wieder darauf zurück.

OK. Schieß los.

Geheimnis Nummer 1:
Alle deine Verhaltensweisen sind positiv motiviert.
Alle deine Verhaltensweisen verfolgen ein positives Ziel.
(Verhaltensweisen, dazu gehören auch dein Denken, Sprechen, Fühlen und Handeln).

Mit allen meinen Verhaltensweisen verfolge ich immer ein positives Ziel? Auch mit meinem Denken? Meinem Sprechen? Meinem Handeln?

Ja, genau das besagt das Geheimnis Nummer 1.

Da sträubt sich bei mir aber alles. Das ist mir vielleicht ein schönes Geheimnis. Dieses Geheimnis geht mir total quer runter. Aber gut, ich will's mal so stehen lassen. Ich muss es ja nicht glauben, oder? Ich brauche ja nichts zu übernehmen, von dem ich nicht wirklich 100%ig überzeugt bin. Ich lasse es einfach mal so stehen und nehme es als eine interessante Gedankenspielerei von dir, als inspirierenden Joke.

Ja. Nichts glauben. Nichts übernehmen. Alles selbst prüfen. Nur wenn du es selbst für wahr erkennst, verwende es und arbeite damit. Arbeite damit, solange es sich für dich bewährt, sonst verwirf es wieder.

Und Geheimnis Nummer 2? Man darf gespannt sein.

Geheimnis Nummer 2 lautet:
Es gibt Verhaltensweisen, denen liegt eine Dringlichkeit, eine Notwendigkeit zugrunde.
Geheimnis Nummer 3 lautet:
Verhaltensweisen, die durch eine Dringlichkeit oder Notwendigkeit motiviert sind, haben Vorrang vor den Verhaltensweisen, die durch ein positives Ziel motiviert sind.

Huch, gut, dass ich mir das nicht merken muss. Ich kann's sicher auch nicht begreifen. Wahrscheinlich bin ich zu blöd dazu oder nur zu kaputt. Ich kann dir einfach nicht folgen. Ich bin zu konfus.

Nicht so schlimm. Lassen wir's einfach so stehen. Nichts glauben müssen. Nichts übernehmen müssen. Nichts verstehen müssen. Also zurück zu den Schlafstörungen.

Ach ja. (Seufzt)

Du machst dir den ganzen Tag über Sorgen und hast Angst vor der Nacht, weil … ?

Weil ich nicht schlafen kann.

Das ist interessant. Kannst du mir den ganzen Satz noch einmal wiederholen?

Ich habe den ganzen Tag über Angst vor dem Schlafengehen und mache mir Sorgen, weil ich nicht schlafen kann.

Gut, das nenne ich die erste Formulierung deines Problems, die Weil-Formulierung. Ich habe tagsüber Angst und Sorgen, weil ich nachts nicht schlafen kann.

Richtig. So ist es.

Gut, jetzt formuliere diesen Satz einfach mal um in einen „Macht mich"-Satz.

*Dass ich nachts nicht schlafen kann, **macht mir** tagsüber Angst und Sorgen.*

Siehst du, das ist die zweite Formulierung desselben Problems. Das Nachts-nicht-schlafen-Können macht mir Angst und Sorgen.

Ja, das ist derselbe Inhalt, nur etwas anders formuliert.

Wer macht dir die Angst, wer macht dir den ganzen Tag über Sorgen?

Meine Schlafstörung **macht mir** *Angst und Sorgen.*

Glaubst du das wirklich? Schau genau hin. Wer hat den ganzen Tag über Angst und Sorgen?

Ich. Sagte ich doch.

Und wer macht sie dir?

Meine Schlafstörung. Hätte ich die Schlafstörung nicht, bräuchte ich mir auch tagsüber keine Sorgen um meinen Schlaf zu machen.

Das bringt uns gleich zur dritten Formulierung deines Problems. Ich höre sie bereits aus dem heraus, was du gerade sagst.

Nämlich?

Entdecke das „versteckte Muss". Formuliere dein Problem mit der Muss-Formulierung. Versuch's. Ich wiederhole, was du gerade gesagt hast: „Hätte ich die Schlafstörung nicht, bräuchte ich mir auch tagsüber keine Sorgen um meinen Schlaf zu machen."

Wenn ich nachts nicht schlafen kann, dann ... nee, so ein Quatsch!

Komm. Versuch's. Formuliere das, was du gerade gesagt hast, um, so dass das „versteckte Muss" deutlich wird.

Was für ein Müll! Glaub ich das denn wirklich?!

Formuliere erst mal dein Problem ganz neutral als Muss-Formulierung, ohne zu bewerten. Dann schauen wir es uns genauer an. OK?

Wenn ich nachts unter Schlafstörungen leide, dann muss ich mir tagsüber Angst und Sorgen davor machen.

Na, wie klingt das?

Total bescheuert! Total beknackt! Glaub ich das wirklich?

Nun, lass die Beurteilung weg und betrachte ganz nüchtern und sachlich, wie deine innere versteckte Überzeugung aussieht, die dein Denken, Sprechen, Fühlen und Verhalten steuert.

Am besten ich wiederhole sie noch einmal, damit ich sie mir ganz klar vor Augen führen kann: „Wenn ich nachts nicht schlafen kann, dann muss ich mir tagsüber Angst und Sorgen davor machen." Das ist ja ein Ding!

Ja, es reicht dir scheinbar nicht, dass du nachts nicht schlafen kannst, du musst dir obendrein tagsüber auch noch Angst und Sorgen machen. [Lachen]

Ja, es klingt wirklich kurios! Das ist ja verrückt! Es ist wirklich zum Lachen!

Diese innere versteckte Überzeugung, die du gerade ausformuliert hast, war bisher im Hintergrund deines Bewusstseins und hat dein ganzes Verhalten und Erleben gesteuert. Bei genauer Betrachtung kannst du diese innere Überzeugung in allen drei Problem-Formulierungen finden.

Ja, das wird mir jetzt klar. Ist ja irre. Das muss ich mir aufschreiben und merken.

Nein, das musst du nicht. Wir durchlaufen diesen Fragezyklus so oft, dass du dir nichts aufschreiben, merken oder auswendig lernen musst. Du erkennst es dann sofort und unmittelbar.

Ich bin gespannt.

Schauen wir uns noch einmal das „versteckte Muss" an. Ein anderes Wort für „muss" ist das Wort „notwendig" oder „dringend notwendig". Du kannst das Wort notwendig auch mit Bindestrich schreiben also not-wendig, was so viel heißt wie die Not wenden. Etwas ist not-wendig, um die Not zu wenden.

Pfiffig. So kann man's auch sehen.

Formuliere jetzt mal deine innere Überzeugung, also das „versteckte Muss" noch einmal, diesmal aber ersetze das Wort „muss" mit dem alternativen Begriff „zwingend notwendig".

OK. Ich probier's: „Wenn ich nachts nicht schlafen kann, dann halte ich es für zwingend notwendig, dass ich mir tagsüber Angst und Sorgen mache."

Ja, nur umformuliert. Derselbe Sinn. Sag mir noch einmal, was du dir wünschst. Was ist dein positives Ziel.

Ein guter und erholsamer Schlaf.

Schön, das ist dein positives Ziel. Verbinde nun deine innere Überzeugung der zwingenden Notwendigkeit mit deinem positiven Ziel und schau, was dabei herauskommt.

Ha, ha, ha. Ich glaub es nicht!

Nicht glauben, einfach anschauen, was ist, ohne zu bewerten oder zu verurteilen. OK? Also leg los.

„Wenn ich nachts nicht schlafen kann, dann halte ich es für zwingend notwendig, mir tagsüber Angst und Sorgen zu machen, um nachts gut und erholsam schlafen zu können."

Super Rezept! Ha, ha.

Ja wirklich. Wo hab ich das bloß her?!

Diese versteckte innere Überzeugung bildet die Grundlage deiner Ängste und Sorgen um den Schlaf am Tag. Woher du diese innere Überzeugung hast, von wem du dir dieses interessante Rezept abgeguckt hast, ist nicht so entscheidend.

Aber solange ich diesen Unsinn glaube, für wahr halte, ... solange dieser Virus unerkannt im Hintergrund meines Bewusstseins sein Unwesen treibt, werde ich tagsüber unter Angst und Sorge leiden und nachts unter meinen Schlafstörungen.

So sieht es aus.

Wer also erzeugte in dir am Tage die Angst und die Sorge? Die nächtliche Schlafstörung, deine Prüfung oder der Prüfer?

Weder noch. Ich fall da nicht mehr drauf rein. Ich selbst erzeugte am Tag meine Ängste und meine Sorgen. Ich war einem Virus aufgesessen. Ich hatte fälschlicherweise geglaubt, dass ich vor nächtlichen Schlafstörungen auch tagsüber Angst haben muss. Dieser geistige Irrtum, dieser Denkfehler, diese illusionäre Täuschung, diese Fehlannahme war die Wurzel meiner so starken negativen, störenden Gefühle.

Nun, wenn du den Wunsch und das positive Ziel hast, froh, konzentriert und entspannt den Tag zu verbringen … aber gleichzeitig diese versteckte innere Überzeugung der „zwingenden Notwendigkeit" aktiv ist, wer oder was hat Vorrang?

Hat das was mit deinen Geheimnissen zu tun?

Welche Verhaltensweisen (Denk- und Sprechweisen) haben Vorrang, die durch das positive Ziel motiviert sind oder die durch Dringlichkeit und Notwendigkeit motiviert sind?

Die durch dringende Notwendigkeit motiviert sind.

Genauer müsste es heißen, die durch den Glauben an die dringende Notwendigkeit motiviert sind. Wenn dein Geist es für dringend notwendig hält, unterstützt dein Körper diese innere Überzeugung mit den entsprechenden Gefühlen und Verhaltensweisen.

Ob es wirklich notwendig ist, spielt dabei keine Rolle, oder? Wenn mein Geist es für dringend notwendig hält, liefert mein Körper die entsprechenden „Hilfen" dazu, um den Geist zu unterstützen.

Ja, so ist es. Dein Körper unterstützt deinen Geist. Er ist der hilfreiche Diener deines Geistes. Deshalb lass uns das nächste Mal noch einen Schritt weitergehen, wie wir die versteckte innere Überzeugung, die ja dein Verhalten und Erleben steuert, untersuchen, überprüfen und, wenn nötig, updaten können.

Update your brain – ich freu mich drauf.

DIALOG 16

Nun, wie fühlst du dich?

Erstaunlich gut. Ja, überraschend gut. Ich musste zwischendurch lachen ... mir ging oft deine Fragestellung durch den Kopf ... die ... äh ...

Mit welcher meiner Fragen hast du dich beschäftigt?

Du hast mich gefragt: „Wer oder was macht dir am Tage diese Ängste und Sorgen? Die nächtliche Schlafstörung, die Prüfung oder der Prüfer?" Ich erkannte wieder mal, dass ich es selbst bin, der sich diese Ängste und Sorgen macht. Ich bin selbst für deren Produktion verantwortlich.

Hm, hm.

Danke, dass du mich immer wieder zu diesem Punkt zurückbringst.

Zu welchen Punkt genau?

Den Punkt der Selbstverantwortung. Selbstverantwortung für meine eigenen Gefühle ... für mein eigenes Denken und Handeln ... das ist irre ... ich leide nachts unter Schlafstörungen und mache mir tagsüber Ängste und Sorgen um den Schlaf.

Schön formuliert. Das nenne ich die „Und-Formulierung" deines Problems. Sachlich, klar und beschreibend. „Ich leide nachts unter Schlafstörungen „und" ich mache mir tagsüber Ängste und Sorgen um den Schlaf."

Puh, kein ursächlicher Zusammenhang!

Richtig. Du beschreibst zwei unterschiedliche Leidenszustände und stellst sie in der Und-Formulierung nebeneinander. Beide haben nichts Ursächliches miteinander zu tun.

*Da ist das Leid der Angst und Sorge am Tag, von mir selbst hervorgerufen, **und** das Leiden an der Schlafstörung in der Nacht ...*

Hervorgerufen von wem?

Auch von mir. Ich weiß nur noch nicht, wie ich das genau mache.

Was hätte es für dich für Vorteile, wenn du die volle Selbstverantwortung sowohl für deine Angst am Tage als auch dein Leiden in der Nacht sehen könntest?

Wenn ich also niemandem und nichts dafür die Schuld geben würde außer mir selbst?

Schuld? Willst du dich selbst beschuldigen? Weshalb?

Ja, ich weiß, worauf du hinaus willst. Das Wort „Schuld" ist hier fehl am Platz. Keine Schuld. Kein Beschuldigen. Kein Verurteilen.

Sondern?

Ich bin für mein Leiden am Tag und in der Nacht selbst verantwortlich ... hm ... im Sinne von ... ach, es ist so schwer ...

Was genau macht es für dich so schwer? „Ich bin für mein Leiden am Tag und in der Nacht selbst verantwortlich" ... im Sinne von?

Von ... hm ... ich bringe es selbst hervor ... ich selbst verursache es ... ich Idiot! ... wie bescheuert bin ich bloß!

Du sagst gerade zwei Dinge: „Ich bringe dieses Leid selbst hervor, ich selbst verursache es", das ist der Teil einer nüchternen und sachlichen Beschreibung von Tatsachen. Das ist Selbstverantwortung, nämlich klar sehen, was ist. Und dann sagst du dir: „Ich Idiot, ich bin bescheuert!" Welcher dieser beiden Teile macht es dir so schwer und schmerzlich? Die Selbstverantwortung oder die Selbstverurteilung?

Du hast recht. Wenn ich genau hinsehe ... wenn ich genau unterscheide, dann ist der Teil, der alles so schwierig und schmerzlich macht ... ja ... puh ... nicht die Selbstverantwortung ist schwierig ... nein ... es ist die Selbstbeschimpfung, die alles so schwierig und schmerzlich macht.

Du denkst heute sehr klar. Darf ich noch einen draufsetzen?

Ja, versuchen wir's.

„Die Selbstbeschimpfung macht alles so schwierig und schmerzlich". Kannst du diesen Satz noch selbstbestimmter formulieren, oder strapaziere ich damit deine Geduld?

Ha, ha. Nein, mach ruhig. Du strapazierst nicht meine Geduld – du trainierst sie! Ha, ha. OK. Ich formuliere es jetzt mal so richtig schön im Sinne der Selbstverantwortung für meine Gefühle: Wenn ich mich selbst als Urheber und Verursacher meiner Ängste und Sorgen am Tage sehe und meines Leidens in der Nacht, dann ist das weder schwierig noch schmerzlich.

Das klingt gut. Aber warum nicht? Vielleicht redest du mir ja nur nach dem Mund?

Warte, jetzt kommt der Teil 2: Ich selbst mache es mir schwierig und tue mir weh, wenn ich mich selbst beschimpfe und beleidige.

Wieso?

Du weißt doch: „Gedanken, die nicht im Einklang sind mit der Wirklichkeit, tun weh und führen zu schlechten Ergebnissen."

Bist du ein Idiot? Bist du bescheuert, wenn du erkennst, wie du dich selbst unglücklich machst?

Nein, bestimmt nicht. Diese Gedanken sind nicht im Einklang mit der Wirklichkeit und tun mir nur weh und sie machen jede Suche nach Lösungen nur schwieriger. Wie das Suchen auf dem Dachboden in der Dunkelheit.

Bist du ein Idiot? Bist du bescheuert, wenn du erkennst, wie du dich selbst unglücklich machst?

Nein, ich sollte mich freuen über diese Erkenntnis.

Sollte?

Hm. Ich kann mich freuen über diese Erkenntnis, sie macht mich frei. Frei auch ganz andere Gefühlszustände in dieser Situation zu erfahren.

Wie? Statt Selbstbeleidigung, Selbstvorwürfe, Schmerz … ?

Befreiende Erkenntnis. Inspiration. Freude. Das ist der Hit.

Halt! Warte! Wieso Freude? Ich seh, wie deine Augen strahlen, aber sag mir, wie kommst du plötzlich von der Selbstverurteilung zur Freude?

Nein, nein! Lass es mich umdrehen. Lass mich die Frage anders stellen. Warum sollte ich mich nicht freuen können!? Jetzt bist du dran. Was, da schaust du aber!? Sag mir einen zwingenden Grund, warum ich tagsüber Angst und Sorge haben muss, nur weil ich nachts noch nicht gut und erholsam schlafen kann?

Hm. Du hast recht. Ich wüsste auch keinen zwingenden Grund, warum du dir den ganzen Tag über Sorgen machen musst, wenn du nachts noch nicht gut und erholsam schläfst. Aber warum musst du dich deshalb gleich so freuen?

Oh, ich muss es nicht! Ich freue mich einfach. Diese Freude braucht keinen zwingenden Grund! Update your brain!

Wenn die Illusionen, Denkfehler und die geistigen Irrtümer, die deinen Blick verstellen oder deine Sicht verzerren, wegfallen, dann ist automatisch die innere Freude da und du kannst mit jeder Lage besser umgehen.

Ha, ha. Hinter den Illusionen, da wartet sie. Da wartet die innere Freude ... wie die Sonne hinter den Wolken.

Ja. Hinter den Illusionen, da wartet sie. Sie wartet darauf, von dir erfahren zu werden. Von dir zum Ausdruck gebracht zu werden.

Jetzt bin ich aber gespannt auf den nächsten Schritt. Ich weiß also, dass ich die Angst und Sorge vor der nächtlichen Schlafstörung in mir selbst hervorrufe. Ich weiß, dass ich selbst der Urheber und Verursacher dieser Ängste und Sorgen bin. Ich habe erkannt, dass die nächtliche Schlafstörung mit meinen Ängsten und Sorgen am Tag überhaupt nichts zu tun hat ... da besteht kein ursächlicher Zusammenhang. Mir ist klar geworden, dass diese Ängste nicht notwendig sind, um nachts gut und erholsam zu schlafen. Sie sind weder notwendig noch nützlich, noch sonst irgendwie hilfreich. Sie erfüllen keinen positiven Zweck.

[Räusper, räusper] Aber warum hast du sie dann?

Du meinst wohl, warum ich sie hatte? Ich hab sie ja nicht mehr.

OK. Warum hattest du diese Ängste und Sorgen vor der Schlafstörung in der Nacht, wenn sie weder notwendig noch nützlich oder hilfreich waren?

*Hm. Es waren vor allem zwei Fehlannahmen von mir. Zum einen die Annahme, dass die Schlafstörung mir Angst macht und das „versteckte Muss" … die unerkannte und ungeprüfte Annahme von mir …, dass ich mir tagsüber Sorgen machen **muss**, wenn ich nachts nicht schlafen kann.*

Hm, hm. Und was ist jetzt deine innere Überzeugung?

Ich bin frei. Ich darf mir auch den ganzen Tag über Ängste und Sorgen machen, auch wenn diese völlig unnötig sind, aber ich bin nicht dazu verpflichtet … es ist meine Sache, wie ich meinen Tag gestalte und welche Gefühle ich erlebe.

Ja, du darfst dir auch den ganzen Tag übertriebene Sorgen machen, das ist deine Freiheit.

Das darf ich aber nicht laut sagen, da denken doch andere, ich hab 'ne Meise.

Mag sein, dass mancher so denken könnte, wenn du es laut in die Welt hinausposaunst. Wichtig ist doch, was du für dich als wahr erkannt hast, oder?

Ja. Ich sehe es ganz klar … mir am Tage übertriebene Sorgen um meinen Schlaf in der Nacht zu machen … das ist meine Sache … meine Entscheidung … meine Wahl … ich muss es nicht … es ist nicht notwendig … ich bin nicht dazu verpflichtet … aber ich darf es trotzdem.

Es ist deine Wahl. Es gehört zu deiner Freiheit.

Ha, ha. Ja, es ist meine Freiheit … es ist meine Freiheit, mir Ängste und übertriebene Sorgen um meinen Schlaf zu machen … ha, ha … du bist ja verrückt! Oh, welche Freiheit!

Befreiende Erkenntnis, hm?

Unglaublich! Ich darf mir auch übertriebene Sorgen um meinen Schlaf machen … auch das gehört zu meiner Freiheit dazu.

Ja, auch wenn sie für dich weder notwendig noch nützlich und hilfreich sind.

Selbst wenn sie für mich nachteilig sind und mir schaden ... trotzdem darf ich mir übertriebene Sorgen um meinen Schlaf machen ... auch dann ist es meine Freiheit.

Ja. Auch dann. Das ist deine Freiheit. Oder etwa nicht?
Jemand prägte mal den Spruch: „Die Freiheit umschließt auch das Recht zu ertrinken, obwohl Rettungsringe vorhanden sind." Wer will dir das verbieten? Du darfst dir auch völlig unnötige und übertriebene Sorgen machen, solange und sooft du willst. Aber was bringt dir diese Erkenntnis?

Sehr viel. Wenn ich es als meine Wahl ... meine innere Entscheidung sehe ... als meine Freiheit auch Angst und Sorge zu wählen, dann bin ich in der Lage ... dann ist das quasi die Voraussetzung ... hm ... auch anders wählen zu können ... auch ganz andere Gefühle und Stimmungen haben zu können ...

Zum Beispiel?

Interesse ... Neugierde ... Zuversicht ... Freude ... Dankbarkeit ... Gelassenheit ... inneren Frieden ... Selbstvertrauen ...

Was hätten diese Gefühlszustände für dich für Vorteile?

Ich wäre insgesamt ausgeglichener. Ich könnte mich besser konzentrieren ... ich könnte besser lernen und mich besser auf die Prüfung vorbereiten ... ich wäre nicht so gereizt ... insgesamt wäre ich auch freundlicher und hätte eine positive Ausstrahlung ... ich sehe auch positiver in die Zukunft, was meine Prüfung betrifft ...

Und was ist die Voraussetzung dafür, diese positiven Gefühlsqualitäten zu erfahren?

Das „versteckte Muss" erkennen, Verantwortung dafür übernehmen, dass ich selbst der Urheber meiner Gefühle bin ... mir bewusst zu sein, dass es zu meiner Freiheit auch dazu gehört, eine ungünstige Wahl treffen zu dürfen.

Hm, hm. Was bringt dir diese Erkenntnis?

Diese Erkenntnis macht mich frei auch positivere Gefühlszustände zu erfahren ...

Aha. Hm. Musst du diese positiven Gefühlszustände erfahren, nur weil sie dir sehr viele Vorteile bringen? Weil sie förderlich für dich und deine Gesundheit wären?

Nein, ich bin frei für die ganze Palette von Gefühlen. Ich kann wählen. Negativ wie positiv. Super.

Du bekommst das eine nicht ohne das andere.

Ja, den Eindruck habe ich auch. Nur wenn ich auch zu meiner negativen Wahl stehe, kann ich auch eine positivere Wahl treffen. Irre! Eigentlich sehr einfach.

Akzeptiere, was du geschaffen hast, auch wenn es Mist war, ohne dir Vorwürfe zu machen. Und dann schaffe, was du willst ... was immer du willst. Du bist der Urheber deiner Erfahrungen – wer sonst? Du bist der Urheber aller deiner Erfahrungen, der negativen und der positiven?

Dann lass uns doch mal sehen, wie ich einen herrlichen und erholsamen Schlaf schaffen" kann. Ich hab nämlich schon fast alles probiert und nichts hat geklappt.

Du hast dir sehr viel Mühe gegeben und schon viel versucht?

Ja, außer so starke Medikamente, wo man hinterher total platt ist, habe ich alles Mögliche ausprobiert. Von Sport bis zur totalen Erschöpfung, bis Baldrian-Tropfen, Autogenes Training, Schäfchen zählen und und und ....

Du hast dir wirklich große Mühe gegeben und nichts hat funktioniert.

Richtig. Nichts hat funktioniert. ... und was hab ich alles versucht!

Ja, du hast dir wirklich sehr große Mühe gegeben mit dem Schlafen. Du hast dich sehr bemüht, sehr angestrengt. Das klingt nach harter Arbeit ... nach großer Beschwernis ... Huch, das ist wirklich anstrengend [wischt mit Hinterhand Schweiß von der Stirn und stöhnt].

Ist ja auch sehr wichtig für mich, wegen der Prüfung. Hätte ich Urlaub, dann wäre es mir egal ..., aber so ...?

Ja, so ... musst du dir wirklich sehr viel Mühe geben und dich sehr anstrengen, um in den Schlaf zu kommen. Wenn du jemanden fragen würdest, der wirklich gut schlafen kann ... was glaubst du, wird er sehr viel Mühe aufwenden müssen, um so gut schlafen zu können?

Nein, überhaupt nicht. Er kann ja gut schlafen.

Heißt das für dich, wenn jemand schlecht schlafen kann, müsste er sich besonders anstrengen und sich besonders Mühe geben, um einzuschlafen? Ist für dich sich bemühen, sich anstrengen die Voraussetzung für einen guten und erholsamen Schlaf? Ist es das, was du glaubst?

Hm. Komisch. Aber ich strenge mich ja an, weil ich nicht schlafen kann.

Dreh diesen Satz mal um.

Hm. Ich kann nicht schlafen, weil ich mich anstrenge, weil ich mir Mühe gebe.

Ja, ist da was dran? Schlafen geht ganz leicht und mühelos.

Ja, das sagst du so. Für den, der es kann, ist es leicht und mühelos.

Und derjenige, der Schwierigkeiten damit hat, der sollte sich sehr anstrengen und sich große Mühe geben, ist das deine Überzeugung? Je mehr Anstrengung und Mühe, desto besser und erholsamer dein Schlaf? Glaubst du das wirklich?

Aber was soll ich denn machen?!

Dich noch stärker bemühen. Noch mehr anstrengen. Dich noch mehr plagen.

Komm, ernsthaft. Ich hab verstanden, was du mir damit sagen willst. Aber ich hab auch schon versucht an nichts zu denken, das hat's auch nicht gebracht.

Du hast dich bemüht an nichts zu denken? Und trotz dieses Bemühens kamst du nicht in deinen ersehnten Schlaf.

Ja, immer wieder dieses Bemühen, den Schlaf erzwingen zu wollen. Ich mach mich total verrückt.

Sich Mühe geben, anstrengen, sich zwingen, sich total verrückt machen ... sind das deine Rezepte für einen guten und erholsamen Schlaf? Warum gibst du dir solche Mühe? Warum machst du dich so verrückt?

Weil ich möglichst schnell einschlafen möchte, um genug Schlaf zu bekommen.

Hm, hm. Das war die „Weil-Formulierung" deines Schlafproblems. Lass uns die verschiedenen Formulierungen ausprobieren und mal sehen, was dabei herauskommt. Wie würde die „Und-Formulierung" heißen?

Ja, lass mal sehen. Ich stelle diese beiden Teile einfach nebeneinander ... ohne ursächlichen Zusammenhang. Ist es das?

Wie heißt dann das Schlafproblem ausformuliert in der „Und-Version"?

*Ich liege nachts wach im Bett **und** ich gebe mir große Mühe, ich strenge mich an, ich zwinge mich, ich mache mich verrückt.*

Ja, so sieht die „Und-Formulierung" deines Schlafproblems aus. Das ist völlig okay. Du liegst nachts wach im Bett **und** du strengst dich sehr an, du zwingst dich, du gibst dir große Mühe, du machst dich verrückt.

Ja, das sind die Tatsachen. Und jetzt sagst du, diese beiden Ereignisse hätten überhaupt nichts miteinander zu tun ... sie stehen in keinem ursächlichen Zusammenhang, oder?

Nein, so würde ich es nicht sagen. Was trifft wohl deiner Meinung nach eher zu: Das Wachliegen macht mich verrückt oder das Mich-Verrücktmachen hält mich wach?

Hm ... das Letztere ... das Mich-Verrücktmachen hält mich wach. Doch halt ... das stimmt nicht ganz!

Ja? Wie siehst du das?

Das Wachliegen macht mich verrückt ... würde ich schnell einschlafen, bräuchte ich mich ja auch nicht verrückt machen, oder?

Das ist eine interessante Perspektive. Du hast gerade die „Macht mich"-Version deines Schlafproblems formuliert.

Aha. Du hast recht. Ich sagte: „Das Wachliegen macht mich verrückt." Das Wachliegen ist auch dafür verantwortlich, dass ich mich anstrenge, mich zwinge und mich verzweifelt bemühe. Aber auch wenn es nicht sehr selbstverantwortlich formuliert ist, in diesem Fall stimmt es wirklich.

Ja, wirklich? Bist du dir da ganz sicher?

Ja, denn würde ich schnell einschlafen, bräuchte ich mich ja auch nicht verrückt zu machen und mich nicht verzweifelt zu bemühen.

Schön formuliert. Genau das hattest du vorhin schon erwähnt. Kannst du in diesem Satz das „versteckte Muss" heraushören?

Das versteckte Muss?

Ja. Wie heißt derselbe Satz in der „Muss-Formulierung"? Dreh ihn einfach um. Das Wort „bräuchte" ist das Schlüsselwort dafür.

Wenn ich wach im Bett liege und nicht schlafen kann, dann muss ich mich verzweifelt bemühen und mich total verrückt machen.

Ja, das musst du. Das ist zwingend notwendig, um ...? Um was zu erreichen?
Um schnell einzuschlafen. Huch, so ein Mist!

Was genau hältst du für Mist?

Dass ich mich zwinge, verzweifelt bemühe und mich so verrückt mache, das macht mich nur noch wacher und vertreibt den Schlaf.

Warum tust du das?

Weil ich bescheuert bin.

Stimmt das wirklich? Ist dein vermeintliches Bescheuertsein der Grund, warum du dich so verzweifelt bemühst und du dich so verrückt machst?

Ja, ich weiß doch, dass es nichts bringt, ja, dass es mich sogar noch wacher macht und trotzdem kann ich es nicht lassen und quäle mich jeden Abend aufs Neue.

Weil du bescheuert bist oder weil du unwissend bist?

Weil ich bescheuert bin. Denn unwissend bin ich nicht. Ich weiß ja, dass dieses Anstrengen und Mühegeben mich nur noch wacher macht ... und trotzdem lass ich es nicht.

Bescheuert oder unwissend?

Bescheuert! Total bescheuert! [Schüttelt verzweifelt den Kopf]

Dein Organismus ist wie ein Super-Computer. Ein super Bio-Computer. Das Beste, was die Evolution bis jetzt hervorgebracht hat. Er ist zum größten Teil noch völlig unerforscht. Die größten Wissenschaftler der Welt sind täglich am Forschen und Entdecken. Da sind so viele Geheimnisse, die noch entschlüsselt werden können. Deine Hardware sozusagen – absolut brillant! Auch die Software von deinem Super-Bio-Computer ist absolut brillant. Doch da sind einige Viren drauf, die viel Unheil stiften.

Also sollte ich besser sagen: Der Virus ist Mist, der Virus ist bescheuert?

Statt?

Ich bin bescheuert.

Hm, was entspricht mehr den Tatsachen?

„Ich bin bescheuert" ist keine Beschreibung der Wirklichkeit. Es ist eine Verurteilung meiner Person. Eine globale Abwertung meiner Person. Das erinnert mich an: „Die Fähigkeit zu unterscheiden vermindert mein Leiden". Der Virus ist bescheuert, aber nicht ich.

Was für Gefühle gibt dir diese globale negative Einschätzung deiner Person?

Negative Gefühle, unglückliche Gefühle.

Hilft dir diese globale Verurteilung deiner Person, den Virus, der das Unheil anrichtet, herauszufinden und zu beseitigen?

Nein, bestimmt nicht. Und … äh … du hast recht.

Womit?

Ich war doch unwissend hinsichtlich der Verursachung meiner Schlafstörung.

Ja? Nämlich?

Mir geht ein Licht auf ... ich erzeuge in mir störende Emotionen ... schlafstörende Emotionen ... verzweifeltes Bemühen und „Mich-verrückt-Machen" ..., dann verurteile ich mich und halte mich für bescheuert, weil ich mich so verrückt mache ... statt den Virus zu erkennen, der die schlafstörenden Gefühle verursacht.

Nämlich?

Das „versteckte Muss". Ich hab irgendwann mal gelernt, dass ich mir Mühe geben muss ... dass ich mich anstrengen muss, wenn ich nicht schlafen kann.

Ja, das ist der Virus, das „versteckte Muss".

Wahrscheinlich hab ich mir diesen Virus irgendwann mal eingefangen ... von Leuten, deren Bio-Computer auch damit verseucht war. Von Leuten, die derselben Muss-Annahme aufgesessen sind. Die auch glauben, dass es zwingend notwendig ist, sich zum Schlafen zu zwingen, sich große Mühe zu geben und sich anzustrengen, wenn man nicht schlafen kann.

Einfach unkritisch übernommen. Solltest du dir deshalb selbst Vorwürfe machen?

Nein, das wohl nicht. Nein, das brauch ich nicht. Ich möchte nur genau den Mechanismus erkennen. Ich möchte genau sehen, welchen Virus ich mir da eingefangen habe, und ihn dann möglichst schnell beseitigen.

Was hätte das für Vorteile für dich und deine Schlafqualität?

Oh, ich könnte wesentlich schneller einschlafen ... viel erholsamer schlafen ... oder wenn ich nicht gleich schlafe ... dann könnte ich mich super erholen ... die Nachtruhe genießen ... und bin dann auch fit am nächsten Tag.

Richtig, aber wie kriegst du das hin?

Lass mich mal laut denken: ... Wenn ich durch das Freisein vom „versteckten Muss" mir erst gar keine störenden Gefühle ... ja erst gar keine schlafstörenden Gefühle in mir hervorrufe ... dann ist automatisch tiefe Ruhe ... innerer Frieden ... Erholung ... Nachtruhe genießen ... huch ... ja, das ist alles da ... das ist alles schon gegeben, wenn ich nicht durch das „versteckte Muss" diese störenden Gefühle in mir hervorrufe.

Keine störenden Emotionen, keine schlafstörenden Gefühle und die Nacht ist erholsam für dich?

Ja bestimmt. Aber da ist noch etwas ... hm ... noch ein schlafstörendes Gefühl, das mich sehr belastet ... das sehr schlafstörend wirkt.

Nämlich?

Wenn ich merke, dass ich wach im Bett liege und nicht schlafen kann, dann ärgere ich mich sehr. Ich bin stocksauer.

Wirken diese Gefühle von Ärger und Wut auf dich beruhigend oder aktivierend? Schlaf fördernd oder Schlaf störend?

Aktivierend. Ich werde immer wacher. Sie wirken sich schlafstörend auf mich aus.

OK. Wer ärgerte sich über das nächtliche Wachliegen?

Ich.

Wer also erzeugte diesen Ärger und diese Wut in dir, das Wachliegen oder du selbst?

Ja, so wie ich es jetzt sehe, war ich es wohl selbst. Vorher glaubte ich, dass das Wachliegen mich ärgert und wütend macht. Ich sah mich nicht als Ursache meiner Schlafstörung. Ich hielt mich für das Opfer, das nichts dafür kann.

Auf den Ärger bezogen heißt das?

Ich glaubte fälschlicherweise, dass das Wachliegen und Nicht-schlafen-Können mich wütend macht.

Hm, hm. Das war die „Macht mich"-Formulierung deiner Ärger-Kreation, der „Macht mich"-Virus, wie ich ihn nenne. Wie würde die „Und"-Formulierung des Ärgerproblems heißen, um die Sequenz zu vervollständigen?

*Die „Und"-Version heißt: Ich liege nachts wach im Bett **und** ich ärgere mich.*

Ja, genau. Das ist ja auch nicht verboten. Du darfst dich doch auch ärgern und wütend sein, wenn du nachts wach im Bett liegst, oder?

Ja, bestimmt darf ich das. Ha, ha.

Lass uns, bevor wir zu deiner inneren Freiheit kommen, noch den nächsten Virus betrachten, der dich unfrei und unglücklich macht und dir den Schlaf raubt. Welche Annahme erkennst du hinter der Formulierung „Das Wachliegen und Nicht-schlafen-Können macht mich wütend"?

Ich erkenne es jetzt schon sehr schnell. Wenn man es weiß, dann springt es einem förmlich ins Auge. Es ist das „versteckte Muss".

Wie lautet das „versteckte Muss" ausformuliert auf das Ärgerproblem bezogen?

„Wenn ich nachts im Bett wach liege und nicht schlafen kann, dann muss ich mich ärgern und wütend sein".

Ja, das ist der „Versteckte Muss"-Virus. Wenn der aktiv ist, dann läuft automatisch die Ärger- und Wutmasche ab. Wie auf Knopfdruck.

Ja, ich werde dann immer wacher und unruhiger. Und entsprechend dieser inneren Überzeugung werde ich mich immer mehr ärgern.

Ärgern – wacher – noch mehr ärgern – noch wacher …

Das ist ja genauso, wie bei den beiden anderen störenden Emotionen, der übertriebenen Sorge und dem verzweifelten Bemühen … das gemeinsame Element ist das „versteckte Muss".

Ja, das ist das gemeinsame Element aller störenden Gefühle. Es ist die innere Überzeugung, auf eine bestimmte Art fühlen und reagieren zu müssen. Keine Wahl. Keine Alternative. Einfach nur auf eine Reaktion festgelegt.

Aber warum halfen alle meine Beruhigungsversuche nicht? Ich machte Autogenes Training und sagte mir: „Ich bin ganz ruhig und gelassen". Aber es half nicht. Ich versuchte mich abzulenken und zählte Schäfchen. Aber es half nicht.

Wenn du der festen inneren Überzeugung bist, dass man sich über Schlafstörungen ärgern und aufregen muss, dann „hilft" dir dein Körper und liefert diese negative Energie. Ein oberflächliches Einreden von Beruhigungssätzen cancelt nicht die tiefe, feste innere Überzeugung, dass man sich über Schlafstörungen ärgern und aufregen muss.

Hm, aber wie kommt man denn auf so eine schwachsinnige Idee?

Was meinst du wohl? Was glaubst du, wie man sich so einen Virus einfängt?

Weil die Menschen in unserer Umgebung dasselbe glauben. Weil sie auch glauben, dass man sich ärgern und aufregen muss, wenn man nicht schlafen kann. Man fängt sich diesen Virus von Leuten ein, die ihn auch auf ihrem Bio-Computer haben, die offenbar selber darunter leiden.

Richtig. So ist es.

Und wie krieg ich ihn gelöscht? Wie kann ich diese tiefe innere Überzeugung, dass man sich über Schlafstörungen ärgern und aufregen muss, löschen? Wie kann ich dieses „versteckte Muss" canceln?

Der erste Schritt ist, diesen Virus zu erkennen. Der zweite Schritt ist dann, genau zu sehen, welchen Schaden er anrichtet. Denn er schlummert in deinem Bewusstsein, ohne dass du etwas merkst. Wenn du dann vor einer wichtigen Aufgabe stehst und nicht schlafen kannst, dann schlägt der Virus zu. Dann wird dieses „versteckte Muss" aktiv.

Hm. Interessant. Und wie lösche ich diesen Virus, wenn ich ihn erkannt habe?

Eins nach dem andern. Denk dran: Hab Achtung und Respekt vor deinem Bio-Computer. Hab Hochachtung. Es ist das Beste, was die Natur bisher hervorgebracht hat. Denk dran: Dein Körper – super Hardware! Dein Geist – super Software!

Ich weiß. Nur von ein paar Viren verseucht. Und die können verheerenden Schaden anrichten. Hm ... und ich hab oft schon gedacht, die Hardware taugt nichts ... oder die Software bringt's nicht.

Also: Hab Achtung vor dir selbst! Hochachtung vor diesem Wunder, das du bist. Eine ganz besondere Wertschätzung für diesen Bio-Computer. Das Höchste, was die Evolution bisher hervorgebracht hat. Deshalb immer Achtung, Respekt, Wertschätzung. Dann kannst du leichter die Viren erkennen, die bei dir zu störenden Gefühlen führen, die dich unfrei und unglücklich machen. Und denke daran, von wem auch immer du dir einen Virus eingefangen hast, der andere Bio-Computer war auch infiziert. Auch auf diesem Bio-Computer hatte derselbe Virus Schaden angerichtet.

Huch, wie kann ich mich schützen? Wie kann ich erkennen, wo ein Virus lauert? Wie kann ich mir helfen und ihn löschen, wenn er schon auf meinem Bio-Computer schlummert?

Viele interessante Fragen. Lass uns ganz praktisch vorgehen. Ein Virus, nämlich das „versteckte Muss", hast du schon bei dir entdeckt. Die tiefe, feste innere Überzeugung, dass man sich über Schlafstörungen ärgern und aufregen muss, war versteckt auf deinem Bio-Computer.

Ja. Von dieser inneren Überzeugung bin ich wohl ausgegangen, als wäre es eine Selbstverständlichkeit. Als sei das ganz normal und zwangsläufig so. Als würde das jeder so machen, wenn er nicht schlafen kann und vor einer wichtigen Aufgabe steht.

Genau diese innere Überzeugung schlummerte unerkannt im Hintergrund deines Bewusstseins und wurde aktiv, wenn du nicht schlafen konntest und vor einer wichtigen Aufgabe gestanden hast.

Und jetzt habe ich sie erkannt. Erst wenn ich sie erkannt habe, kann ich sie ... hm ... ja, was mache ich damit?

Lass uns einen Schritt weiter gehen. Ein anderes Wort für „muss"? Weißt du noch welches Wort wir verwendet haben?

Meinst du das Wort „notwendig"? Zwingend notwendig?

Ja genau. Formuliere das Schlaf-Ärgerproblem mal mit dieser Wendung.

Dann würde es heißen: „Wenn ich nachts wach liege und nicht schlafen kann, dann ist es zwingend notwendig, dass ich mich darüber ärgere und aufrege."

Um damit zu erreichen, dass ... ?

Um damit zu erreichen, dass ich gut und erholsam schlafe und am nächsten Morgen frisch und erholt aufwache.

Eine interessante Einschlaf-Methode, was?

Unglaublich! Nicht zu fassen! Aber wenn ich das glaube ... wenn ich meinen Ärger und meine Aufregung für zwingend notwendig halte ...

Ja?

Dann liefert mir mein Körper diese negative Energie. Er stellt Ärger und Aufregung für mich bereit, wenn ich es für zwingend notwendig halte.

Ja, er will dir helfen. Dein Körper folgt deinem Geist wie ein hilfreicher Diener. Wenn du es glaubst … wenn du der festen Überzeugung bist, du brauchst diese Aufregung, diese Energie, dann liefert sie dein Körper, auch wenn es letztlich für dich nicht förderlich ist.

Der Körper folgt dem Geist?

Ja. So wie dein Auto in deinen Händen ein hilfreiches Werkzeug zum Fortbewegen ist … Dein Auto ist dein hilfreicher Diener. Es fährt dich, wohin du willst. Du bist der Herr, dein Auto ist dein hilfreicher Diener, der dich unterstützt. Wenn du der festen Überzeugung bist, dass du, um nach Bielefeld zu kommen, rechts abbiegen musst, steuerst du nach rechts … und was macht dein Auto?

Es folgt und schwenkt nach rechts. Es tut, wie ich's vorgebe.

Und wenn du dich geirrt hast? Wenn du, um nach Bielefeld zu kommen, links hättest abbiegen müssen … Was macht dein Auto? Wird es deine Fehleinschätzung korrigieren und nach links abbiegen?

Nein, bestimmt nicht. Es fährt so, wie ich es steuere, es folgt meinen Anweisungen, auch wenn sie falsch sind.

Hm, hm. Dein Auto ist trotzdem dein hilfreicher Diener, auch wenn es entsprechend deinen falschen Anweisungen fährt. Die Aufgabe des Autos ist es nicht, deine Fehleinschätzung zu checken, sondern auszuführen und dorthin zu fahren, wohin du es steuerst.

Richtig. Und ebenso, meinst du, verhält sich auch mein Köper zu meinem Geist? Der Körper folgt immer meinem Geist? Meinen Einschätzungen und inneren Überzeugungen?

Ja, so ist es. Der Körper checkt nicht den Geist. Mind over matter. Der Körper ist das ausführende Organ …. Der hilfreiche Diener.

Mit der Betonung auf hilfreich.

Ja, natürlich. Auch wenn in deinem Körper störende Emotionen toben ... dein Körper stellt sie dir zur Verfügung, weil dein Geist ... weil da eine feste innere Überzeugung ist, dass gerade diese Energie notwendig sei ... dass du diesen Gefühlszustand gerade brauchst ...

Er meint es also wirklich sehr gut mit mir ... liefert genau die Gefühlsenergie, die meiner geistigen Verfassung entspricht, ... die zu meiner inneren Überzeugung passt, auch wenn diese falsch ist?

Ja, auch wenn diese total falsch ist, dich in die Irre führt und dich unglücklich macht. Dein Körper ist das ausführende Organ deines Geistes. Es ist nicht seine Aufgabe zu checken, ob du dich geirrt hast. Er setzt um, was dein Geist vorgibt.

Ich verstehe. Arbeitsteilung. Arbeitsteilung vom Feinsten! Wenn ich glaube, dass man sich über Schlafstörungen aufregen muss, dann liefert mein Körper die entsprechende Energie und ich bin aufgeregt. Mein Körper checkt nicht die Sinnhaftigkeit dieser Erregung. Wenn mein Geist es für zwingend notwendig erachtet, dann liefert mein Körper die Energie.

Nun, was wäre, wenn du nicht glauben würdest, dass man sich ärgern und aufregen muss, wenn man nicht schlafen kann?

Dann würde mein Körper diese negative Energie nicht bereitstellen. Er würde meine Gefühle so einstellen, dass sie mein positives Ziel nach Schlaf, Erholung und Fitsein am nächsten Tag unterstützen.

Ganz genau. Denk an das Geheimnis Nr. 3. Deine Gefühle unterstützen deine Ziele, doch Dringlichkeit, was du als zwingend notwendig erachtest, hat Vorrang.

Hm, irre. Mein positives Ziel ist Schlafen, Erholung und Fitsein am nächsten Tag. Meine versteckte innere Überzeugung war, dass man sich über das Wachliegen ärgern und aufregen muss, als sei dies zwingend notwendig.

Und schwups – Notwendigkeit hat Vorfahrt! Keine Chance! Was dein Geist für zwingend notwendig hält, wird bevorzugt behandelt. Da wird die ganze Energie hineingesteckt, dann erst kommen deine Wünsche dran.

Mein Körper führt aus, was der Geist für zwingend notwendig hält.

Richtig. Dein Körper unterstützt immer deinen Geist, auch deine positiven Ziele, nur was du für zwingend notwendig hältst, dem gibt er Vorrang: Geheimnis Nummer drei. Und dadurch kann es zu scheinbaren Konflikten kommen. ·

Ja, so haben wir die drei wichtigsten schlafstörenden Gefühle zusammen: Angst und Sorge um den Schlaf, verzweifeltes Bemühen um den Schlaf und jetzt auch den Ärger über die Schlafschwierigkeit.

Und alle drei Gefühlszustände wirken eher aktivierend als beruhigend ... eher Schlaf störend als Schlaf fördernd. Und trotzdem erzeugte ich sie in mir. Immer wieder. Und nicht nur ich. Viele Menschen leiden unter diesen Schlaf störenden Emotionen.

Ja, richtig.

Hm. Ich kann's nicht fassen! Wenn ich wirklich keine störenden Gefühle ... keine den Schlaf störenden Gefühle in mir erzeuge ... dann kommt der Schlaf ganz von selbst ... ganz ohne mein Zutun...

Und falls der Schlaf nicht gleich eintritt, was dann ... ?

Huch ... dann bin ich automatisch in einem ruhevollen und erholsamen Zustand. Ohne störende Gefühle kann ich locker vor mich hin dösen ... träumen ... die Nachtruhe genießen ... irgendwann schlaf ich ein ... ganz von selbst ... Erholung pur.

Und am nächsten Morgen?

Erwache ich frisch und erholt.

Ja, so ist es.

DIALOG 17

Was möchtest du dir heute genauer ansehen? Worüber möchtest du gerne mehr Klarheit finden?

Ich möchte heute über meine Ängste vor der kommenden Prüfung sprechen. Besonders nachts treten sie auf und rauben mir den Schlaf. Ich bin wie in Schweiß gebadet.

Was ist das also für ein Gefühlszustand, der deine Nachtruhe und deinen Schlaf, deinen inneren Frieden stört?

Angst, Sorgen, ja sogar Panik. Endloses Grübeln.

Hm, hm. Wovor hast du Angst und Panik? Worüber machst du dir solche Sorgen?

Ich habe furchtbare Angst, dass ich beim Examen versagen könnte. Dass ich bei der Prüfung durchfalle.

Hast du den Eindruck, dass du nicht gut vorbereitet bist?

Doch, eigentlich schon. Ich habe mich für die meisten Fächer sehr gut vorbereitet und wirklich viel Energie hineingesteckt.

Ich höre da „eigentlich" … aber?

Ja, ein Fach … hm … für ein Fach hatte ich nur zwei Tage Zeit … nur ein kleines Skript, das ist alles. Und jetzt hab ich wahnsinnig Schiss.

Ist da noch etwas, das dir zu schaffen macht, wenn du an die Prüfung denkst?

Ja, der Prüfer selbst. Weißt du, das ist so ein fieser Hund, der legt's darauf an … möglichst viele Studenten durchzuschmeißen … dann kommt er sich richtig toll vor … er will als harter Prüfer erscheinen … so ein Prüfer gnadenlos. Das gibt ihm das Gefühl von Macht und Überlegenheit. Und gerade bei ihm hab ich die Prüfung! Ich schaff es auch nicht, mir noch den ganzen Stoff reinzuziehen, dafür ist die Zeit viel zu kurz. Es ist furchtbar!

Ja, ich verstehe, deine störenden Gefühle sind Angst, Sorgen und Panik. Aber sag mir, warum hast du diese Angst und Panik genau?

Weil ich auf diese Prüfung schlecht vorbereitet bin.
Weil der Prüfer so ein fieser Hund ist.
Weil ich bei der Prüfung versagen könnte.

Hm. Interessant. Du hast dein Problem gleich in der „Weil-Version" beschrieben. Lass uns diese Zusammenhänge, in denen deine Ängste auftreten, unterschiedlich formulieren und schauen, was sich hinter den verschiedenen Formulierungen verbirgt.

Hm, da bin ich gespannt. Womit soll ich anfangen? Ich versuch's mal mit der „Und-Formulierung".

Okay. Das ist die Beschreibung von zwei Tatsachen, dem Ereignis und deiner Erfahrung von dem Ereignis. Schieß los und nimm einen Satz nach dem anderen.

*Ich bin auf diese Prüfung schlecht vorbereitet **und** ich habe Angst und Panik.*

Ja, richtig. Da ist das Ereignis und deine Erfahrung davon. Beide Tatsachen stehen nebeneinander.

Ja, und du meinst wieder, die haben nichts miteinander zu tun, oder?

Es kommt nicht darauf an, was ich meine. Lass uns genau prüfen, was Tatsachen sind und was Irrtümer sind, die dich unfrei und unglücklich machen.

Der nächste Satz als „Und-Version" umformuliert heißt:
*Mein Prüfer ist ein fieser Hund **und** ich habe Angst und Panik. Ich nehme gleich den dritten Satz dazu, der lautet umformuliert: Ich könnte in der Prüfung versagen **und** ich habe Angst und Panik.*

Nun nimm den ersten Satz und formuliere ihn in der „Macht mich"-Version. Du weißt schon, ich nenne diese Denkstruktur auch den „Macht mich"-Virus. Nur wenn du eine ganze Serie von Umformulierungen gemacht hast und dabei sehr genau vorgehst, kannst du später sofort auf Anhieb deine schmerzerzeugenden Denkmuster erkennen und ablegen. Also, wie lautet der „Macht mich"-Virus von Satz eins?

*Die Tatsache, dass ich für diese Prüfung schlecht vorbereitet bin, **macht mir** Angst und Panik.*

Wer oder was ist die Ursache deiner Angst und Panik? Wer oder was erzeugt die Angst in dir?

Die Tatsache, dass ich schlecht vorbereitet bin.

Wirklich? Stimmt das? Bist du dir da ganz sicher, dass es der Mangel an Vorbereitung ist, der dir die Angst macht.

Ja, sicher doch. Wäre ich besser vorbereitet, dann bräuchte ich doch auch keine Angst haben.

Also schlussfolgerst du daraus ... Dreh mal den Satz um ... „Ich brauche keine Angst zu haben, wenn ich gut vorbereitet bin."

Dann heißt er: „Wenn ich schlecht vorbereitet bin, dann muss ich Angst und Panik haben."

Fällt dir etwas auf?

Ja, wir sind beim nächsten Virus. Da ist meine innere Überzeugung, dass ich bei schlechter Vorbereitung Angst und Panik haben muss. Das „versteckte Muss".

Richtig. Gut erkannt. Bei präziser Umformulierung und Überprüfung der Tatsachen kommst du automatisch zur Kernursache deiner störenden und schmerzlichen Gefühle.

Aber warte. Wenn ich schlecht vorbereitet bin auf eine wichtige Prüfung, dann muss ich doch wirklich Angst haben, andernfalls ist die Prüfung mir nicht wichtig, oder?

Also höre ich dich sagen, bei einer unwichtigen Prüfung brauche ich keine Angst zu haben. Ist es aber eine wichtige Prüfung und ich bin schlecht vorbereitet, dann muss ich Angst und Panik haben.

Ja, so dachte ich. So hab ich es bis jetzt geglaubt.

Hm, hm. Bis jetzt. Ja, bis jetzt bist du von dieser inneren Überzeugung ausgegangen. Bis jetzt warst du diesem „versteckten Muss"-Virus aufgesessen.

Du betonst so „bis jetzt".

Ja, genau. Bis jetzt. Bis jetzt hast du aus dieser inneren Überzeugung heraus gefühlt und gehandelt. Solange du dieses „versteckte Muss" nicht erkannt hast, bist du das Opfer deiner versteckten inneren Überzeugung. Und du glaubst, dass dein Mangel an Vorbereitung dir Angst macht.

Das glaube ich immer noch.

Du meinst wohl, wenn du schon nicht gut vorbereitet bist, dann solltest du wenigstens Angst und Panik haben … ha, ha.

Ja, mach dich nur lustig über mich. Du hast gut lachen, du stehst ja nicht unvorbereitet vor der Prüfung und hast die furchtbare Angst.

OK. Lass uns eins nach dem andern ansehen und überprüfen, ob deine innere Überzeugung auf Tatsachen beruht, dann bist du nämlich frei und hast positive, hilfreiche und unterstützende Gefühle. Sitzt du aber einem geistigen Virus auf, glaubst du etwas, das sich nicht auf Tatsachen gründet, was nicht der Wirklichkeit entspricht, dann erlebst du störende und sehr schmerzliche Gefühlszustände.

Aber wie krieg ich dieses „versteckte Muss" gelöscht, wenn ich es erkannt habe? Wie kann ich eine neue Erfahrung damit machen, wenn ich schlecht vorbereitet in eine wichtige Prüfung gehe?

Kannst du noch einmal das „versteckte Muss" ausformulieren, dass wir dann zusammen den nächsten Schritt gehen können?

Also noch einmal. Meine innere, versteckte Überzeugung, von der ich mich bis jetzt leiten ließ: Wenn ich schlecht vorbereitet in eine wichtige Prüfung gehe, dann muss ich Angst und Panik haben.

Nun formuliere denselben Satz und ersetze das Wort „muss" durch das Wort „zwingend notwendig".

Ich versuch's: Wenn ich schlecht vorbereitet in eine wichtige Prüfung gehe, dann ist es zwingend notwendig, dass ich Angst und Panikgefühle habe.

Ja, dann ist es zwingend notwendig, dass du Angst und Panikgefühle hast, um damit zu erreichen, dass … ?

Dass ich die Prüfung bestehe. Hm, so ein Quatsch!

Nun, wenn du das glaubst, dann folgt dir dein Körper und liefert dir die entsprechenden Gefühle und Verhaltensweisen.

Ja, ich erinnere mich. Der Körper folgt dem Geist … er reagiert auf meine versteckte, innere Überzeugung. Meine Gefühle folgen meiner innersten Überzeugung.

Und wenn die nicht im Einklang mit der Wirklichkeit ist …

Dann tut's weh. Und das ist gut so. Der seelische Schmerz will mir helfen mein Denken zu überprüfen und so einzustellen, dass es in Übereinstimmung mit der Wirklichkeit ist.

Um damit zu erreichen, dass …?

Dass ich bessere Ergebnisse erziele … dass ich glücklich bin und noch besser zum Glück anderer beitragen kann.

Genau. Also lass uns die Notwendigkeitsprüfung machen. Was meinst du: Ist es wirklich zwingend notwendig, dass du Angst und Panik in dir entwickelst, um die Prüfung, trotz mangelhafter Vorbereitung, zu bestehen?

Nein, oh nein. Angst und Panik sind für das Bestehen der Prüfung keine notwendige Voraussetzung. Auch nicht nützlich. Nur meine falsche innere Überzeugung, dass ich Angst haben muss … wenn ich dieser Überzeugung unhinterfragt Glauben schenke, dann führt dies bei mir zu störenden Gefühlen, die sogar mein weniges Wissen blockieren könnten.

Ja. Was hat das nicht erkannte „versteckte Muss" für weitere Nachteile für dich? Fallen dir noch weitere Nachteile ein?

Ja, solange ich an dieser Überzeugung festhalte, gibt es für mich gefühlsmäßig keine Alternativen, keine anderen Möglichkeiten. Ich glaubte ja, ich müsste mich so fühlen … Ich hatte keine Wahlfreiheit. Ich bin festgelegt. Da nützt es auch nichts, wenn ich mich über meine Ängste ärgere und aufrege.

Und was glaubst du jetzt? Wie bringt dich diese Erkenntnis weiter?

Hm … Ich sehe Angst und Panik als eine Möglichkeit … als eine Möglichkeit von vielen … Angst und Panik ist eine Wahlmöglichkeit, die mir auch zur Verfügung steht.

Ja, richtig. Es ist nicht verboten Angst und Panik zu empfinden. Es ist einfach nur eine Wahl. Deine Wahl.

Ich habe die Wahlfreiheit, auch Angst und Panik zu empfinden? Meinst du das?

Ja, du darfst auch mit Angst und Panik reagieren, wenn du relativ unvorbereitet in eine wichtige Prüfung gehst.

Und das siehst du als meine Freiheit an, ja?

Es ist deine Freiheit. Es ist deine Wahl. Du reagierst mit Angst und Panik und du darfst auch mit Angst und Panik reagieren, oder?

Nein, das ist ja zum Lachen! Ha, ha.

Wieso lachst du?

Es ist unglaublich! Ich will die Angst und Panik loswerden und … haha…

Ja, lach du nur!

Mir geht ein Licht auf … du hast recht … das ist ja irre!

Was erkennst du gerade?

Hui … Angst und Panik erzeugt wirklich nicht die Prüfung … auch nicht meine mangelhafte Vorbereitung erzeugt die Angst in mir … auch nicht der Prüfer…

Ja, sondern?

Nur ich selbst! Ja, ich selbst bin es.

Was freut dich daran so?

Hm, wenn ich es selbst bin, der diese Angst und Panik in mir erzeugt, ...

Ja?

Wenn ich es wirklich selbst bin ... und nicht der Mangel an Vorbereitung, weder die Prüfung noch der Prüfer ..., sondern wirklich ich selbst ...

Ja?

Und wenn das meine Freiheit ist, dass ich auch Angst und Panik haben darf ...

Ja?

Wenn ich dazu stehe, dass das meine Wahl, meine Entscheidung, meine Freiheit ist ...

Ja?

Wenn ich diese Angst- und Panikreaktion wirklich als ein Zeichen meiner inneren Freiheit sehen kann ...

Dann?

Hui, das ist ja was völlig Neues! Haha. Was völlig Verrücktes! Haha ... haha ... So hab ich's wirklich noch nie gesehen!

Ja ... als Zeichen deiner inneren Freiheit.

Unglaublich! Verrückt! Haha ... haha ... zu verrückt!

Denn?

Erst dann ... haha, erst dann, wenn ich diese Angst und Panik als ein Zeichen meiner inneren Freiheit sehe, hab ich auch die Freiheit, eine andere Wahl zu treffen ...

Nämlich?

Heilsamere Gefühle und hilfreichere Reaktionen. Gefühlszustände, die mir mehr Freude am Leben und damit auch an Prüfungen ermöglichen, auch wenn ich nicht so gut vorbereitet bin.

Welche Vorteile hätte dies für dich?

Experimentierfreude!

Experimentierfreude?

Ja, ich hab die Freiheit ganz unterschiedliche Gefühlszustände in dieser Prüfungssituation zu fühlen. Ich hab alternative Möglichkeiten, diese Prüfung zu erleben. Ich kann die unterschiedlichsten Gefühle in mir spüren. Ich bin nicht mehr festgelegt auf negative, blockierende und störende Gefühlszustände.

Welche Vorteile hätte dies für dich in der Prüfungssituation?

Oh, ich hätte einen klaren Kopf und kann von dem Wenigen, was ich gelernt habe, mein Bestes geben. Ich kann dadurch noch retten, was zu retten ist. Eventuell sogar meine Note verbessern.

Ja, klingt gut. Kannst du mir noch einmal zusammenfassen, wie du von den störenden und quälenden Gefühlen zu den befreienden und hilfreichen Gefühlen kommen kannst?

Na klar.
1. *Erkenne den „Macht mich"-Virus und den Virus „das versteckte Muss".*
   Letztlich ist es die innere Überzeugung, dass etwas außer mir meine Gefühle macht. Ich sehe mich dann nicht als kreative Ursache meiner Gefühle. Ich sehe mich quasi als Opfer und kann nichts dafür, wie ich reagier.

2. *Ich erkenne, dass ich selbst meine Gefühle in mir erzeuge. Ich erkenne meine Selbstverantwortung für meine Gefühle und meine Reaktion auf bestimmte Situationen.*

3. *Ich erkenne, dass Angst und Panik von mir selbst hervorgerufen werden. Das nenne ich Selbstbestimmung meiner Gefühle oder Selbstverantwortung für meine Reaktionen in einer bestimmten Situation.*

4. *Ich erkenne, dass ich auch Angst und Panik empfinden darf und dass diese Reaktionen auch ein Zeichen meiner inneren Freiheit sind, auch wenn sie wenig hilfreich und quälend sind.*

5. *Ich erkenne, dass, wenn ich Angst und Panik als meine Wahl und meine Freiheit begreife, ich auch andere Gefühle wählen kann und dass ich nicht auf Angst und Panik festgelegt bin, auch wenn ich vor einer wichtigen Prüfung mangelhaft vorbereitet bin.*

6. *Ich erkenne, dass es auch zu meiner inneren Freiheit gehört, ungünstige und schmerzliche Gefühlszustände erleben zu dürfen, und dass ich durch diese Erkenntnis und die volle Selbstverantwortung für meine Gefühle auch befreiende und hilfreiche Gefühlszustände erleben darf.*

7. *Ich erkenne, dass, wenn ich aus diesen befreienden und hilfreichen Gefühlszuständen heraus agiere, ich mich nicht nur besser und glücklicher fühlen, sondern auch wesentlich bessere Ergebnisse erzielen kann.*

Die Erkenntnis der Selbstverantwortung für deine Gefühle und für deine Reaktionen, das ist der Dreh- und Angelpunkt ... das ist der Ausgangspunkt.

Demnach war ich doch dann schon immer für meine Gefühle und Reaktionen verantwortlich, oder?

Ja, natürlich.

Ich hab sie selbst in mir hervorgerufen, erzeugt oder, wie du sagst, selbst kreiert, doch so wahrgenommen, als läge die Verursachung meiner Gefühle außerhalb von mir.

Ja, du hast es so wahrgenommen, als hätte jedes Ereignis und jede Person mehr Kontrolle über deine Gefühle als du selbst. Stets hattest du deine Gefühle und deine Reaktionen auf die unterschiedlichen Situationen selbst erzeugt, doch...

Doch anderen habe ich dafür die Schuld gegeben.

„Schuld gegeben"?

Nun ja, sie als verursachendes Moment gesehen.

Es ist nicht so sehr ein Beschuldigen als vielmehr eine innere Sicht der Fremdverursachung unserer Gefühle. Diese Fehlsicht gilt es zu erkennen. Punkt.

Und damit ändert sich alles und völlig neue Möglichkeiten stehen mir plötzlich zur Verfügung. Absolut brillant!

Entdecke die Möglichkeiten! Entdecke völlig neue Möglichkeiten. Update your brain!

Großartig! Genial!

Lass uns nun deine nächste Begründung für deine turbulenten Gefühle vor der Prüfung anschauen. Du hattest gesagt, du habest Angst und Panik, weil dein Prüfer so ein fieser Hund ist.

Ja, richtig. Den sehen aber auch die meisten Studenten als fiesen Hund. Ich glaube, der hat auch die höchste Durchfallquote.

Das mag ja sein, dass viele der Studenten diesen Prüfer als fiesen Hund sehen. Doch lass uns diese Perspektive mal genauer betrachten, hinsichtlich ihres Wahrheitsgehaltes und ihrer Nützlichkeit. Stimmt das wirklich, dass dein Prüfer ein fieser Hund ist?

Ja, zumindest verhält er sich so.

Was jetzt? Ist er ein fieser Hund oder verhält er sich wie ein fieser Hund?

Für mich ist es dasselbe. Wenn du ihn kennen würdest, würdest du ihn bestimmt auch für einen fiesen Hund halten.

Das mag sein. Da will ich dir nicht widersprechen. Doch wie ich ihn sehen würde, das hilft dir recht wenig. Meine Sicht der Dinge wäre meine Sicht der Dinge und ich bekäme selbst die Folgen meiner Sichtweise zu spüren, im positiven wie im negativen Sinne. Also lass mich noch einmal die Frage stellen: Ist dein Prüfer ein fieser Hund?

In meinen Augen, ja.

Du **siehst** ihn also als fiesen Hund, richtig?

Ja, genau, das sagte ich doch.

Siehst du ihn als „fiesen Hund" oder ist er ein „fieser Hund"? Was meinst du?

Für mich ist das dasselbe. Ich halte ihn für einen „fiesen Hund".

Du siehst ihn als fiesen Hund. Du hältst ihn für einen fiesen Hund. Aber ist er wirklich ein fieser Hund? Kannst du absolut sicher sein, dass er ein fieser Hund ist?

Nein, es ist nur meine Sicht von ihm. Aber die meisten denken so. Da muss doch was dran sein. Es können sich doch nicht alle täuschen, oder?

Ich hab keine Ahnung, wie viel Menschen sich täuschen können. Ich frag nur nach der Wahrheit. Ist er ein fieser Hund oder erscheint er dir nur so? Ist er ein fieser Hund oder siehst du ihn nur so? Ist er ein fieser Hund oder verhält er sich nur manchmal wie ein fieser Hund?

Nun ja, ich sah ihn immer so.

Okay. Und wie fühlst du dich, wenn du deinen Prüfer als fiesen Hund siehst? Welche Erfahrung machst du dann mit ihm?

Schrecklich. Ich habe furchtbare Angst vor ihm. Ich denke oft an ihn, obwohl ich das gar nicht will. Irgendwie ist er immer präsent. Auch nachts, wenn ich nicht schlafen kann, grüble ich über ihn und traue ihm das Schlimmste zu. Ich unterstelle ihm die schlimmsten Absichten.

Ja, wenn du die geistige Haltung einnimmst „er ist ein fieser Hund", ... wenn du diese Perspektive einnimmst, achte auf dein Gefühl. Achte auf deine Stimmung. Beobachte dann deinen inneren, seelischen Zustand. Kannst du bei dieser Einschätzung „er ist ein fieser Hund" inneren Frieden haben?

Puh, bestimmt nicht.

Kannst du bei dieser Überzeugung „er ist ein fieser Hund" deine seelische Kraft spüren?

Bestimmt nicht. Im Gegenteil.

Kannst du bei diesem Gedanken „er ist ein fieser Hund" einen klaren Kopf bewahren?

Nein, das ist nicht möglich.

Bei der Perspektive „er ist ein fieser Hund" kommt da Freude auf? Begeisterung? Mut? Selbstvertrauen? Inspiration?

Oh nein. Ganz bestimmt nicht.

Deine geistige Haltung bestimmt deine Gefühle und dein Verhalten. Ist diese innere Haltung diesem Prüfer gegenüber „er ist ein fieser Hund" für dich förderlich oder eher hinderlich?

Absolut hinderlich. Sie führt zu inneren Spannungen, Ängsten und übermäßigen Sorgen zu Schlafstörungen, Problemen mit meinem Magen und zu Konzentrationsstörungen. Ich hab schon Angst, ihm auf der Straße zu begegnen.

Das sieht nach schmerzlicher Erfahrung aus.

Ja, eine sehr schmerzliche Erfahrung.

Möchtest du aus dieser schmerzlichen Erfahrung eine inspirierende Erfahrung machen?

Ja sicher, wenn das möglich wäre. Könntest du das auch sehr schnell bei mir bewirken? In zwei Tagen ist doch schon meine Prüfung.

Nein, das kann ich nicht. Das schaff ich nicht.

Ist die Zeit dafür zu kurz?

Nein. Ich sagte: „Ich schaffe das nicht bei dir".

Haha. Schön. Bin ich wieder reingefallen. Du schaffst es nicht bei mir, natürlich. Das kann ich nur selbst machen, richtig?

Ganz genau. Nur du selbst kannst dies bewirken, nicht ich.

Auch hier wieder der Punkt der Selbstverantwortung, ja?

Richtig. Die Selbstverantwortung für deine geistige Haltung. Die Selbstverantwortung für den geistigen Standpunkt, den du einnimmst.

Ich selbst wähle die Perspektive, von der aus ich meinen Prüfer sehe?

Ja. Es ist deine Entscheidung, wie du ihn siehst und wie du ihn sehen willst. Wie du ihn siehst, so gestaltet sich deine Erfahrung.

Hm. Aber bin ich da wirklich so frei, wie du das darstellst? Hab ich die Freiheit, ihn zu sehen, wie ich will? Ist das nicht total unrealistisch?

Wer ist dafür verantwortlich, ob du im Umgang mit deinem Prüfer eine schmerzliche oder eine inspirierende Erfahrung machst?

Du meinst bestimmt wieder ich selbst.

Und was meinst du, wer dafür verantwortlich ist, ob du eine schmerzliche oder eine inspirierende Erfahrung mit dem Prüfer machst?

Du hast recht. Ich selbst. Nur ich selbst. Was für eine Erfahrung ich mache, das ist meine Sache. Ich kann es mir nur nicht vorstellen, wie ich aus einer schmerzlichen Erfahrung eine inspirierende Erfahrung machen kann?

Darf ich ein Wort von deiner Aussage verändern?

Ja, welches willst du ändern?

Ersetze das Wort „aus" durch „statt". Wie heißt dann der Satz?

Ich kann es mir nur nicht vorstellen, wie ich statt einer schmerzlichen Erfahrung eine inspirierende Erfahrung machen kann?

Richtig. Was fällt dir auf?

Ich habe die Wahl, wirklich die Wahl zwischen unterschiedlichen Erfahrungen. Ich kann scheinbar wählen zwischen schmerzlichen und inspirierenden Erfahrungen.

Lass das „scheinbar" weg.

Ja, ich hab die Wahl zwischen schmerzlichen und inspirierenden Erfahrungen. Ich muss nicht erst eine schmerzliche Erfahrung machen, die ich dann in eine inspirierende Erfahrung umwandeln muss. Ich kann gleich die Erfahrung wählen, die ich haben möchte.

Genau so ist es.

Aber huch, was sag ich da. Das klingt so großkotzig. Hab ich wirklich diese Freiheit? Wie kann ich mit diesem Arsch von Prüfer eine inspirierende Erfahrung machen?

Wenn du deinen Prüfer als „Arsch" oder „fiesen Hund" siehst, dann kannst du sicher weder eine befreiende noch eine inspirierende Erfahrung mit ihm machen. Und selbstverständlich darfst du ihn als „Arsch" und „fiesen Hund" sehen. Das ist deine Freiheit.

Okay. Verstanden. Meine Freiheit liegt darin, wie ich ihn sehe, welche geistige Haltung oder Einstellung ich ihm gegenüber annehme.

Ja.

Doch wenn ich ihn aus einer bestimmten Perspektive wahrnehme, dann hat dies eben Konsequenzen für meine Gefühle, oder?

Richtig. Deinen Prüfer als „Arsch" oder „fiesen Hund" zu sehen, hat die Konsequenz, dass du dich …

Dass ich mich sehr unglücklich fühle. Dass ich sehr turbulente, schmerzliche Gefühle erlebe.

Ja, diese Perspektive lässt keine befreiende und inspirierende Erfahrung zu. Sorry. Deine Freiheit liegt in der Wahl deiner inneren Einstellung und geistigen Haltung, in der Wahl deiner Perspektive und deiner Gedanken.

Ich steuere also meine Gefühle und Verhaltensweisen durch meine Gedanken und die Art und Weise, wie ich die Personen und Situationen betrachte.

Ja. Genau so wie du die Richtung deines Autos durch das Lenkrad steuerst. Drehst du das Lenkrad nach links, so folgt dir dein Auto und fährt nach links. Du aber entscheidest, in welche Richtung du das Lenkrad drehst.

Dann folgt das Auto automatisch. Genauso automatisch folgen bestimmte Erfahrungen aus den vorausgehenden Gedanken, Sichtweisen, Perspektiven, die ich wähle.

So ist es. Also wo liegt deine Freiheit?

Meine Freiheit liegt in der Wahl, wie ich meinen Prüfer sehe, wie ich über ihn denke. Meine Sicht, meine Denke quält oder befreit mich.

Schön gesagt. Deine geistige Haltung hat Konsequenzen für deine Gefühle. Und was ganz wichtig ist ... bestimmte Gedanken sind inkompatibel, also unvereinbar mit befreienden und inspirierenden Erfahrungen.

Ja, das seh ich ein. Wenn ich meinen Prüfer für einen Arsch oder fiesen Hund halte, dann ist diese Denkschiene inkompatibel und unvereinbar mit positiven und hilfreichen Gefühlszuständen.

Korrekt.

Wenn ich mich anders fühlen möchte ... wenn ich besser drauf sein möchte ... wenn ich mich frei, super und inspiriert fühlen möchte ... hm

Ja, was dann?

Dann dürfte ich ihn nicht für einen Arsch oder für einen fiesen Hund halten.

Aber wenn er es doch ist?

Ja, das frag ich mich auch gerade. Wenn er doch ein Arsch oder fieser Hund ist, soll ich mich dann belügen und mir etwas einreden, dass ich mich besser fühle?

Was meinst du?

Ich kann mich doch nicht belügen und gegen meine Überzeugung handeln, nur um besser drauf zu sein. Das wäre doch viel zu oberflächlich und sicherlich nicht hilfreich.

Glaubst du wirklich, dass ich dir empfehlen würde, dich zu belügen und dir etwas vorzumachen?

Nein, eigentlich nicht. Aber wie komm ich da raus?

Lass uns sehen, wie du dich da reingebracht hast. Lass uns da anfangen, wo du stehst, und dann dorthin gehen, wohin du willst.

Okay, ich bin bereit.

Ich erinnere dich noch einmal daran:
„Gedanken, die nicht im Einklang sind mit der Wirklichkeit, tun weh und führen zu schlechten Ergebnissen."

Der Gedanke „Mein Prüfer ist ein fieser Hund" tut weh und führt zu schlechten Ergebnissen, das sehe ich ein.

Und was erkennst du jetzt?

Demnach ist dieser Gedanke nicht im Einklang mit der Wirklichkeit.

Richtig. Dieser Gedanke hat mit der Wirklichkeit überhaupt nichts zu tun und deshalb tut er weh und führt zu schlechten Ergebnissen.

DIALOG 18

Nun, wie war deine Prüfung? Was für eine Erfahrung hast du mit deiner Prüfung gemacht?

Absolut super! Unglaublich! Das kann man niemandem erzählen. So etwas hielt ich früher für völlig unmöglich. Nein, noch vor zwei Tagen hätte ich es nicht für möglich gehalten.

Was denn?

Hm ... unvorstellbar. Einfach schön. Ich bin einfach noch am Staunen und wundere mich nur. Hm ... ich kann's nicht fassen.

Schön.

Hm. Der Reihe nach. Am Abend vor dieser wichtigen Examensprüfung bin ich ganz gut eingeschlafen.

Schön.

Ja, ich war ziemlich relaxt und bin schnell eingeschlafen. Hm ... Doch dann ... mitten in der Nacht ... huch ...

Ja?

Mitten in der Nacht bin ich schweißgebadet aufgewacht. Ich hatte schreckliche Angst ... Panik ... es war furchtbar. Ich dachte es war alles umsonst. Unsere Gespräche haben überhaupt nichts gebracht. Es ist alles wie früher. Einfach schrecklich. Mir fiel ein, wie wenig ich doch für diese wichtige Prüfung vorbereitet bin. Immer wieder sah ich den Prüfer vor mir, wie er hämisch grinst ... wie er abschätzige Bemerkungen macht, wie ich es überhaupt wagen könne mit so einem Minderwissen die Prüfung anzutreten. Ich sah, wie der Protokollant nur mitleidige Blicke für mich hatte, als wollte er jetzt nicht in meiner Haut stecken. Ich hatte den absoluten Block. Nichts ging mehr. Mein Herz schlug bis zum Hals. Der Schweiß lief mir die Schulter hinunter. Ich dachte nur noch, wie kann ich mich noch schnell krankschreiben lassen, um dieser Situation zu entgehen.

Hm, das muss ja wirklich sehr schlimm für dich gewesen sein.

Ja, das war es. Nein, so'n Mist, wie kann man nur so abdrehen. Ich fühlte mich total hilflos, einsam und unfähig, voller Angst und Panik. Ich drehte mich von einer Seite auf die andere. Natürlich dachte ich auch an unsere Gespräche ... die kamen mir plötzlich wie ein Hohn vor, so ein philosophisches Gefasel, weitab von der Realität.

Ja, das kann ich verstehen.

Ich zweifelte auch an deiner Kompetenz. Oh, entschuldige, wenn ich das sage ... es klingt sicher sehr hart ...

Lass es klingen, wie es klingen mag.

Ich sah dich als arrogant, der einen auf Mister Know-it-all macht.

Herzlos? Kalt?

Ja, total kalt und herzlos kamst du mir vor. Als hättest du überhaupt kein Einfühlungsvermögen. Keine Ahnung, wie verzweifelt man sein kann.

Hm.

Und dann erschienst du mir als ein inkompetenter Träumer.

Da hattest du schon fast Mitleid mit mir?

Nein, das nicht, doch .... hm ...

Sehr verzweifelt?

Ja, das ist es. Das war ich – sehr verzweifelt.

Hm. Und dann?

Und dann fiel mir ein ... am tiefsten Punkt der Verzweiflung ... in meiner größten Not ...

Ja.

Dann fiel mir ein „Akzeptiere, was ist". „Akzeptiere deine Gefühle." „Erlaube dir auch verzweifelt zu sein".

Hm.

Und durch diesen ganzen Wust von düsteren Gedanken hörte ich mich plötzlich sagen: „Du darfst dir auch übertriebene Sorgen um die morgige Prüfung machen." Wie eine Mutter liebevoll ihr schreiendes Baby tröstet und beruhigt, so hörte ich immer wieder in mir diese fürsorgliche, fast zärtliche Stimme: „Ja, du darfst dir auch völlig übertriebene Sorgen um die morgige Prüfung machen." Ich merkte plötzlich, wie mein Atem sich veränderte und tiefer wurde. Ganz liebevoll, fürsorglich und zärtlich sagte ich mir: „Ich darf mir auch übertriebene Sorgen um die Prüfung machen." Ich gab mir tatsächlich diese Erlaubnis, mir auch übertriebene Sorgen machen zu dürfen. Wie wenn die Sonne eine dicke Nebelwand durchdringt, so erfuhr ich in mir diesen Satz fürsorglicher Erlaubnis: „Ich darf mir auch übertriebene Sorgen um die Prüfung machen." Immer wieder erschien mir dieser Satz mit neuen Empfindungen verbunden zu sein und mit unterschiedlicher Betonung der einzelnen Worte. Seltsam.

Erstaunlich.

Ja, und was mich verwunderte, ... ohne es in Worte zu fassen ... quasi wie ein Echo ...

Ja?

Nicht, dass ich mir etwas eingeredet hätte, verstehst du? Es war mehr die Erfahrung ... wie ein Echo vernahm ich ...

Ja, ich verstehe, du musstest dir nichts einreden. Wie ein Echo hast du den Nachsatz erfahren? Nämlich?

Es waren keine Worte. Es war eine tiefe Erfahrung. Eine Erfahrung jenseits der Worte.

Ja, ich verstehe. Kannst du trotzdem versuchen sie in Worte zu fassen?

„.... aber ich muss es nicht." „Ich darf mir auch übertriebene Sorgen um die Prüfung machen." .... „aber ich muss es nicht." Wie ein Echo ... als hörte ich es von allen Seiten ... von oben ... von unten ... von hinten ... von vorn ... Aber es waren keine Worte, die ich hörte. Es war ein Gefühl. Nur eine Erfahrung. Eine sehr kraftvolle Erfahrung.

Ein tiefes Gefühl. Plötzlich liefen mir warme Tränen über mein Gesicht. Ich fragte nicht, warum. Es waren Tränen der Erleichterung. Tränen des Freiseins. Tränen der Freude.

Hm. Ja, sogar Tränen der Freude.

Seltsam ... ich machte eine Erfahrung, die so wertvoll war ... die so wunderbar war ...

Du fühltest dich bereichert?

Überwältigt. Diese kraftvolle Erfahrung von Freisein ... mich in dieser Situation zu freuen ...

Eine sehr befreiende Erfahrung?

Ganz bestimmt. Immer wieder ging mir durch den Kopf ... „Ich darf mir auch übertriebene Sorgen um die Prüfung machen ... aber ich muss es nicht ... es ist meine Freiheit" ... diese Worte füllten sich mit Freude und Begeisterung ... ich hatte irren Spaß dran ... hm ... ich spürte ein Gefühl großer Kraft ... völlig neuer Zuversicht ...

Sehr schön.

Und plötzlich änderte ich den Erlaubnissatz.

Ja?

Ja, mir wurde klar ... ich war mir bewusst ... aus tiefster Überzeugung ... hm ...

Ja?

Ich wusste einfach: „Ich darf auch voller Zuversicht, voller Vertrauen und voller Freude in die Prüfung gehen." Auch das ist meine Freiheit ... huch ... unglaublich!

Was für eine kraftvolle Erfahrung!

Und immer wieder dieses „gefühlte Echo" ... „aber ich muss es nicht". „Ich darf auch voller Zuversicht, voller Vertrauen und voller Freude in die Prüfung gehen ... aber ich muss es nicht ... das ist meine Freiheit!" Tränen der Freude liefen über mein Gesicht. Ich spürte nur noch die Kraft des Vertrauens, nicht wissend, was kommt. Ich spürte die

Kraft der Zuversicht. Ich erfuhr eine unerklärliche innere Freude. Mit diesen schönen, wohligen Gefühlen muss ich wohl eingeschlafen sein.

Irre.

Am nächsten Morgen, als der Wecker klingelte, war ich sofort hell wach und voll da. Es war richtig aufregend. Spannend. Ich hatte das Empfinden „Ich muss nicht wissen, was kommt" … „ohne Netz und doppelten Boden". Dann machte ich mir ein ganz leckeres Frühstück. In aller Ruhe und mit sehr viel Liebe deckte ich meinen Frühstückstisch. „Heute ist ein ganz besonderer Tag", sagte ich mir. Celebrate your Life! … Feiere dein Dasein … Zwischendurch musste ich immer wieder schmunzeln … dann lachen … es war wirklich ein ganz besonderer Tag. Ich feierte meine neue Freiheit. Nicht wissend, was kommt, war ich neugierig auf diesen Tag. Neugierig auch darauf, wie ich mit den unterschiedlichen Widrigkeiten umgehen werde und was ich daraus lernen könnte. Ich war voller Interesse und Neugierde. Ich ließ mir Zeit und genoss mein Frühstück in aller Ruhe.

Hm. Ein super Start in den Tag.

Absolut. Genial. Ein Super-Start. Ein herrlicher Morgen. Ein Gefühl wie 500 PS im Rücken. Als könne mich nichts mehr aufhalten. Es war eine unbeschreibliche Freude in mir. Eine Art Vorfreude.

Vorfreude?

Ja, das klingt vielleicht etwas verrückt … aber ich hab mich so sehr gefreut, als hätte ich die Prüfung schon bestanden. Und nicht nur das. Auch die Prüfung selbst sah ich als ein spannendes, unkalkulierbares Ereignis. Da gibt es keine Sicherheit. Weder in die eine noch in die andere Richtung. Der absolute Thrill! Der wahre Kick!

Meine Güte! Was für ein kraftvolles Gefühl!

Weißt du, ich dachte mir … wenn ich die Freiheit habe, Angst vor dem Misserfolg und dem Versagen zu haben …

Ja, die hast du.

Dann darf ich auch Freude auf den Erfolg haben. Oder nicht?

Ja, ganz bestimmt.

Schau, und als ich so gemütlich beim Frühstück saß und es in aller Ruhe in vollen Zügen genoss ... mit Servietten und Kerzen und diesem ganzen Schnickschnack ... da wurde mir klar ... da fiel es mir wie Schuppen von den Augen ...

Ja?

Da wurde mir klar ... ich darf mich schon vorher auf den Erfolg einer bestandenen Prüfung freuen ... und ich darf mich schon vorher auf diesen spannenden Prozess der Prüfung freuen ... und nicht nur das ...

Ja?

Mir wurde klar ... ich darf jeden einzelnen aufregenden Schritt bis zur Prüfung genießen ... das ist das Abenteuer!

Ja, das ist Vorfreude!

Mir fiel beim Frühstück ein ... diese Vorfreude kann mir niemand nehmen ... die hab ich schon mal im Sack! ... Das ist mein Gewinn! ... Egal, was kommt ... diese Freude, diese Inspiration, dieses Feuer, diese Kraft ... diese Vorfreude kann dir keiner nehmen ...

Ja, da hast du recht.

Und mit diesem Feeling fuhr ich dann zu meiner Examensprüfung. Ich schlenderte noch etwas durch die Fußgängerzone. Ich spürte in mir ein Gefühl von Geborgenheit, ein inneres Strahlen. Ich erinnerte mich daran, dass Albert Einstein einmal sagte: „Das Schönste, was es auf der Welt gibt, ist ein strahlendes Gesicht". An diesem Morgen sah ich viele strahlende Gesichter.

Genial. Wer die Augen hat zu sehen, der sieht's.

Weil ich noch etwas Zeit hatte, setzte ich mich in mein Auto und machte die kleine Meditationsübung, die du mir gezeigt hattest. Als ich die Augen schloss, hatte ich für einen Moment den Eindruck, als rollten meine Augen nach hinten ... ein kurzes, leichtes Schwindelgefühl ... dann waren sie wieder alle da ... die Gedanken ... ich wurde überflutet mit Gedanken an die Prüfung .... doch keiner dieser Gedanken hatte die Kraft, mich aus meiner heiteren und gelassenen Stimmung herauszuwerfen ... die Gedanken zogen vorbei ... ich hatte den Eindruck, als würde ich etwas in den Sessel gedrückt, wie beim Start eines Flugzeugs ... ich war nicht weg ... ich war hell wach ... voll da ... ich spürte, wie mein Atem immer ruhiger und langsamer wurde ... wie in Zeitlupe strömte mein Atem ein und aus ... immer ruhiger ... immer tiefer .... immer langsamer ... auch meine Gedanken kamen jetzt mehr und mehr zur Ruhe ... ich hatte ein Gefühl von warmer Geborgenheit ... von innerer Kraft ... von tiefer innerer Zufriedenheit ... Ich hatte den Eindruck, als könne ich durch meine geschlossenen Augen sehen .... in meinem Kopf entstand eine liebliche sanfte Melodie und der Refrain eines Liedes der Gruppe „Who" ging mir durch den Kopf: ... I can see for miles and miles ... (Ich kann meilenweit sehen) ... I can see for miles and miles ... for miles and miles ... and miles and miles ... and miles and miles ... and miles and miles ... and miles and miles ... and miles and miles ... and miles and miles ... and miles and miles ...ich spürte in mir ein Gefühl tiefen inneren Friedens und seelischer Kraft ... eine geistige Frische und Klarheit.

Ja, diese Gefühle stehen dir zur Verfügung, wenn deine turbulenten Gedanken zur Ruhe kommen. Jenseits deiner Gedanken erfährst du deinen inneren Frieden und deine seelische Kraft, aber auch solche Empfindungen wie Intuition, Inspiration und Fingerspitzengefühl. Es sind Gefühlsqualitäten, die dir nicht zugänglich sind, wenn störende Gefühle, wie Angst, Groll oder Verletztsein, die Oberhand haben. Aber erzähl. Wie ging's weiter?

Abenteuer – nächster Teil! Der Professor öffnet die Tür. Freundlich begrüße ich ihn und den Beisitzer der Prüfung. Die Stimmung im Raum ist ausgesprochen warm und freundlich, ja herzlich. Gemütlich lasse ich mich in den Sessel sinken. Ich sehe die Blumen auf dem Schreibtisch des Prüfers ... der Sonnenstrahl fällt auf ein Foto ... strahlende Kinderaugen ... Was sagte doch Albert Einstein? „Das Schönste, das es auf der Welt gibt, ist ein strahlendes Gesicht." ... „Sehr schön, was für ein ruhevoller Zauber in diesem Raum", dachte ich und wandte mich interessiert dem Prüfer zu.

Herrlich.

Da war kein Geschmack von Katastrophe. Da saß kein „Arsch", kein „fieser Hund". Ich sah noch nicht einmal einen Prüfer.

Sondern?

Er saß da wie ein Mensch. Ein Mensch wie du und ich. Ein Mensch bei seiner Arbeit eben. Nun, was arbeitet ein Professor? Forschen, lehren und unter anderem auch prüfen. Das ist sein Job. Da saß ein Mensch, der neben seiner Arbeit auch noch eine Familie und Kinder hat. Die strahlenden Kinderaugen auf dem Foto haben mich daran erinnert.

Interessant.

Ich sah einen Menschen wie du und ich. Und da war auch noch der Beisitzer, der alles mitschreiben muss. Ich sah nur den Menschen mit seiner momentanen Aufgabe. „Wie es ihm wohl geht, den ganzen Tag mitzuschreiben, was die Prüflinge so zum Besten geben?", dachte ich, und schenkte ihm ein Lächeln. Ich fühlte mich richtig wohl und behaglich.

Hm, spannend.

Ja, und dann ging es los. Etwas soziales Geplänkel zu Beginn und dann eine Frage nach der anderen. Ich spürte in mir ein Gefühl von geistiger Frische und großer Klarheit ... ein Gefühl von innerer Kraft und Geistesgegenwart ... ich hatte einen „guten Draht" zum Prüfer und zum Beisitzer. Trotz der teils schwierigen Fragen spürte ich eine fast heitere Atmosphäre im Raum.

Hm. Hm.

Und dann geschah es. Hm.

Was? Was dann?

Und dann geschah es, was ich immer befürchtet hatte. Wovor ich immer solche Angst und Panik hatte.

Nämlich?

Der Prüfer fragte mich etwas, was ich nicht wusste. Was ich wirklich nicht wusste.

Und? Wie hast du dich in dieser Situation gefühlt? Wie hast du's gehandhabt?

Ich war einfach interessiert. Ich war ganz einfach nur neugierig.

Wie? Worauf?

Ja, ich war voll präsent, interessiert und neugierig. Ich hatte so dieses „Geistesgegen-wart-ist-meine-Stärke"-Feeling. Ich wollte einfach nur die Antwort wissen.

Du warst scharf auf die Antwort?

Ja, natürlich. Ich wollte die Antwort wissen, also habe ich den Prof. interessiert nach der Lösung gefragt.

Und?

Du, das war für mich keine Prüfung, das war für mich ein spannender Dialog, ein Austausch von Wissen oder so in diese Richtung ... ich kann dieses Empfinden gar nicht so gut in Worte fassen.

Und was hat er gesagt?

Er meinte, er wüsste die Antwort selbst nicht.

Nein, kaum zu glauben.

Normalerweise hätte ich früher gedacht so ein „fieser Hund", der fragt mich etwas, was er selbst nicht weiß, der will mir einen reinwürgen, dieser Arsch. Ich wäre stink-sauer gewesen oder wäre ätzend zynisch geworden.

Ja, das wäre naheliegend gewesen. Aber wie war's für dich?

Ich musste einfach lachen. Ich hab laut gelacht und mir auf die Schenkel geklopft. Ich dachte nur „Cosmic Joke! Das ist ja ein Ding! Das ist ja stark! Das ist ja der Hit!" Auch der Prof. und der Beisitzer fingen lauthals an zu lachen. Wir schaukelten uns gegensei-tig richtig hoch. Mir kamen fast die Tränen vor Lachen. Und dann, als wenn nichts gewesen wäre, ging unser freundlicher Dialog in gemäßigterer Stimmungslage weiter.

Eine bombige Erfahrung.

Ja, eine geniale Erfahrung. Eine befreiende Erfahrung. Eine inspirierende Erfahrung. Diese sogenannte Prüfung war für mich wie ein interessantes, aufregendes Fachge-spräch zwischen Experten. Einfach schön. Sehr wertvoll. Sehr lehrreich. Best quality!

Herzlichen Glückwunsch!

Danke dir. Danke für die großartige Vorbereitung.

DIALOG 19

Maria, über welches Problem möchtest du heute sprechen? Was für ein Gefühl belastet dich und schränkt dich ein?

Ich habe Angst, furchtbare Angst. Ich traue mich kaum aus dem Haus und gehe in meiner Gegend auch nicht mehr allein einkaufen.

So ist dein störendes Gefühl die Angst? Wovor hast du Angst, wenn du einkaufen gehen willst?

Ich habe überhaupt kein Problem damit, in einem weiter entfernten Supermarkt einkaufen zu gehen. Aber zu den Geschäften, die unmittelbar in der Nähe meiner Wohnung sind, kann ich nicht hin, da bekomme ich schon Panik, wenn ich nur daran denke.

Was ist es genauer, wovor du Angst hast, wenn du in einem Laden in deiner Nähe einkaufen gehst?

Ich habe Angst, dass ich dort meiner Schwiegermutter begegnen könnte, die mich furchtbar hasst.

Du könntest dort deiner Schwiegermutter begegnen, die dir gegenüber Hassgefühle hat, richtig?

Ja. Vor dieser Begegnung habe ich furchtbare Angst. Meine Schwiegermutter kauft oft im selben Supermarkt ein wie ich.

Was ist es genauer, wovor du Angst hast? Vor welchen Reaktionen deiner Schwiegermutter hast du Angst?

Ich habe Angst, dass sie mich im Supermarkt anbrüllt, wenn sie mich sieht. Sie ist so voller Hass mir gegenüber. Wenn ich schon ihre Augen sehe. Ich habe Angst, dass sie mich beleidigt, mich vor allen Leuten anschreit, mich als Flittchen und Schlampe beschimpft und mir sogar ins Gesicht spuckt. Das traue ich ihr zu.

Davor hast du Angst. Und deshalb vermeidest du eine Begegnung mit deiner Schwiegermutter um jeden Preis.

Ja. Ich denke ständig: „Hoffentlich begegne ich ihr nicht". Ich überlege, wann sie einkaufen geht, wann sie in die Stadt geht – es ist furchtbar. Dauernd grüble ich – weißt du, das ist so ein Drahtseilakt, so umständlich. Wenn ich einkaufen gehe, fahre ich extra in einen weit abgelegenen Supermarkt, wo ich sicher sein kann, dass ich ihr dort nicht begegne. Aber nicht alle Situationen lassen sich vermeiden. Wenn ich morgens unsere Tochter zum Kindergarten bringe oder sie mittags wieder abhole – ständig habe ich diese Anspannung und Unruhe in mir. Immer bin ich auf der Lauer und schaue mich ständig um, um ihr ja nicht zu begegnen.

Inwiefern schränkt dich diese Angst noch ein? Gibt es weitere Situationen, die du vermeidest?

Ja. Ich ging immer sehr gerne in den Turnverein und zu Sportveranstaltungen wie Handball und Tischtennis. Das habe ich jetzt alles gestrichen, weil sie dort auch sein könnte. Ich habe mich völlig zurückgezogen. Ich habe überhaupt kein Selbstbewusstsein mehr, bin verunsichert und angespannt und ständig in Hab-Acht-Stellung.

Spürst du auch körperliche Beschwerden?

Ja, ich habe Magenschmerzen, Übelkeit, oft Kopfschmerzen, kann nicht schlafen und bin dauernd gereizt.

Gereizt? Bist du auch wütend auf deine Schwiegermutter?

Ja, natürlich.

Du hast also Angst vor deiner Schwiegermutter, und du bist auch wütend auf sie? Richtig?

Ja. Genau.

Es ist völlig in Ordnung, dass du wütend bist. Das ist ganz verständlich. Aber sag mir, warum bist du so wütend auf deine Schwiegermutter?

Weil sie mich so einengt und ich mich nicht mehr so frei bewegen kann.

Wer engt dich ein, deine Schwiegermutter oder deine Angst?

Meine Schwiegermutter, weil sie mir die Angst macht.

Also noch einmal. Wer oder was genau engt dich ein, deine Schwiegermutter oder deine Angst?

Meine Angst ist es, die mich einengt, aber...

Aber die Schwiegermutter verursacht sie dir? Ist es das, was du sagen willst?

Ja, davon bin ich überzeugt, auch wenn du jetzt vielleicht etwas anderes von mir hören willst.

Nun, es geht nicht darum, was ich hören will. Es geht darum, wovon du innerlich überzeugt bist. Was **du** glaubst. Denn das, was du glaubst, beeinflusst dich, beeinflusst deine Gefühle, deine Stimmungen und dein Verhalten. Deine Gefühle folgen deinen Gedanken. Deine Gefühle folgen deiner geistigen Einstellung, deiner inneren Überzeugung. Und deine innere Überzeugung ist:
Meine Schwiegermutter macht mir Angst.
Meine Schwiegermutter engt mich ein.
Meine Schwiegermutter macht mich wütend, weil sie mein Leben so einschränkt.

Genau so sehe ich das. Das ist meine Überzeugung. Wenn ich nämlich sicher bin, dass sie nicht in der Nähe ist, brauche ich auch keine Angst vor ihr zu haben.

Lass uns mal diesen Satz umdrehen: „Wenn meine Schwiegermutter nicht in der Nähe ist, brauche ich keine Angst zu haben", heißt also: ... „Wenn meine Schwiegermutter in der Nähe ist, dann ..."?

Dann muss ich Angst vor ihr haben, und zwar davor, dass sie mich anschreit, vor allen Leuten beschimpft, beleidigt und mir sogar ins Gesicht spuckt.

Denn wie fühle ich mich dann, wenn sie das wirklich täte?

Das wäre furchtbar für mich. Ich würde mich verletzt, erniedrigt, ganz klein und hilflos fühlen, aber auch wütend. Ich habe Angst, ich könnte dann genauso herumschreien wie sie, und alle Leute würden es mitbekommen. Schrecklich!

Lass uns hier kurz anhalten und schauen, was gerade passiert. Du hast großes Selbstbewusstsein, die Fähigkeit, wirklich glücklich zu sein, die Fähigkeit zu lieben, sehr viel Weisheit und die Geschicklichkeit, schwierige Situationen zu meistern.

Nein, da muss ich dir widersprechen! Willst du mich auf den Arm nehmen? Ich beschrieb dir doch gerade, in welch desolatem Zustand ich mich befinde, dass ich überhaupt kein Selbstbewusstsein habe, dass ich todunglücklich bin. Hörst du mir denn überhaupt nicht zu?

Doch. Ich höre dir sehr aufmerksam zu und versuche dich zu verstehen. Ich merke ganz deutlich, wie du leidest und wie eingeschränkt zurzeit deine Lebensqualität ist.

Aber wie kannst du dann behaupten, dass ich großes Selbstbewusstsein habe?

Stell dir vor, du hast einen großen Wasserball. Kannst du ihn vor deinem geistigen Auge sehen?

Ja, doch.

Und jetzt stell dir vor, du nimmst diesen großen Wasserball und drückst ihn mit deiner Hand tief unter Wasser.

In Ordnung.

Wenn jetzt jemand vorbeikäme, könnte er dann deinen großen Wasserball sehen?

Nein, er könnte ihn nicht sehen, da ich ihn ja tief unter die Wasseroberfläche gedrückt habe.

Der große Wasserball ist also gerade nicht sichtbar und doch ist er vorhanden, oder?

Ja, richtig. Er ist ja nur unterdrückt. Vorhanden ist er noch. Aber was willst du mir damit sagen?

Was meinst du, was ich dir damit sagen will?

Du meinst, ich habe großes Selbstbewusstsein, und es sei nur unterdrückt. Das klingt mir zu einfach.

Kaum zu glauben, oder?

Aber wie kann ich wissen, ob ich kein Selbstbewusstsein habe oder ob mein Selbstbewusstsein nur unterdrückt ist?

Nun, was passiert, wenn du die Hand wegnimmst, die gerade deinen großen Wasserball unter Wasser drückt?

Der Wasserball springt nach oben. Er springt sogar über die Wasseroberfläche hinaus.

Für alle sichtbar?

Ja, jetzt für alle sichtbar. Jetzt kann ich – jetzt kann jeder den großen Wasserball wieder sehen. Er war ja nur unterdrückt.

Und damit für alle nicht sichtbar, als wäre er nicht vorhanden.

Ja, richtig. Aber woher weiß ich jetzt, ob ich kein Selbstbewusstsein habe oder ob mein Selbstbewusstsein nur unterdrückt ist?

Bleiben wir noch kurz bei unserem Beispiel mit dem Wasserball. Da gibt es einen Faktor, der den Ball unter das Wasser drückt. Wir müssen diesen Faktor genau erkennen, um ihn beseitigen zu können.

Nun, um im Beispiel zu bleiben, ist meine rechte Hand der Faktor, wie du sagst, der den Ball hinunterdrückt. Wenn ich diesen Faktor beseitige, springt der Ball in die Höhe und wird für alle sichtbar.

Richtig. Nimm diesen Faktor, der den großen Wasserball unterdrückt, weg, und wie von selbst kommt der Ball mit großer Kraft an die Oberfläche und wird sichtbar.

Nun, und welcher Faktor unterdrückt mein „großes Selbstbewusstsein"? Welchen Unterdrückungs-Faktor müsste ich beseitigen, damit mein Selbstbewusstsein schlagartig zum Vorschein kommt und ich es wirklich erfahre? Zumindest, dass ich es sehe, es muss ja nicht für alle sichtbar sein. Es wäre ja schon schön, wenn ich überhaupt wüsste, dass ich Selbstbewusstsein habe.

Erkenne die Faktoren, die dein Selbstbewusstsein, deine Fähigkeit zu lieben und glücklich zu sein, deine Weisheit und deine Geschicklichkeit, schwierige Situationen zu meistern, unterdrücken.

Sind es denn mehrere Faktoren, die meine „Glücksqualitäten" unterdrücken? Wie viele kennst du? Wir sprachen bis jetzt von Selbstbewusstsein, das bei mir unterdrückt sein könnte. Hängen denn die anderen Qualitäten wie Liebe, Glück, Weisheit und

Geschicklichkeit im Umgang mit schwierigen Situationen alle zusammen? Heißt das, wenn ich die unterdrückenden Faktoren beseitige, kommt alles direkt an die Oberfläche: Selbstbewusstsein, die Fähigkeit, zu lieben und glücklich zu sein, Weisheit und die Geschicklichkeit, schwierige Situationen zu meistern?

Eins nach dem anderen, Maria. Wie war es bei dem Wasserball? Wenn du den Faktor, der den Ball unterdrückt, beseitigst, also die Hand wegnimmst, was passiert dann? Musst du dir dann große Mühe geben, um den Ball nach oben zu ziehen?

Nein, ganz und gar nicht. Er springt von selbst schlagartig nach oben.

Mit starker Schubkraft, oder?

Ja, richtig.

Als hätte der große Wasserball nur darauf gewartet, von der unterdrückenden Hand befreit zu werden. Die Schubkraft treibt ihn nach oben.

Aber was sind die Faktoren, die viele meiner besten Lebensqualitäten unterdrücken? Ich bin gespannt darauf, sie mit Schubkraft nach oben drängen zu sehen.

Mit starker Schubkraft. Nimm nur die Faktoren weg, die deine besten Qualitäten unterdrücken, und sie kommen zum Ausdruck, ganz von selbst, mit großer Kraft. Es ist seltsam, als hätten sie nur darauf gewartet, sich entfalten zu können; als hätten sie sehnsüchtig darauf gewartet, durch dich zum Ausdruck zu kommen. Nicht nur eine dieser Qualitäten, sondern alle.

Schwer vorstellbar. Doch auf eine Weise leuchtet es mir auch ein: Wenn ich glücklich bin, habe ich auch Selbstbewusstsein, oder?

Ja, genau. Was noch?

Wenn ich glücklich bin, ist meine Fähigkeit zu lieben größer, meine Gesundheit besser, ich kann klarer denken. Ich verfüge dann wirklich über mehr Weisheit.

Ja, was noch?

Ich kann dann bestimmt auch mit schwierigen Situationen geschickter umgehen, kann Probleme besser lösen. Ich kann mit meinen Mitmenschen besser umgehen, auch mit den schwierigeren. Das wäre ja der Gewinn! Eine Bereicherung für mich und meine Mitmenschen. Diese Qualitäten scheinen wirklich alle zusammenzuhängen.

Erstaunlich, oder?

Spann mich nicht auf die Folter. Was sind jetzt die Faktoren, die alle diese wertvollen Qualitäten einschließlich meines Selbstbewusstseins unterdrücken? Wie viele kennst du?

Ehrlich gesagt, ich weiß nicht, wie viele es gibt. Aber lass uns die drei wichtigsten Unterdrückungs-Faktoren ansehen. Wenn du die kennst und bei dir und deinen Mitmenschen identifizieren kannst, ist das bestimmt eine sehr wertvolle Hilfe.

Und wenn ich sie dann noch beseitigen kann – dann blühe ich richtig auf. Dann sprudelt mein Selbstbewusstsein nach oben und all die anderen wertvollen Lebensqualitäten auch. Glück, Liebe, Weisheit und ...

Auch die Fähigkeit, möglichst viele Menschen spontan gern zu haben. Die Fähigkeit, sich an kleinen Dingen zu erfreuen, aber auch an den großen. Das Leben als spannendes Abenteuer zu sehen. Wieder Freude zu haben am Lösen schwieriger Aufgaben, die sinnvoll und einem wichtig sind. Inspiration und Kreativität.

Diese drei Faktoren scheinen das Beste in meinem Leben zu unterdrücken. Willst du sie mir verraten?

Ja, natürlich. Genau genommen ist es nur ein leidvoller Zustand, der deine besten Qualitäten unterdrückt. Doch können wir diesen leidvollen Zustand in drei Gruppen von störenden Gefühlen unterteilen.

Also sind es im Grunde drei störende Gefühle, die mein Selbstbewusstsein und meine Fähigkeit, glücklich zu sein, unterdrücken?

Ja, so ist es. Diese drei Gruppen von leidvollen, störenden Gefühlen sind:
1. Angst und Sorge
2. Ärger, Wut und Groll
3. Verletztsein, Minderwertigkeitsgefühle, Schuldgefühle.
So, das ist die grobe Richtung. Je mehr du von jedem dieser störenden Gefühle hast, umso stärker sind dein Selbstbewusstsein und dein Glücklichsein, deine Lebensfreude und Kreativität sowie deine Fähigkeit zu lieben unterdrückt.

Ja, das leuchtet ein. Ich erinnere mich an eine Frau, die hatte extra viele Tausend Euro gespart, um mit ihrem Freund Urlaub in der Karibik zu machen. Als ich sie nach ihrem Urlaub fragte, wie es in der Karibik war, sagte sie: „Furchtbar", sie hätten drei Wochen lang nur gestritten. Sie konnten weder das gute Essen genießen noch sich an der Sonne, den Wellen und dem herrlichen Strand erfreuen.

Was, glaubst du, waren ihre Glück unterdrückenden Faktoren? Welche störenden Gefühlsmuster haben ihre besten Qualitäten unterdrückt?

Ich denke, alle drei Kategorien waren beteiligt.

Ja, das denke ich auch. Doch zum leichteren Einprägen lass uns diese drei leidvollen, unterdrückenden Faktoren mit den Nummern 1, 2 und 3 bezeichnen und mit demjenigen beginnen, von dem du glaubst, dass er am stärksten vorherrscht. Willst du?

Einverstanden. Der Hauptunterdrücker dürfte die Nummer 2 gewesen sein, Ärger, Wut und Groll, gefolgt von Nummer 3, also Gefühlen des Verletztseins. Dann bleibt die Nummer 1 auch nicht aus, nämlich Angst und Sorge.

Kannst du sehen, was aus ihrem Glücksempfinden, Liebe Selbstbewusstsein und Kreativität geworden ist?

Ja, sie sind völlig verschwunden. Nichts mehr davon da.

Glaubst du das wirklich? Sind diese Qualitäten wirklich ein für alle mal weg? Glaubst du das wirklich?

Ja, ich weiß, was du meinst. Sie sind nur unterdrückt. Es fällt mir aber sehr schwer, das so zu sehen.

Nicht schlimm. Was passiert, wenn die Wolken sich auflösen?

Blauer Himmel, und die Sonne ist da. Die Wolken haben den blauen Himmel und die Sonne nur verdeckt.

Richtig. Und was passiert, wenn du die Hand, die den großen Wasserball ins Wasser drückt, so dass du ihn nicht mehr sehen kannst, wegnimmst? Was passiert dann?

Der Ball schießt schlagartig hoch und wird für alle sichtbar. Vorher war er auch da, doch nicht für alle sichtbar. Auch wenn er nicht an der Oberfläche sichtbar war, wusste ich ja, dass er da ist. Er war eben nur unterdrückt. So ist das. Und du glaubst, mit dem Selbstbewusstsein und den Glücksgefühlen, der Liebe, der Weisheit und der Kreativität ist es genauso?

Lass es uns doch einfach überprüfen. Nimm die Dunkelheit weg, und was übrig bleibt, ist …?

Ist Licht. Das würde ja dann auch heißen, dass im selben Moment, in dem wir frei sind von diesen drei störenden Gefühlen …

Ja, wie heißen sie noch mal mit Nummern?

Nummer 1: Angst und Sorge, Nummer 2: Ärger, Wut und Groll, Nummer 3: Verletztsein, Minderwertigkeitsgefühle und Schuldgefühle.

Genau.

Um noch mal meinen Faden aufzunehmen. Das würde ja bedeuten, dass im selben Moment …

Ja, lass dir Zeit … im selben Moment …

In dem Moment, in dem ich frei bin von diesen drei leidvollen Gefühlszuständen – im selben Moment kann ich glücklich sein.

Kann?

Nein, ich bin dann glücklich. In unserem Beispiel mit dem Wasserball sage ich ja auch nicht: Wenn ich die Hand wegnehme, kann der Ball nach oben gehen. Er geht nach oben.

Und genau so spürst du dann dein Selbstbewusstsein, deine seelische Kraft, deine Liebe, deine Weisheit, deine Kreativität und deine Freude am Leben.

Das leuchtet ein.

Wenn dir das einleuchtet, dann strahlt es auch von dir aus.

Dann brauche ich ja gar nichts Besonderes zu tun, um mein Selbstbewusstsein aufzubauen!

Wie meinst du das?

Dann brauche ich ja gar nicht hart an mir zu arbeiten, um Selbstbewusstsein zu haben oder glücklich zu sein!

Warum nicht?

Ich müsste nur diese drei unterdrückenden, blockierenden Gefühlszustände auflösen oder beseitigen, und alle wertvollen Qualitäten kommen ans Licht?

Richtig. Und nicht nur das, sie sind dann auch für andere sichtbar.

Ja, das klingt gut. Doch wie beseitige ich diese Unterdrücker meines Glücks, das ist doch die Frage, oder?

Nun, wo schwimmt der große Wasserball, bevor du ihn mit deiner Hand unter das Wasser drückst?

Er schwimmt auf dem Wasser. Auf der Oberfläche.

Ist er für alle sichtbar?

Ja, das ist er.

Wer ist der Unterdrücker des Wasserballs?

Ich bin es mit meiner Hand.

Wer also ist der Unterdrücker deines Glücks?

Ich bin es mit meiner Angst, meiner Wut und meinem Groll, meiner Verletztheit und meinem Minderwertigkeitsgefühl. Was sage ich denn da gerade? Das klingt ja so, als wäre ich selbst der Unterdrücker meines Glücks!

Klingt so?

Ist wahrscheinlich so.

Wahrscheinlich?

Nein, es ist so. Ich kann es nicht fassen. Ich selbst bin der Unterdrücker meines Glücks?

Wie machst du das? Welche drei Faktoren benutzt du, um deine Fähigkeit, glücklich zu sein und zu lieben, zu unterdrücken? Zähl sie noch mal auf, mit Nummern.

Ich unterdrücke meine Glücks- und Liebesfähigkeit, meine Weisheit, mein Selbstbewusstsein und meine seelische Kraft und Kreativität sowie die Freude am Leben und am Lösen schwieriger Aufgaben durch die drei Unterdrücker: Nummer 1: Angst und Sorge, Nummer 2: Ärger, Wut und Groll und Nummer 3: Verletztsein, Minderwertigkeitsgefühle und Schuldgefühle.

Interessant, oder?

Halt, das geht mir alles zu schnell. Ganz stimmt diese Analogie zum Wasserball auch nicht.

Denn?

Ich bin es, der den Wasserball hinunterdrückt, so dass er für mich und andere nicht mehr sichtbar ist.

Richtig.

Ich bin es, und ich tue das mit meiner Hand.

Ja, doch.

Übertragen würde es bedeuten: Ich bin es, der mein Glück unterdrückt, und ich tue es mit den drei Faktoren, den störenden Gefühlszuständen.

Ja, völlig korrekt.

Aber da stimmt etwas nicht!

223

Nämlich?

Das würde ja implizieren, dass ich wie bei meiner Hand mit dem Wasserball Kontrolle über diese drei unterdrückenden Faktoren hätte!

Richtig. Das impliziert es. Das hast du gut erkannt.

Aber das stimmt nun wirklich nicht! Nein, das kannst du mir nicht erzählen! Dann hätte ich ja sofort Schuldgefühle, weil ich mich selbst unglücklich mache!

Möchtest du das? Möchtest du zusätzlich zu deinem unglücklichen Gefühl noch Schuldgefühle entwickeln?

Natürlich möchte ich das nicht. Doch hätte ich sofort Schuldgefühle, wenn ich erkenne, dass ich es selbst bin, der sein Glück und sein Selbstbewusstsein unterdrückt.

Ja, das verstehe ich. Diese Erkenntnis würdest du dazu benutzen, Schuldgefühle zu entwickeln. Würden diese Schuldgefühle nun mehr von deinem Glück zum Vorschein bringen oder weniger?

Weniger. Ich wäre noch viel unglücklicher.

Interessant, wie du diese Erkenntnis verwenden würdest. Sieh mal nach, in welche der drei Kategorien von Glück unterdrückenden Faktoren du die Schuldgefühle einordnen kannst. Welche Nummer steht wohl dafür?

Das ist die Nummer 3: Verletztsein und Minderwertigkeitsgefühle. Da passen die Schuldgefühle mit hinein.

Jetzt bin es also wieder ich selbst, der sein Glück unterdrückt, diesmal mit Schuldgefühlen.

Ist es nicht so?

Irgendwie verstehe ich es, aber …

Schau, Maria, was wir gerade besprochen haben, war ein konstruiertes Beispiel zur Veranschaulichung. Es wird viel leichter, verständlicher und auch spürbarer für dich, wenn du es an einem ganz praktischen Beispiel aus deinem Leben erfährst. Möchtest du, dass wir zurückkommen zu den Ängsten und Problemen, die du mit deiner Schwiegermutter hast?

Ja, sehr gern.

Was ist es, was du befürchtest, wenn du deiner Schwiegermutter im Supermarkt begegnen würdest?

Dass sie mich anbrüllt, wenn sie mich sieht. Dass sie mich vor allen Leuten laut beschimpft und beleidigt und als Flittchen und Schlampe bezeichnet. Ja, dass sie mir sogar ins Gesicht spuckt.

Ja, so könnte es aussehen, wenn du deine Schwiegermutter im Supermarkt triffst. Das könnte passieren. Wenn sich dies tatsächlich ereignen würde, wie würdest du dich dann fühlen?

Das wäre ganz furchtbar für mich. Ich würde mich verletzt, erniedrigt, ganz klein und hilflos fühlen, aber auch wütend. Ich habe Angst, ich könnte dann genauso herumschreien wie sie, und alle Leute würden es mitbekommen. Schrecklich!

Wenn du so deine Schwiegermutter siehst, wie sie dich laut anschreit, dich beschimpft, beleidigt und sogar anspuckt: In welchem inneren Zustand befindet sich dann gerade deine Schwiegermutter, in einem freudvollen oder in einem leidvollen Zustand?

Sie befindet sich in einem leidvollen Zustand – auf jeden Fall in einem leidvollen Zustand!

Korrekt. Schau sie dir genau an. Während sie so laut schreit, dich vor allen Leuten beschimpft, beleidigt und anspuckt, welches störende Gefühl ist dann bei ihr vorherrschend? Wie würdest du ihre störende Gefühlslage benennen? Und welche Nummer ist es?

Hauptsächlich liegt bei ihr das störende Gefühl Nummer 2 vor: Ärger, Wut, Groll. Ich würde sogar sagen Hass.

Ja, das kann sein.

Wenn du mal nicht auf ihre Worte achtest und nur auf ihr Gesicht, ihre Gestik und wie sie sich verhält – was siehst du, ein freudvolles oder ein leidvolles Gesicht?

Ein leidvolles Gesicht. Ein sehr leidvolles Gesicht sogar.

Gut, wiederholen wir noch einmal: Deine Schwiegermutter zeigt dir ihr leidendes Gesicht im Supermarkt, sie schreit und spuckt.

Ich verstehe, was du mir damit sagen willst, aber sie beleidigt mich vor allen Leuten!

Und wie fühlst du dich, wenn man dich vor allen Leuten beleidigt?

Verletzt natürlich. Und wütend.

Und wer verletzt dich? Wer macht dich wütend?

Die Beleidigungen meiner Schwiegermutter, ihr Schreien und Spucken.

Glaubst du das wirklich? Glaubst du wirklich, dass diese Beleidigungen dich verletzen?

Ja, natürlich. Ich fühle mich erniedrigt und gedemütigt.

Würdest du dich auch erniedrigt und gedemütigt fühlen, wenn dir ein Vogel auf den Kopf macht?

Nein, natürlich nicht. Ich würde den Dreck abwischen und fertig.

Verletzt? Erniedrigt? Gedemütigt?

Nein, wieso?

Würdest du mit dem Vogel streiten und mit ihm schimpfen?

Nein, ach was.

Würdest du ihm nachjagen und ihn bestrafen wollen?

Nein, das auch nicht.

Würdest du dem Vogel gerne als Retourkutsche auf seinen Kopf machen wollen und dich dann mächtig ärgern, dass du es nicht konntest? Weil es dir dein Anstand verbietet oder weil der Vogel schneller war?

Natürlich nicht!

Gut. Warum fühlst du dich dann durch die Spucke deiner Schwiegermutter verletzt, erniedrigt und gedemütigt?

So eine Frage habe ich mir noch nie gestellt. Aber sie ist doch kein Vogel, der nichts dafür kann.

Richtig. Deine Schwiegermutter ist kein Vogel. Sag mir noch einmal, mit welchem Faktor deine Schwiegermutter gerade ihre Lebensfreude und Glücksfähigkeit unterdrückt.

Mit dem leidvollen Faktor Nummer 2: Ärger, Wut, Groll, Hass.

Und mit welchen störenden, leidvollen Gefühlen unterdrückst du gerade deine Lebensfreude? Dein Selbstbewusstsein? Deine Fähigkeit, glücklich zu sein? Deine Weisheit und Kreativität? Deine Geschicklichkeit, schwierige Aufgaben zu meistern?

Mit dem Unterdrücker meines Glücks Nummer 3: Verletztsein und Minderwertigkeitsgefühle.

Richtig. Und jetzt verrate mir mal eins: Warum solltest du alle deine wertvollen Qualitäten des Glücks unterdrücken und dich erniedrigt fühlen, wenn dir deine Schwiegermutter zeigt, was in ihr vorgeht? Wenn dir deine Schwiegermutter zeigt, dass sie sich gerade in einem sehr leidvollen Zustand befindet und alle ihre besten Qualitäten durch Ärger, Wut, Groll und Hass unterdrückt? Sag mir einen zwingenden Grund, warum du diese hervorragenden Qualitäten bei dir unterdrücken willst, nur weil deine Schwiegermutter ihre besten Qualitäten gerade bei sich unterdrückt?

Nein! Ich tue ja dasselbe wie sie, nur mit einer anderen Methode! Wir beide unterdrücken unsere besten Fähigkeiten! Wofür? Was soll das bringen? So ein Unsinn!

Interessant. Du unterdrückst deine besten Qualitäten gerade dann, wenn du sie am meisten brauchst.

Erstaunlich!

Was ist los, Maria? Was geht dir durch den Kopf?

Ich denke gerade daran, wie es wäre, wenn meine Schwiegermutter so reagiert, mich anschreit, beleidigt, als Schlampe bezeichnet und mich anspuckt...

Wie fühlst du dich?

Großartig. So frei. Alles ist ganz leicht. Das gibt's doch nicht!

Du siehst toll aus, Maria. Deine Augen strahlen ja richtig. Was geht in dir vor?

Ich stelle mir gerade vor, wie es wäre, wenn ich in dieser Situation keinen Unterdrücker des Glücks, keinen dieser drei Faktoren, keins dieser drei störenden Gefühle hätte – dann würden mir alle meine besten Qualitäten zur Verfügung stehen. [Maria weint vor Erleichterung und Freude.]

Ja, Maria, zu einer Zeit, in der du sie am meisten brauchst. Zu einer Zeit, in der sie am wichtigsten sind. Wenn es schon hell ist, braucht man kein Licht anzuzünden. Doch wenn es dunkel ist, erfüllt das Licht erst seine eigentliche Funktion. Dann können alle besser sehen.

Ich sehe in das Gesicht meiner Schwiegermutter. Ich sehe keinen Hass, nur geballte Anspannung, Stress und Leid. Ich sehe nur ihr Leid, das Schreien ist kein Angriff, das ist Leid! Wie wenn ein Kind um Hilfe schreit. Durch die Spucke vor meinen Augen sehe ich sie in ihrer Not, die anderen Leute im Supermarkt nehme ich gar nicht wahr. Ich fühle mich völlig frei und wische mit meinem Taschentuch die Spucke von meinem Gesicht, als hätte ich durch das Niesen einer erkälteten Person etwas ins Gesicht bekommen. Ohne großes Aufhebens, nichts von Bedeutung, ohne Belang. Ich rechtfertige mich nicht, ich verteidige mich nicht. Ich erkenne, dass sie mich nicht angegriffen, sondern mir ihr Leid gezeigt hat. Ich geh langsam weiter einkaufen. Im Stillen wünsche ich meiner Schwiegermutter, dass sie auch frei wird von ihren störenden Gefühlen, die ihre besten Qualitäten unterdrücken: ihre Fähigkeit, glücklich zu sein, ihre Fähigkeit zu lieben, ihr Selbstbewusstsein und seelische Kraft, ihre Weisheit und ihre Kreativität, inneren Frieden und ihre Geschicklichkeit, schwierige Aufgaben zu meistern. Wenn sie diese Qualitäten des Glücks wieder mehr spürt, behandelt sie ihre Mitmenschen auch gleich ganz anders. Ich kaufe weiter ein und bemerke auch mehr und mehr die anderen Kunden und Angestellten im Supermarkt. Ich habe den Eindruck, die strahlen mich alle an. Manche lächeln mir zu, ich fühle mich richtig geborgen. Ich bin sehr verwundert und habe sie alle irgendwie lieb. Seltsam, wie unterschiedlich man Situationen wahrnehmen kann.

Und dadurch auch ganz anders gestalten kann.

Ja, das auch. Ich bin noch ganz benommen. Ich spüre so eine tiefe Zufriedenheit in mir, so eine Ruhe, so eine unglaubliche Kraft, eine ungeheure Zuversicht, eine große stille Freude. Es ist zum Lachen, aber ich komme mir vor wie so ein kleiner Held. Außerdem scheint es mir, als hätten die meisten Kunden ein gewisses Verständnis für diese heftigen Gefühlsausbrüche meiner Schwiegermutter, und überall sehe ich fröhliche Gesichter und strahlende Augen, als seien die Leute im Supermarkt alle gut drauf – eine schöne, entspannte Atmosphäre ...

Wochen später:

Nun, Maria wie hast du die letzte Zeit erlebt?

Es war großartig! Nach unserem Gespräch ging ich sofort in den Supermarkt. Ich war richtig vergnügt. Ich fühle mich so erleichtert, als sei eine schwere Last von mir abgefallen. Ich gehe jetzt wieder überall hin, ... ohne vorher zu grübeln, und tue wieder die Dinge, die mir Spaß machen. Am Sonntag war ich bei einem Handballturnier und meine Schwiegermutter saß mir schräg gegenüber. Ich konnte ihr sogar zunicken, sie schaute etwas unsicher. Innerlich musste ich schmunzeln, als ich ihr Befreiung von jeglicher Befangenheit wünschte. Ich hörte dich gleich wieder in meinem Geiste ruhig fragen: Welche Nummer der Unterdrückungsfaktoren ist das? Wie ein braver Schüler antwortete ich: Die Nummer 1 natürlich. Ich musste innerlich lachen und sah meine Schwiegermutter als eine großartige starke Frau, die ihre Glücksfähigkeit teilweise noch unterdrückt, so wie ich. Wir alle sind unterwegs, dachte ich.

Ja, wir sind alle auf dem Weg ... on the road to freedom.
We're absolute beginners.

DIALOG 20

In einer Frauenzeitschrift las ich neulich einen Artikel über dich und deine Strategien im Umgang mit verbalen Angriffen. Dort wurde die Gefühlsleiter als sehr hilfreiche Strategie dargestellt. Ich fand diesen Ansatz sehr inspirierend, doch kann ich mir eine Umsetzung in den Alltag wirklich nur sehr schwer vorstellen. Könntest du mir deine Gefühlsleiter genauer schildern?

Gerne. Hast du ein konkretes Beispiel, an dem ich dir diese Strategie genau deutlich machen kann?

Nein, ein konkretes Beispiel fällt mir gerade nicht ein. Aber ich habe immer wieder diese Angst bei bestimmten Telefonaten.

Okay. Lass uns diese Situationen genauer ansehen. Vor welchen Telefonaten hast du Angst? Was für eine Situation ist das?

Ich bin in einer Softwarefirma tätig und ich muss oft ans „Krisentelefon".

Krisentelefon?

Ja, ich muss häufig einspringen, wenn Kunden sich beschweren. Ich sitze an der Hotline und habe furchtbar Stress.

Du musst also oft von deinen Kunden Beschwerden entgegennehmen? Macht dir das zu schaffen?

Ja, besonders wenn Kunden aufgebracht und wütend sind und sogar beleidigend werden.

Was ist es genauer, was dich an den aufgeregten Kunden stört?

Hm, die werden so ungerecht, so unsachlich und beleidigend. Du kannst es dir bestimmt nicht vorstellen, aber die machen einen richtig zur Sau, total fertig. Die verlieren oft jeden Anstand oder jede Beißhemmung. Das ist auch völlig unabhängig von deren sozialer Position oder deren Beruf.

So jetzt weiß ich ungefähr, was der äußere Anlass ist, der dir zu schaffen macht. Der Auslöser. Der Auslösereiz. Das äußere Ereignis ist also ein aufgebrachter, erregter, wütender Kunde, der unsachlich und beleidigend mit dir spricht.

Genau. So ein richtiger Kotzbrocken.

Und wie fühlst du dich in dieser Situation? Wie ist dein emotionaler innerer Zustand, wenn der Kunde so aufgebracht und wütend ist?

Hm ich fühle mich verletzt, ich werde laut, ich versuche ihn zu überschreien, ich werde auch wütend, meist aber fühle ich mich hilflos bei solchen Attacken.

Jetzt könnten wir natürlich hergehen und schauen, welchen fehlgeleiteten Annahmen du aufsitzt, wir könnten diese hinterfragen und auflösen. Aber du wolltest ja eine alternative Strategie kennen lernen, die Gefühlsleiter.

Richtig. Ich bin gespannt.

Okay. Achte einmal nicht so sehr auf die Worte deines Kunden. Achte nicht so sehr auf den Inhalt seiner Worte. Bewerte ihn auch nicht. Denke nicht, er sollte anders sein. Glaube nicht, er sollte anders reagieren. Achte nur auf seine Gefühlslage, auf seine Stimmung. Achte auf den Ton, den Unterton in seiner Stimme, stell dir vor, wie angespannt, wie aufgeregt er ist. Sag nicht: „Er ist ungerecht". Bewerte nicht. Schätze jetzt nur mal sein Stimmungsniveau ein. Schau auf die Gefühlsleiter und zeige mir, auf welcher Sprosse oder Stufe er sich gerade gefühlsmäßig befindet. Was meinst du, wo er gerade stimmungsmäßig einzuordnen ist? Auf welcher Stufe?

Gefühlsleiter

Positiver Gefühlsbereich:

10. **Freude**   Begeisterung / Dankbarkeit / Inspiration / Wohlwollen

9. **Staunen**   Verwunderung / Faszination

8. **Interesse**   Neugierde

7. **Zuversicht**   Selbstvertrauen / innere Stärke

6. **Gelassenheit** Leichtigkeit / klarer Kopf / frei / unerschrocken

Negativer Gefühlsbereich:

5. **Enttäuschung** unzufrieden

4. **Ärger**   Wut / Gereiztheit

3. **Kränkung**   Schuld / Scham / Minderwertigkeitsgefühl

2. **Angst**   Sorge

1. **Hilflosigkeit** Hoffnungslosigkeit / Niedergeschlagenheit

Ganz klar. Mein Kunde befindet sich auf der Gefühlsleiter im negativen Gefühlsbereich auf Stufe 4: Ärger, Wut, Gereiztheit.

Ja, das meine ich auch. Wenn du einfach nur darauf achtest, wo er gemütsmäßig steht, auf welcher Sprosse der Gefühlsleiter er sich gerade befindet. Sehen, wo der andere steht – das nenne ich verstehen.

Hui. Verstehen heißt: sehen, wo der andere steht? Das klingt gut.

Ja, richtig. Verstehen heißt, genau erkennen, wo der andere gerade auf der Gefühlsleiter steht. Welches Stimmungsniveau er gerade einnimmt. Im Wort „Verstehen" steckt ja schon das Schlüsselwort „stehen".

Wenn ich also sehe, wo mein Kunde auf der Gefühlsleiter steht, dann verstehe ich ihn. Ist ja toll.

Ja, das ist es. Aber sage mir, warum findest du es toll? Was inspiriert dich daran so?

Ich kann es nicht genau beschreiben ... hm ... ich denke mir, dass ich dann vielleicht anders mit ihm reden werde, wenn ich genau weiß, wo er (auf der Gefühlsleiter) steht, oder?

Bestimmt. Aber lass uns eins nach dem anderen genau untersuchen. Was erwartest du von einem Menschen, der auf der Stufe 4 der Gefühlsleiter steht, auf Ärger, Wut, Gereiztheit? Erwartest du von ihm Sachlichkeit?

Nein, nein.

Besonnenheit?

Auch nicht.

Erwartest du von ihm Freundlichkeit?

Bestimmt nicht.

Klares Denken und großes Verhandlungsgeschick?

Nein, das kann ich vernünftigerweise auch nicht erwarten.

Also, was kannst du vernünftigerweise von einem Menschen erwarten, der auf dieser Stufe der Gefühlsleiter sich befindet? Welche Verhaltensweisen korrespondieren mit diesem Stimmungsniveau?

Hm, das ist ja interessant. Ich müsste genau diese Verhaltensweisen erwarten, die mein Kunde zeigt.

Nämlich?

Dass er laut wird, unsachlich, beleidigend, aufgebracht, erregt, drohend, dass er sehr persönlich wird.

Richtig.

Wie naiv von mir zu glauben, dass mein Kunde sachlich, freundlich, besonnen, flexibel und kommunikativ sein sollte, wenn er sich auf Stufe 4 der Gefühlsleiter befindet, auf Ärger, Wut und Gereiztheit.

Ja, genau. Nun könntest du natürlich erwarten, dass er dir gefälligst aus einer anderen, vielleicht positiveren Gemütslage begegnet. Dass er gefälligst auf einer anderen Stufe der Gefühlsleiter stehen sollte.

Ja, das könnte ich erwarten. Nur wäre dann meine Erwartung falsch und nicht im Einklang mit der Wirklichkeit. Zum anderen würde ich meinen Kunden nicht verstehen, nach deiner Definition, sehen, wo der andere (auf der Gefühlsleiter) gerade steht.

Und warum wäre das so wichtig, deinen Kunden zu verstehen und zu sehen, wo er (auf der Gefühlsleiter) steht?

Um strategisch besser mit ihm umzugehen und ihm zu helfen sachlicher zu werden, ruhiger zu werden, um damit die Probleme und Aufgaben besser lösen zu können. Ich kann ihm dann besser helfen.

Und nehmen wir an, du könntest ihn beruhigen, zur Versachlichung beitragen, ihm zu helfen, gelassener zu sein und klarer zu denken … nehmen wir mal an, dir würde das gelingen, auf welcher Stufe der Gefühlsleiter wäre dein Kunde dann?

Hm. Er wäre dann im positiven Gefühlsbereich auf Stufe 6: Gelassenheit, klarer Kopf.

Richtig. Du hättest praktisch dazu beigetragen, dass er auf der Gefühlsleiter nach oben geht, nämlich in den positiven Gefühlsbereich. Auf der Stufe 6, Gelassenheit, klarer Kopf, kann er wesentlich besser kommunizieren, klarer denken und damit auch die Probleme leichter lösen, schwierige Situationen besser meistern als auf der Stufe Ärger, Wut, Gereiztheit.

Ja, das leuchtet mir ein. Ich nehme an, er könnte dann auch besser zuhören, er hätte vielleicht auch Interesse an meinem Standpunkt.

Langsam, langsam. Du schickst deinen Kunden ja schon die Gefühlsleiter nach oben auf Stufe 8: „Interesse Neugierde". Das kann schnell passieren, wenn du genau weißt, wie man das macht.

Das wäre ja wirklich toll, doch ich bin so verletzt, so sauer auf meinen aggressiven Kunden, ja, oft so hilflos ... ich glaube nicht, dass ich ihn dazu bringen kann, die Gefühlsleiter nach oben zu gehen, wenn ich selbst so weit unten bin.

Das hast du sehr gut erkannt. Lass uns deshalb mal sehen, wo du auf der Gefühlsleiter stehst, wenn dein Kunde aufgebracht und wütend ist. Du sagst, du fühlst dich verletzt, wütend und auch oft hilflos. Aus welchem Gefühlsbereich heraus reagierst du auf deinen Kunden?

Ich reagiere aus dem unteren Stimmungsniveau. Ich reagiere aus dem negativen Gefühlsbereich heraus.

Hm, hm. Also auf welcher Stufe stehst du, wenn dein Kunde auf der Stufe 4, Ärger, Wut, Gereiztheit, steht?

Können es auch verschiedene Stufen sein?

Sicher doch. Du bist ein freier Mensch und kannst die Stufen rauf und runter gehen, wie du willst.

Ha, ha. Ganz so einfach wird es doch wohl nicht sein. Aber lass mal sehen, wo ich stehe. Wo ich auf der Gefühlsleiter stehe. Verständnis für mich selbst, ha, ha.

Ja, auf welcher Sprosse der Gefühlsleiter stehst du, wenn dein Kunde auf Sprosse 4, Ärger, Wut, Gereiztheit, steht?

Dann geh ich erst auf Stufe 3, Kränkung, ich fühle mich verletzt und angegriffen. Dann geh ich auf Stufe 4, Ärger, Wut, Gereiztheit, so wie mein Kunde, ich bin einfach nur sauer und werde auch laut und ich drohe mit Gesprächsabbruch. Dann merke ich plötzlich, wie inkompetent ich reagiere, wie ich selbst unsachlich werde und hab ein schlechtes Gewissen.

Nun welche Stufe ist das?

Das ist wieder Stufe 3, Kränkung, Schuldgefühle.

235

Okay. Und dann? Ist da noch ein anderer Gefühlszustand bei dir, wenn dein Kunde auf Stufe 4, Ärger, Wut und Gereiztheit, geht?

Ja, ich krieg richtig Schiss. Ich hab Angst. Ich hab Angst, der Kunde könnte sich über mich bei meinem Chef beschweren. Das wäre Stufe 2, Angst, Sorge ... hm, und dann geh ich noch tiefer die Gemütsleiter hinunter auf Stufe 1, Hilflosigkeit, ich fühle mich blockiert und hilflos.

Wenn du dich auf diesen niedrigen Stufen der Gefühlsleiter befindest, wie sieht es da mit deiner Fähigkeit aus, klar zu denken, klar zu sehen und gut zu unterscheiden?

Katastrophal. Ich bin total konfus. Wie ein Brett vor dem Kopf. Blockiert. Ich hab den Eindruck, ich könnte eins und eins nicht zusammenzählen.

Wenn du dich auf diesen niedrigen Stufen der Gefühlsleiter befindest, wie sieht es da mit deinen kommunikativen Fähigkeiten aus? Mit deinem aufmerksamen Zuhören mit deinem klaren, verständlichen Sprechen?

Miserabel. Ich komme ins Stottern, verhasple mich, kann überhaupt nicht mehr zuhören oder angemessen reagieren. Ich bin total mit mir selbst beschäftigt, mit meinen negativen Gefühlen. Ich versuche sie krampfhaft zu kontrollieren. Ich bemühe mich um Sachlichkeit, gelingt mir aber nicht. Ich bin so konfus, ich weiß überhaupt nicht mehr, was ich denken und sagen soll.

Wenn du dich auf diesen niedrigen Stufen der Gefühlsleiter befindest, wie sieht es da mit deiner Geschicklichkeit aus im Umgang mit schwierigen Kunden?

Genauso miserabel. Von Geschicklichkeit keine Spur.

Wenn du dich auf diesen niedrigen Stufen der Gefühlsleiter befindest, wie sieht es da mit deiner Fähigkeit aus, Probleme konstruktiv und kreativ zu lösen?

Keine Chance! Ich trage eher noch zur Verschärfung der Probleme bei.

Wenn du dich auf diesen niedrigen Stufen der Gefühlsleiter befindest, wie sieht es da mit deiner Achtung, deinem Respekt und der positiven Wertschätzung für dich selbst und deinem aufgeregten Kunden aus?

Gleich Null.

Wenn du dich auf diesen niedrigen Stufen der Gefühlsleiter befindest, wie sieht es da mit deiner Fähigkeit aus, deinem Kunden zu helfen, die Gefühlsleiter nach oben zu gehen und aus einem positiven Stimmungsniveau heraus zu agieren? [Du weißt ja, positive Gefühlslage – positivere Ergebnisse.]

Unmöglich! Wie kann ich meinem Kunden helfen, die Gefühlsleiter nach oben zu gehen, wenn ich selbst so düster drauf bin und nur mit mir und meinem negativen Zustand beschäftigt bin?!

Wenn du dich auf diesen niedrigen Stufen der Gefühlsleiter befindest, wie sieht es da mit deinem gesundheitlichen Zustand aus?

Schlecht. Ich leide unter Spannungszuständen, Kopfschmerzen und mein Blutdruck erhöht sich drastisch. Ich brauche Betablocker. Ich rauche mehr und krieg unerklärliche Fressanfälle. Ich dröhne mich mit Musik zu, um abzuschalten, oder trinke auch mal mehr, als es gut für mich ist.

Wenn du dich auf diesen niedrigen Stufen der Gefühlsleiter befindest, wie siehst du da die Zukunft? Wie ist deine Zukunftsperspektive aus dem niedrigen Stimmungsniveau?

Düster, düster. Keine Zuversicht. Kein Licht am Horizont.

Lass uns nun einen Schritt weitergehen. Was ist die Voraussetzung dafür, dass du deinem Kunden zur Versachlichung und zum Lösen seiner Probleme helfen kannst?

Dass ich ihm durch meine Art helfe, auf ein besseres Stimmungsniveau zu kommen. Denn wenn er sich in einer besseren Gefühlslage befindet, lassen sich alle Probleme besser lösen. Er kann klarer denken, verständlicher sprechen, flexibler reagieren. Er hat dann auch mehr Achtung und Respekt vor sich selbst und auch vor mir. Wenn er besser drauf ist, kann er auch schwierige Situationen besser handeln. Alles wird leichter.

Ja, so ist es. Was aber ist die Voraussetzung dafür, dass du deinem Kunden helfen kannst in eine positive und damit konstruktive Gemütslage zu kommen?

Hm, jetzt wird's schwierig.

Warum?

Ich müsste wahrscheinlich selbst in einer besseren, in einer positiveren Stimmungslage sein.

Ja, deine positivere Gefühlslage mit den damit verbundenen konstruktiven Verhaltensweisen könnte dazu beitragen, dass dein Kunde auch besser drauf kommt und sachlicher, geschickter und kreativer reagiert. Aber warum findest du es so schwierig?

Du bist lustig! Aus einem düsteren negativen Gefühlszustand in einen positiven zu wechseln, wie soll das gehen? Ich finde das sehr schwierig und unter solch einem Beschuss eines aggressiven Kunden ganz unmöglich. Ich hab dir doch beschrieben, wie ich krampfhaft damit beschäftigt bin, meine Angst und meinen Ärger zu verbergen und mich zusammenzureißen. Und wie schwer das schon für mich ist. Gelingt mir die Kontrolle meiner starken negativen Gefühle schon nicht so richtig, wie soll ich da sogar in einen positiven Gefühlszustand wechseln?!

Ich sehe, bei dir gerade zwei recht günstige und hilfreiche Eigenschaften im Umgang mit schwierigen Kunden.

Ja, wirklich?

Ja. Da ist zunächst dein Verständnis für deinen Kunden. Du erkennst genau, wo er steht. Wo er auf der Gefühlsleiter steht. Du kannst sein Stimmungsniveau richtig einschätzen. Das ist eine wichtige Voraussetzung für einen kreativen und flexiblen Umgang mit schwierigen Verhaltensweisen anderer Menschen.

Und nicht nur das. Ich hab auch Verständnis für mich selbst. Ich sehe, wo ich stehe auf der Gefühlsleiter.

Dieses Verständnis und auch dein Selbstverständnis, wenn du es so nennen willst, ist die erste und wichtigste Voraussetzung.

Ja, das hab ich verstanden. Spann mich nicht auf die Folter. Was, dachtest du, ist die zweite wichtige und hilfreiche Eigenschaft, die du bei mir entdeckt hast, für die ich bisher blind war?

Dein Mitgefühl.

Wie? ... was? ... Nee. Wo siehst du denn bei mir Mitgefühl? Ich spüre in mir eher Selbstmitleid als Mitgefühl mit meinem Kunden.

238

Vorhin erwähntest du, wie schwer es für dich sein würde, von einem niedrigeren Stimmungsniveau in ein höheres Stimmungsniveau zu wechseln...

Ja, ich finde es sehr schwer, noch dazu unter verbalem Beschuss, die Gefühlsleiter hinaufzugehen und aus dem positiven Gefühlsbereich heraus zu reagieren.

Und wem, glaubst du, könnte dieser Wechsel der Gefühlslage auch schwer fallen?

Für meinen aggressiven Kunden sicherlich auch.

Siehst du, du hast Verständnis, Realitätssicht und Mitgefühl für deinen Kunden. Du siehst, wo er im Moment genau auf der Gefühlsleiter steht, und du kannst dir gut vorstellen, dass es für ihn nicht leicht ist, von einer negativen Stimmungslage plötzlich in eine positive Stimmungslage zu wechseln. Auch sitzt du nicht der Fehlerwartung auf, dass sich dein aufgeregter Kunde anders verhalten sollte, als es seiner Gefühlsstufe entspricht, oder gar, dass er von einem viel höheren Gefühlsniveau aus reagieren sollte, nur weil dies für euch beide große Vorteile hätte.

Hm. Ja. So hab ich das noch nicht gesehen. Aber warum ist es für mich so schwer, selbst in eine positivere Gemütslage zu wechseln?

Wer, glaubst du wohl, ist dafür verantwortlich, dass du dich verletzt, verärgert oder hilflos fühlst? Dass du Angst hast oder ein schlechtes Gewissen?

Ich selbst? Bin es wirklich nur ich selbst?

Wer ist dafür verantwortlich, auf welche Stufe der Gefühlsleiter du steigst?

Der ekelhafte Kunde. Er treibt mich in den niederen Gefühlsbereich. Da geh ich doch nicht freiwillig hin. Ich sage mir doch nicht: „Jetzt will ich mal richtig schlecht drauf sein".

So glaubst du, der aufgeregte Kunde verursache deine negative Gefühlslage?

Ja, natürlich.

Glaubst du das wirklich, dass er dir diese negativen Gefühle wie Verletztsein, Ärger, Angst, schlechtes Gewissen und Hilflosigkeit macht? Dass der Kunde dich in diese negative Gefühlslage versetzt?

239

Ja, tut mir leid, wenn du etwas anderes hören willst, aber er verletzt mich durch seine Beleidigungen und macht mir mit seinen Drohungen Angst. Er bringt mich in diese hilflose Lage. Würde er freundlich und sachlich mit mir sprechen, wäre ich bestimmt auch besser drauf.

Also siehst du ihn als Verursacher deiner negativen Gefühle? Ist das so?

Ja, so ist es.

Hm. Dann hast du allerdings ein großes Problem. Jetzt verstehe ich auch, warum es dir so schwer fällt, von einem niedrigen in ein höheres Stimmungsniveau zu kommen. Jetzt verstehe ich, dass es dir schwer fällt, die Gefühlsleiter nach oben zu gehen und aus einem positiven Gefühlsbereich heraus zu reagieren.

Mir dämmert es. Mir wird etwas klarer. Dein eindringliches Fragen erinnert mich … erinnert mich

Ja? Woran erinnern dich meine Fragen?

Solange ich meinen Kunden dafür verantwortlich mache, wie ich mich fühle … solange ich glaube, dass er mir meine negativen Gefühle macht … hm …

Ja?

Solange ich davon ausgehe, dass er, auch wenn er noch so aufgebracht ist, festlegt, auf welcher Stufe der Gefühlsleiter ich stehe, … huch …

Ja?

Solange ich ihn als Verursacher meiner negativen Gefühle sehe … ihn für mein Fühlen und Reagieren verantwortlich mache, kann ich nicht die Gefühlsleiter nach oben gehen. So lange kann ich nicht von einer düsteren niedrigeren Stimmung in eine höhere Stimmung wechseln und alle damit verbundenen Vorteile erreichen. Unter dieser Voraussetzung ist solch ein Wechsel nicht nur schwierig, sondern sogar unmöglich.

Gut erkannt. Möchtest du erfahren, wie du auch unter „verbalem Beschuss", wie du das noch nennst, in ein besseres Stimmungsniveau kommst und damit von einer höheren Perspektive aus, mit mehr Überblick deinem Kunden helfen kannst? Du weißt ja: „Gute Laune ist die Mutter aller guten Einfälle."

Na klar! Das wäre super!

Was also wäre die Grundvoraussetzung dafür, dass du die Gefühlsleiter nach oben klettern kannst, auch wenn du unter „verbalem Beschuss" deines Kunden stehst?

Ich hab's verstanden. Die Grundvoraussetzung dafür ist, dass ich erkenne, dass nur ich selbst dafür verantwortlich bin, wie ich mich fühle. Ich brauche nicht mehr das Wohlverhalten anderer, um in ein besseres Stimmungsniveau zu kommen. Ich selbst gehe nach oben, wenn ich es will. Und solange ich noch diesen „Er macht mich"-Shit glaube, wird daraus nichts. Solange ich noch glaube, er verletzt mich, er macht mich wütend, er macht mir ein schlechtes Gewissen, er macht mich hilflos. Solange ich dachte, er müsste sich anders verhalten, er müsste besser drauf sein, dass ich mich besser fühlen und konstruktiver mit ihm umgehen kann, dass ich erst dann eine höhere Stufe erklimmen kann, so lange hänge ich in der Warteschleife auf einem niedrigen Gefühlsniveau. Diese falschen Voraussetzungen hatten es mir unmöglich gemacht, unabhängig meinen Weg nach oben auf der Gefühlsleiter zu gehen. Und nicht nur das ...

Ja?

Von einem höheren Stimmungsniveau aus könnte ich auch meinen aufgeregten Kunden an die Hand nehmen und ihn die verschiedenen Stufen in den positiven Gefühlsbereich hinaufführen.

Wie wäre das für dich, wenn das möglich wäre? Wenn du vorausgehst nach oben in den positiven Stimmungsbereich und deinen Kunden mitnimmst, dass er auch in den Genuss der Vorteile dieser verbesserten Stimmungsqualitäten kommt?

Absolut genial!

Denn nur, wenn du stimmungsmäßig besser drauf bist als dein aufgeregter Kunde ..., nur wenn du auf einer höheren Stufe der Gefühlsleiter dich befindest ..., nur aus dem positiven Gefühlsbereich heraus kannst du deinen missgestimmten Kunden, der sich noch im negativen Gefühlsbereich befindet, positiv leiten, ihn mit nach oben nehmen in den Bereich, wo ihr beide die Probleme von einer höheren Perspektive behandeln könnt.

Mein Nachobengehen auf der Gefühlsleiter ist immer auch eine Hilfe für meinen aufgeregten Mitmenschen.

Oder etwa nicht?

Bestimmt. Das kann ich jetzt ganz deutlich sehen.

Nun achte mal auf dein Gefühl. Wie fühlst du dich, wenn du deinen aufgeregten Kunden einfach nur siehst, wo er steht (ver-„stehen")? Auf welcher Stufe der Gefühlsleiter er gerade steht? Ohne zu erwarten, er sollte sich anders als seinem derzeitigen Gefühlsniveau entsprechend verhalten? Ohne zu erwarten, er sollte sich bereits auf einem höheren Gefühlsniveau befinden? Ohne ihn als Mensch abzuwerten und ihn als Kotzbrocken zu sehen? Ohne zu glauben, dass er dich „zur Sau" macht. Ohne zu glauben, dass er dich verletzt? Ohne zu glauben, dass er dir Angst macht? Ohne zu glauben, dass er dich wütend oder hilflos macht? Wenn du dir vorstellst, wie schwer es für ihn ist, die Stimmungsebenen zum Positiven zu wechseln? Wie fühlst du dich dann?

Hui … unglaublich! Wesentlich besser! Du hast recht. Ich hab Verständnis, Mitgefühl, ja sogar Geduld. Ich spür so eine innere Gelassenheit … so eine Ruhe … Ich kann ihm aufmerksam zuhören. Irre.

Auf welcher Stufe befindest du dich gerade, während dein Kunde so aufgeregt und verärgert ist?

Auf Stufe 6, Gelassenheit, klarer Kopf, innerer Frieden. Ich kann wirklich aufmerksam zuhören … ich fühle mich nicht verletzt … ich bin nicht ärgerlich … einfach toll … ich interessiere mich für sein Anliegen, für seine Not und die Probleme, die er mit der Software hat. Ich weiß selber, wie das ist, wenn man Probleme mit dem Computer hat … wenn wichtige Arbeit zu erledigen ist und man nicht weiter kommt wegen der Software oder eigener Fehler beim Umgang mit der Software.

Wie ist es mit Achtung und Respekt, mit positiver Wertschätzung für dich?

Ja, ich hab Achtung und Respekt vor mir, ich fühle mich innerlich frei und stark. Ich habe auch Achtung und Wertschätzung für meinen Kunden, der unter turbulenten Gefühlen leidet und Probleme mit seiner Software hat.

Welche Stufe ist das?

Stufe 7, Zuversicht, Selbstvertrauen. Ich fühle mich nicht mehr hilflos. Ich bin sehr zuversichtlich, dass ich ihm helfen kann. Hm … hat denn Achtung und Respekt und positive Wertschätzung etwas mit Zuversicht zu tun?

Was meinst du? Was erlebst du gerade?

Ja, wenn ich Achtung, Respekt und positive Wertschätzung für mich und meinen aufgeregten Kunden habe, dann bin ich automatisch raus aus der Hilflosigkeit und auf der Stufe der Zuversicht. Was für ein Rezept!

Okay. Geh noch weiter nach oben. Was ist die nächste Stufe?

Ich geh auf Stufe 8, Interesse und Neugierde. Ich bin wirklich interessiert, womit mein Kunde Probleme hat. Was ihm zu schaffen macht. Ich sehe, er hat Angst, er ist in Not. Sein Ärger ist Anspannung und Not, kein Angriff. Ich steh nicht unter Beschuss. Ich will wissen, wie ich trotz seiner diffusen Redeweise, trotz seiner starken negativen Gefühle ihm helfen kann.

Ja, das ist die Stufe Interesse. Wirkliches menschliches Interesse. Interesse heißt ja auch voll da sein, dabei sein, Anteil nehmen. Wenn du voll da bist, voll Anteil nimmst, dich wirklich für die Anliegen, Wünsche und Probleme des anderen interessierst, dann bist du auf der Gefühlsstufe Interesse. Wie fühlt sich das für dich an, auf dieser Stufe zu sein?

Super! Ich fühle mich so wach, so lebendig, so voll am Ball. Jetzt kann mein Kunde mir alles sagen, was er möchte. Ich werde ihm nicht mit Gesprächsabbruch drohen. Ich fordere ihn nicht dazu auf, seinen Ton zu verändern, höflich und sachlich mit mir zu sprechen.

Nein?

Nein. Ich bin durch und durch auf Interesse. Voll dabei. Voll interessiert. Ich will's wissen. Ich will's wissen, wo es hakt, womit er nicht weiter kommt, wo er Schwierigkeiten hat. Das Getöse seiner Missemotionen überhöre ich einfach. Ich weiß, wo er steht. Ich weiß, welche negativen Gefühle sein Denken, Sprechen und Handeln beeinflussen. Wie er selbst unter diesen turbulenten Gefühlen leidet, zusätzlich zu seinen Software-Problemen. Und ich nehme ihn einfach mit nach oben auf der Gefühlsleiter, ohne dass er es merkt. Ja, ohne dass er es bewusst merkt, geht er mit mir in den positiven Gefühlsbereich und automatisch verbessern sich sein Denken und sein Sprechen. Keine Beleidigungen mehr. Er fühlt sich geschätzt und ernst genommen.
Starke Wendung!

Nein! Jetzt wird's total verrückt! Lass mich noch weiter nach oben gehen! Ich bin richtig heiß drauf.

Okay. Auf, weiter nach oben. Auf welche Stufe willst du gehen?

Ich geh gleich auf Stufe 10, Freude, Dankbarkeit, Wohlwollen.

Erzähle mir, wie sieht die Welt von dieser Gefühlsperspektive aus? Wie siehst du deinen aufgeregten Kunden, wenn du in deinem Herzen voller Freude, Dankbarkeit und Wohlwollen bist.

Huch. [Tränen]

Da sind Tränen in deinem Gesicht. Warum weinst du?

Ich kann's kaum glauben! Ich bin überwältigt. Ich bin wirklich sehr froh, dass ich für ihn da sein kann. Dass er so zu mir kommen kann, wie er gerade ist, wie er sich gerade fühlt, mit den Schwierigkeiten, die er gerade hat. So ungeschönt ... so unfrisiert ... so ungehobelt ... so gut er's eben gerade kann. Ich sehe ihn als Menschen mit negativen, turbulenten Gefühlen, wie ich sie alle auch schon selbst hatte. Belastende Gefühle, die ich alle schon selbst an mir erfahren habe. Ich bin so froh, so dankbar, dass ich mich nicht von seinen turbulenten Gefühlen anstecken lasse, dass ich mich nicht durch seine Missempfindungen abhalten lasse, mit ihm nach einer Lösung zu suchen. Ich bin so froh, dass ich keine Angst vor ihm habe. Ich bin so dankbar und froh, dass ich in dieser Situation frei sein kann von Ärger, Groll, schlechtem Gewissen und von Gefühlen der Hilflosigkeit. Dass ich mich frei, stark und zuversichtlich fühle.

Hm, hm. Aus der Gefühlsperspektive der Stufe 10, Freude, Dankbarkeit, Wohlwollen, betrachtet, was hast du für Wünsche für deinen aufgeregten Kunden? Möchtest du ihm wehtun?

Oh nein! Warum sollte ich ihm wehtun wollen? Der hat doch Kummer genug.

Aber er hat dich doch beleidigt und verletzt, dich verbal angegriffen ...

Hat er das wirklich? Aus der Gefühlsperspektive 10 sehe ich das ganz anders. Ich sehe keine Kränkung, keine Beleidigungen, keine Angriffe, keinen Kotzbrocken, der mich zur Sau macht. Ich sehe keinen Grund, mich zu verteidigen, wenn ich keinen Angriff sehe. Ich sehe keine Veranlassung, mich zu wehren, ihn anzugreifen, ihm wehtun zu wollen. Du weißt doch Bescheid ...

Wie meinst du das? Inwiefern weiß ich Bescheid?

Diese Verhaltensmuster korrespondieren, wie du sagst, mit einem niederen Gefühls- und Stimmungsniveau. Wer sich verteidigen will, befindet sich auf Stufe 4, Verletztsein, oder Stufe 5, Ärger, Wut, Groll, wenn er wehtun will. Aus der Gefühlsperspektive 10, Freude, Dankbarkeit, Wohlwollen, willst du dich weder verteidigen noch willst du jemanden wehtun, du fühlst dich auch nicht angegriffen oder zur Sau gemacht.

Okay. Was also möchtest du deinem aufgeregten Kunden gegenüber?

Ich möchte, dass wir zusammen für sein Softwareproblem schnell eine gute Lösung finden. Dass er wieder weiterarbeiten kann und sich mit dem beschäftigen kann, was seine eigentliche Aufgabe ist, statt sich mit Softwarehäusern rumzustreiten. Und ich möchte sehr gerne ...

Ja, was denn?

Es ist verrückt, aber ich möchte, dass es ihm gut geht. Ja, das möchte ich wirklich.

Hm, hm.

Ich möchte, dass er zusätzlich zur Lösung seiner Softwareprobleme auf Stufe 10 der Gefühlsleiter kommt. Ich wünsche ihm, dass er glücklich ist, dass er sich freut, dass er diesen Zustand von Inspiration erfährt, der nur auf Stufe 10 möglich ist.

Du möchtest wirklich, dass es ihm gut geht?

Ja.

Das nenne ich Wohlwollen.

Ich fände es irre, wenn ich dazu beitragen könnte, dass er freier wird von diesen negativen Gefühlszuständen, zügig die Gefühlsleiter nach oben marschiert und auch aus der Gefühlsperspektive der Freude denken, sprechen und handeln kann.

Wie fühlst du dich bei dieser Perspektive?

Großartig, frei, voller Freude, sehr, sehr dankbar, total genial, inspiriert. Das könnte meine „geheime Mission" sein, auch im Umgang mit anderen Menschen, besonders mit Menschen, die unter negativen und turbulenten Gefühlszuständen leiden.

Was könnte deine „geheime Mission" im Umgang mit anderen Menschen sein?

Einfach zu sehen, wie sie die negativen Gefühlszustände hinter sich lassen und die Gefühlsleiter nach oben gehen zur Top-Perspektive Freude, Dankbarkeit, Inspiration und Wohlwollen. Je mehr Menschen glücklich sind und aus dem oberen Stimmungsbereich heraus handeln, um so weniger Gewalt würde es geben, weniger psychosomatische Krankheiten und mehr Kooperation und Mitmenschlichkeit, um so gesünder würde unsere Gesellschaft werden. Ich fände es sehr schön, wenn ich in meinem Alltag dazu beitragen könnte.

Danke für diesen Dialog und dass du mir deine „geheime Mission" offenbart hast.

DIALOG 21

Ja, Katharina, was hast du für eine Frage?

Ich würde gerne lernen, mit den Menschen besser umzugehen, die mich provozieren und mich verletzen wollen.

An wen denkst du da gerade? Welche Person, glaubst du, will dich provozieren oder verletzen?

Ich denke an meinen Freund, der verhält sich oft richtig widerlich mir gegenüber und das auch in der Öffentlichkeit, vor allen Leuten.

Fällt dir noch eine Person ein, die dich provozieren oder verletzen will?

Ja, mein Bruder macht auch oft Bemerkungen, um mich zu provozieren und um mich zu verletzen.

Gut, da sind also schon mal zwei dir wichtige Personen, die dich provozieren und verletzen wollen. Und mit deren Verhalten hast du große Schwierigkeiten?

Ja. Aber ich denke, es wird noch mehr Menschen in meinem Leben geben, die mich auf diese oder ähnliche Art provozieren werden. Wenn ich an diesen beiden lernen könnte, geschickt mit Provokationen umzugehen ... sozusagen als Trainingspartner ...

Ja, wie wäre es für dich, wenn du mit Provokationen deines Bruders und deines Freundes, aber auch mit Provokationen anderer Menschen geschickt umgehen könntest? Was hätte das für Vorteile für dich und ...

Hahaha ... jetzt muss ich lachen. Deine übliche Frage. Was hätte meine effektive Bewältigung für Vorteile für mich, für die Person, die mir wehtun will und für die anwesenden Zuschauer, die sowohl die Provokation als auch meine Reaktion darauf erleben.

Ja, genau. Du siehst, eine supereffektive Reaktion deinerseits hätte Vorteile für alle an der Interaktion Beteiligten, nicht nur für dich, sowie für die Personen, die euere Interaktion wahrnehmen. Weißt du noch, wie ich „supereffektiv" definiert habe? Was eine supereffektive Bewältigung ist?

Ja, ich versuch es mal. Meine Reaktion oder Bewältigung der Provokation ist dann supereffektiv, wenn ich es fertig bringe, dass mein Gegenüber, also z.B. mein Bruder oder mein Freund, seine Provokationen einstellt und ich mich dann super gut fühle.

Dann? Also danach? Nachdem er sein Provozieren eingestellt hat?

Hm. Nein, meine Reaktion ist dann supereffektiv, wenn ich es fertig bringe, dass er sein Provozieren sein lässt und ich mich gleichzeitig nicht verletzt, verärgert, wütend oder irgendwie sehr schlecht fühle.

Positiv formuliert heißt das?

Dass, während ich auf sein provozierendes Verhalten reagiere, ich mich im positiven Gemütsbereich befinde und aus einem hohen Stimmungsniveau heraus handle.

Ja, das würde ich supereffektiv nennen. Aber warum wäre es wichtig, aus einem positiven Gefühlsbereich heraus die Provokationen zu handhaben?

Ha, ha. Bessere Stimmung – bessere Ergebnisse! Bei einer positiveren Gemütslage ... bei einem besseren Stimmungsniveau kann ich klarer sehen ... klarer denken ... besser reagieren. Aber wie krieg ich das bloß hin, in einer solchen angespannten Situation einen klaren Kopf zu behalten oder gar noch mit guter Laune auf das ätzende Verhalten meines Bruders zu reagieren? Das wäre doch völlig unrealistisch!

Du sagst „in einer solchen angespannten Situation". Wer ist denn da angespannt, die Situation oder du?

Genau genommen bin dann wohl ich angespannt und nicht die Situation an sich.

Richtig. Deine Frage ist also: „Wie krieg ich das bloß hin, in so einer Situation einen klaren Kopf zu behalten?"

Ja, wie kann ich bei Provokationen einen klaren Kopf bewahren und dann das provokante Verhalten bei meinem Gegenüber abstellen?

Woran möchtest du zunächst arbeiten, einen klaren Kopf zu behalten, oder daran, das provokante Verhalten des anderen abzustellen?

Zuerst möchte ich erreichen, einen klaren Kopf zu bewahren, klar zu sehen, was der andere möchte, was er bezweckt. Ich glaube, wenn ich mich nicht so verletzt und durcheinander fühlen würde, dann kann ich bestimmt viel effektiver das ätzende Verhalten anderer abstellen.

Hm, hm. Dein vorrangiges Ziel in dieser Situation ist also einen klaren Kopf zu bewahren und zu erkennen, was der andere mit seinem Verhalten bei dir erreichen möchte?

Ja, genau. Ich denke, dass ich mich dadurch schon etwas freier, gelassener und stabiler fühle und dass ich dann nicht so impulsiv und kopflos auf die Provokation reagiere.

Richtig. Aber was glaubst du denn … was für ein Gefühl will dein Bruder, dein Partner oder wer auch immer bei dir hervorrufen? Welches Gefühl möchte er mit seinem Verhalten bei dir auslösen?

Er will mich verletzen. Er will mir wehtun. Er will, dass ich mich ärgere.

Hm. Glaubst du das wirklich? Glaubst du wirklich, dass er dir wehtun will, dass das seine Absicht ist? Glaubst du wirklich, dass er in dir ein negatives Gefühl erzeugen möchte? Glaubst du das allen Ernstes?

Ja, natürlich? Er will mir wehtun, er will, dass ich mich ärgere, das ist seine Absicht. Was denn sonst? Was sollte denn sonst für eine Absicht hinter seinen ätzenden Bemerkungen stecken?

OK. Es mag viele andere Gründe geben, weshalb sich jemand dir gegenüber so verhält.

Kann ich mir gar nicht vorstellen. Ich sehe nur diese miese Absicht, mir wehtun zu wollen. Das ist einfach furchtbar. Aber welche Beweggründe könnte es noch geben, die jemanden dazu verleiten, mich zu provozieren?

Vielleicht sucht er Aufmerksamkeit und Beachtung von dir. Nach dem Motto „Was sich liebt, das neckt sich"? Es könnte also ein versteckter Schrei nach Anerkennung sein.

Hm, da müsste ich mal genauer hinsehen, ob das sein kann. Wenn ich diese Perspektive annehmen würde, dann würde ich mich ja sofort frei fühlen und würde ganz anders auf ihn reagieren.

Ja, genau hinsehen. Ganz bewusst da sein und du fühlst dich innerlich frei und kannst kreativ und flexibel reagieren.

Jetzt versteh ich, was du meinst. Meine innere Reaktion, meine innere Fragestellung, mein genaues Hinsehen und bewusstes Dasein und meine Überlegungen, was der andere möchte, welche Ziele er verfolgt, befreien mich. Wenn ich natürlich erkenne, dass sein Verhalten ein versteckter Schrei nach Anerkennung ist, dass er von mir Aufmerksamkeit und Beachtung haben will, dann …

Was ist dann … ?

Dann ist es für mich ganz leicht, mit ihm umzugehen. Dann kann ich sogar mit Humor und Witz reagieren … schlagfertig auf eine ganz nette Art … verspielt … sportlich … genial. Das fühlt sich wirklich gut an.

Ja, dieselbe Situation kannst du ganz unterschiedlich beantworten. Aus dieser Perspektive kannst du mit Herz und Verstand reagieren, mit Sinn für Humor … sehr kreativ.

Ja, wenn ich mich innerlich frei fühle und kreativ reagiere, dann macht diese Interaktion richtig Spaß. Aber halt! Was ist, wenn ich mit meiner Annahme falsch liege? Wenn er mir wirklich wehtun will? … wenn sein Provozieren eben nicht „ein Schrei nach Anerkennung" ist? Was dann?

Nun, es ist völlig verständlich, dass du im provozierenden Verhalten deines Bruders oder Partners eine böswillige Absicht siehst … es ist völlig OK, wenn du annimmst, dass er dich verletzen, dir wehtun will …

Ich habe den Eindruck, du glaubst mir nicht. Es kann doch wirklich sein, dass der andere die Absicht hat, mich zu verletzen. Wie gehe ich dann mit ihm um? Dann ist die ganze Angelegenheit ja nicht mehr so spaßig.

Ja, du hast recht, das kann wirklich sein, er könnte auch diese Motivation haben. Es könnte aber auch nur so aussehen … dir so erscheinen … hm? Lass uns deshalb zunächst noch einen anderen Blickpunkt genauer anschauen.

An welche Perspektive denkst du? Hast du noch so einen interessanten Kniff, der mir hilft, diese ganze Situation gelassener zu betrachten und geschickter mit den Provokationen anderer umzugehen?

Nun, zunächst schaut es wirklich so aus, als wolle dir jemand mit seinen Worten wehtun. Es sieht auch so aus, als drehe sich die Sonne um die Erde. In Wirklichkeit dreht
sich die Erde um die Sonne.

*OK. Ich nehme jetzt mal deine Analogie und übertrage sie auf die üblen Worte meines
Bruders. Es sieht so aus, als wolle er mich verletzen ..., in Wirklichkeit aber ...?*

In Wirklichkeit aber ... fühlt er sich ...?

In Wirklichkeit fühlt er sich ... verletzt?

Richtig!

*Sitze ich denn dann einer optischen Täuschung auf? Nämlich, dass derjenige, der sich
verletzt fühlt, mir so erscheint, als wolle er mich verletzen?*

Könnte das sein?

Hm, das ist ja irre. So hab ich das noch nicht gesehen.

Du erkennst gerade: Wer dich verletzen will, der fühlt sich selbst verletzt.
Wer wehtun will, dem tut was weh.

*Das ist wieder eine deiner befreienden Erkenntnisse! „Wer wehtun will, dem tut was
weh". Das klingt gut! Das macht Sinn. Da fällt mir auch gleich ein schräger Zweizeiler
dazu ein.*

Nämlich?

*„Wer mir weh tun will, der leidet still" ... sozusagen in seinem Inneren. Nur bei genau-
em Hinsehen und mit dem richtigen Wissen ist es zu erkennen.*

Da hast du das richtige Rezept im Umgang mit provokantem Verhalten gefunden: Genau hinsehen ... genau zuhören ... also total präsent sein.

*Und wenn ich genau hinsehe, genau zuhöre und total präsent bin, dann erkenne ich
diesen befreienden Zusammenhang.*

Ja. Dann hast du eine Sichtweise ... eine Perspektive ... eine Erkenntnis, die dich befreit. Und wenn du dich in dieser Situation befreit fühlst ...?

Dann kann ich ganz spontan ... automatisch ... ganz intuitiv ... völlig flexibel und kreativ reagieren. Einfach genial!

Was ist mit deinem Ärger über deinen Bruder?

Weg! Nicht da!

Musst du deinen Ärger unterdrücken?

Nein, der ist einfach nicht vorhanden. Der kommt erst gar nicht auf.

Was ist mit deinem Gefühl des Gekränktseins, des Verletztseins?

Das ist nicht vorhanden. Ich fühle mich frei von dem Gefühl des Verletztseins und auch frei von Ärgergefühlen.

Was ist mit deiner Angst, dein Bruder oder Partner könnte dir wehtun wollen? Was ist mit deiner Angst vor verbalen Provokationen?

Da ist keine Angst. Nein, das ist ja stark! Auch keine Angstgefühle mehr vor provozierendem Verhalten.

Und nun achte einmal genau darauf: Was ist das für ein Gefühl, wenn du in dieser Situation frei bist von Angst und Groll, frei von Gekränktsein und Ärger, frei von Gefühlen der Hilflosigkeit, Unterlegenheit und Wut? Was ist das für ein Gefühl?

Bombig! Stark! Super! Genial!

Und aus diesem inneren Superzustand heraus ...?

Kommen automatisch Super-Reaktionen und geniale Antworten!

Die ... ?

Die mir und dem anderen helfen.

252

Und nicht zu vergessen – wem noch?

Den Personen, die bei unserer Interaktion dabei sind, die unsere Auseinandersetzung sehen, die Zuschauer.

Richtig. Das Wort Provokation kommt aus dem Lateinischen und heißt so viel wie „hervorrufen". Provokationen rufen … ja schreien nach kreativen Antworten … und die kommen wie von selbst, wenn du frei bist von turbulenten Gefühlen wie Angst, Ärger, Groll, Verletztsein, Hilflosigkeit und Minderwertigkeit.

Und befreit bin ich von diesen turbulenten Gefühlen, wenn ich den leidvollen, inneren Zustand in demjenigen erkenne, der mir scheinbar wehtun will.

Erinnere dich … denk dran … sei dir bewusst:
Wer wehtun will,
dem tut was weh,
auch wenn ich's manchmal nicht gleich seh.
Es ist kein Angriff. Es ist sein Schmerz.
Was er jetzt braucht, das ist dein Herz.
Aber auch deine Weisheit. Dein Freisein von turbulenten Gefühlen.
Deine Kreativität. Deine Flexibilität. Deine Geschicklichkeit. Dein Selbstvertrauen.

Bin ich selbst frei von turbulenten Gefühlen, dann handle ich automatisch, intuitiv besser? Dann reagiere ich aus dem kreativen Bereich?

Ja, so ist es. Keine turbulenten Gefühlszustände und du bist automatisch in einem gehobenen positiven Stimmungsbereich. Aus diesem verbesserten Stimmungsniveau heraus hast du Zugriff auf die besten Lösungsmöglichkeiten, die du dir vorstellen kannst. Du hast eine drastisch verbesserte Wahrnehmungsfähigkeit für optimales Reagieren, ein Fingerspitzengefühl und eine Flexibilität, wie du sie nicht hast, wenn dein Bewusstsein von turbulenten Gefühlen dominiert wird und du dich auf einem niedrigen, negativen Stimmungsniveau befindest.

Dann ist also die Frage nicht so sehr, wie reagiere ich richtig, wenn ich provoziert werde, sondern, wie sehe ich richtig? Und wie gelingt es mir in dieser Situation, frei zu sein von turbulenten Gefühlszuständen?

Ja. Präsentsein und klar sehen … inspirierende Erkenntnisse … bessere Stimmung … genial reagieren … super Ergebnisse.

Ha, ha. Oder wie du immer sagst: „Gut drauf – gut dran".

Nun es heißt ja auch: „Gute Stimmung ist die Mutter guter Einfälle". Und da ist wirklich etwas dran. Zugriff auf deine Weisheit, brillante Lösungen und Intuition hast du nur, wenn du frei bist von turbulenten Gefühlszuständen, frei von Angst und Groll, frei von Gefühlen der Hilflosigkeit und der Minderwertigkeit, frei von Kränkung und Verletztsein, dann findest du Lösungen, die in keinem Buch stehen. Dann reagierst du optimal, originell, originär, unkonventionell, flexibel und kreativ.

Und mit dem Effekt, dass alle Beteiligten davon profitieren.

Ja, das obendrein. Auch die Zuschauer (Schmunzel). Da fällt mir gerade noch ein kleines, nettes Wortspiel ein. Ich schreibe dazu hier auf das Blatt das Wort „Reaktion" und ich schreibe es ausnahmsweise klein also „reaktion". Wie heißt das Wort, wenn du nun das k aus dem Wort herausnimmst und an den Anfang stellst?

Dann heißt es Kreation. Das ist ja witzig!

Dieses kleine Wortspiel macht deutlich, worum es geht. Vom reaktiven, impulsiven Reagieren hin zum Kreieren, zum Gestalten deiner Reaktion. Von Reaktion zu Kreation.

Schön. Hast du in diesem Zusammenhang noch eine befreiende Idee, die mir helfen könnte mit provozierenden Verhaltensweisen supereffektiv umzugehen?

Ja, gerne. Ich möchte dir dazu ein wichtiges Prinzip vorlesen und dann die Schlussfolgerungen daraus besprechen.

OK, lies vor.

Die nächste befreiende Erkenntnis lautet:
„Die Gefühle, die ich in einem anderen auslösen **möchte**,
verstärken sich in mir selbst." Dabei ist das Wort „möchte" fettgedruckt.

Gut, ich hab's verstanden, es geht um meine Absicht und nicht unbedingt darum, welche Gefühle ich wirklich bei meinem Gegenüber auslöse.

Richtig. Die Gefühlszustände, die du beim andern erzeugen möchtest, die du dem anderen wünschst, genau diese Gefühlszustände verstärken sich in dir selbst.

Oh, wie schrecklich!

Wieso findest du diese Idee schrecklich?

Das klingt wie hinduistisches Karma-Denken oder mittelalterlicher Katholizismus! Nicht nur schlechte Taten, nein, schon eine üble Absicht und ich werde in der Hölle schmoren. Furchtbar! Da ist wirklich nichts Befreiendes an diesem Konzept.

Ich kann deinen Unmut verstehen. Doch lass uns mal diese Idee ganz praktisch testen am Beispiel deines Bruders oder Freundes, der dich provoziert, der dich verletzen, der dir wehtun will. Wenn er das nun wirklich wollte und du dich nicht nur getäuscht hast.

Also gut. Wenn mein Bruder mir wirklich wehtun will, wenn er die Absicht hat, mit seinen Worten bei mir eine schmerzliche Erfahrung auszulösen ... wenn er möchte, dass ich mich ärgere ...

Ja, dann ...? Was ist dann mit ihm los? ... Was bewirkt diese Geisteshaltung bei ihm selbst?

Zunächst könnte ich wieder feststellen: „Wer verletzen will, fühlt sich selbst verletzt" oder „Wer wehtun will, dem tut was weh". Er würde wohl kaum wollen, dass ich mich verletzt und verärgert fühle, wenn er selbst gut drauf wäre, oder?

Ja, so sehe ich das auch. Wer Übel will, der ist übel dran. Aber geh mal ruhig noch einen Schritt weiter. Nicht nur, dass er sich selbst schlecht fühlt, wenn er bei dir schlechte Gefühle auslösen will, sondern ... ?

Er verstärkt durch diese Strategie des Wehtun-Wollens seinen eigenen Schmerz. Und das versteh ich nicht. Das geht nicht in meinen Kopf. Ich hab diesen Satz jetzt mal so nachgesprochen, aber wirklich glauben kann ich das nicht.

Gut so. Wie du weißt, musst du nichts glauben oder unkritisch übernehmen. Nur das, was du wirklich kritisch geprüft hast und für dich für wahr befunden hast, das hilft dir. Das befreit dich. Das gibt dir Kraft.

Wenn mich also mein Bruder ärgern will, er also die Absicht hat, dass ich Ärgergefühle habe ..., dann heißt das, dass seine eigenen Ärgergefühle verstärkt auftreten ... häufiger? ... intensiver?

Ja, genau das heißt es. Jemand, der andere ärgern will, der also speziell diese Absicht hegt, dessen Ärgerbereitschaft wird verstärkt.

Gut, mir leuchtet ein, dass seine Neigung, andere ärgern zu wollen, verstärkt wird, wenn ich mich ärgere. Dann hat er ja sein Ziel erreicht. Mit meiner Ärgerreaktion liefere ich ihm ein Erfolgserlebnis und er wird häufiger versuchen mich ärgern zu wollen.

Ja, dadurch, dass du dich ärgerst ... mit deiner Reaktion trägst du dazu bei, dass er häufiger dieses neurotische Verhalten zeigt.

Wieso bezeichnest du sein Verhalten als neurotisch?

Verhaltensweisen, denen die Absicht zugrunde liegt, den anderen zu schädigen, führen nicht zu einem Gefühl wirklicher Freude und Bereicherung, sondern allenfalls zu einem falschen Triumphgefühl oder neurotischen Überlegenheitsgefühl. Er benutzt den Schmerz des anderen, um ein Überlegenheitsgefühl zu haben.

Dann heißt das aber, dass er sich eigentlich minderwertig bzw. unterlegen fühlt und er diese Strategie wählt, um obenauf zu sein. Wie düster! Wie armselig! Das ist ja echt krank!

Hm. Wie fühlst du dich, wenn du siehst, aus welch düsterem Zustand heraus dein Bruder dich ärgern will.

Das finde ich schade, dass er so düster drauf ist.

Also, was fühlst du deinem Bruder gegenüber?

Mitgefühl. Liebe. Wohlwollen. Ich wünsche ihm nur, dass er wirklich besser drauf kommt und er so eine armselige Strategie nicht mehr fahren muss. Das hat er doch gar nicht nötig.

Ich weiß. Ich sehe bei dir auch Achtung und Respekt für deinen Bruder und auf diesem Hintergrund von Achtung, Liebe, Mitgefühl und Wohlwollen kannst du supereffektiv reagieren und mit dem provozierenden Verhalten kreativ umgehen.

Ja, das sehe ich. Diese Gefühlslage lässt mich ganz anders reagieren.

Und deine Reaktionen … was ist die Absicht hinter deinem Verhalten? Willst du ihm weh tun?

Nein, bestimmt nicht.

Willst du, dass er sich ärgert?

Nein, das will ich auch nicht.

Was ist die Absicht, die deinem Verhalten, deinen Reaktionen zugrunde liegt?

Dass es ihm gut geht. Meine Reaktionen kommen aus dem Bewusstsein von Achtung und Respekt, Mitgefühl und einer wohlwollenden Absicht.

Diese geistige Haltung tut dir selbst gut. Sie macht dich frei … frei von negativen Gefühlszuständen, aber auch frei für geschicktes, problemlösendes Handeln.

Auf ganz hohem Niveau. Da profitiert jeder davon. Das ist der Hammer. Das macht Spaß.

Wir hatten nun besprochen, wie du die Menschen siehst, die dich provozieren und ärgern wollen. Du hast gesehen, dass derjenige, der dich ärgern will, durch jede bei dir ausgelöste Ärgerreaktion seine eigene Schädigungsabsicht verstärkt. Seine neurotische Tendenz, andere ärgern zu wollen, nimmt zu.

Ja, ich hab das verstanden. Ein Mensch mit der Neigung, andere zu ärgern, zu provozieren und irgendwie schädigen zu wollen, kann nicht wirklich glücklich sein.

Und nicht nur das. Das Tolle bei dieser befreienden Erkenntnis ist, dass sie sehr präzise ist und dir wichtige Informationen liefert. Ich möchte dies einmal so zusammenfassen und dann einen Schritt weitergehen.

1. Wer die Absicht hat, dich zu ärgern, der ärgert sich oft selbst.
2. Er verstärkt bei sich die Neigung, dieses Fehlverhalten häufiger zu zeigen.
3. Er lebt sehr oft in der Illusion, dass andere ihn ärgern und provozieren wollen. Nach dem Motto: Was ich denk und tu, das trau ich andern zu.
4. Er kann überhaupt nicht gut damit umgehen, wenn andere ihn ärgern wollen.
5. Durch diese düstere geistige Haltung verbaut er sich selbst viel Freude am Leben.

Aber wie ist es bei den anderen Gefühlszuständen? Trifft es da auch zu?

An welches Gefühl denkst du dabei?

Wenn mich jemand klein machen will. Wenn mir jemand Minderwertigkeitsgefühle einjagen will.

Ich sagte ja schon, diese Erkenntnis liefert dir sehr präzise Informationen über den anderen. Voraussetzung ist aber, dass du dich nicht getäuscht hast und er wirklich bei dir ein ganz bestimmtes Gefühl auslösen will. Versuche nun mal diese Gefühlsabsicht des anderen nach den gerade besprochenen 5 Punkten darzustellen.

OK. Wenn jemand will, dass ich mich ganz klein und minderwertig fühle ... hm, was sagt mir das über diese Person?

Ja, genau.

1. *Wer die Absicht hat, dass ich mich klein und minderwertig fühle, der fühlt sich selbst klein und minderwertig.*
2. *Wenn er merkt, dass ich mich klein fühle, verstärkt sich bei ihm die Neigung, bei anderen Minderwertigkeitsgefühle auslösen zu wollen. Ich würde mich demnach mitschuldig machen. Ich tue ihm wirklich keinen Gefallen damit, wenn ich mich klein und minderwertig fühlen würde.*
3. *Wenn er diese Strategie oft fährt, dann hält er damit seine eigenen Minderwertigkeitsgefühle aufrecht. Wer andere klein sehen will, der kann selbst nicht frei sein von dieser Gefühlslage.*
4. *Wenn andere bei ihm Minderwertigkeitsgefühle auslösen wollten, hätte er große Schwierigkeiten, gelassen und geschickt damit umzugehen.*
5. *Diese düstere Schädigungsabsicht kann ihn nicht glücklich machen. Solange er diese Marotte drauf hat, so lange fühlt er sich weiterhin klein und minderwertig.*

Super. Gut zusammengefasst.

Aber ich kann es kaum glauben. Der mich klein machen möchte, der sieht keinesfalls so aus, als würde er sich selbst klein fühlen.

Richtig erkannt. Er sieht nicht so aus. Deshalb ist es so wichtig, dass du dieses Wissen über diese Zusammenhänge hast. Er kann reich und wohlhabend sein. Er kann noch so gebildet sein. Er kann noch so viele Titel vor seinem Namen tragen. Wenn er diese Absicht wirklich hat, dann fühlt er sich klein und minderwertig und du siehst es ihm überhaupt nicht an.

*Unglaublich! Ist es tatsächlich so, dass ich die Gefühle, die ich in einem anderen aus-
lösen möchte, selbst in mir habe und obendrein sogar noch verstärke? Das ist wirklich
eine sehr befreiende Idee! Können wir sie noch an anderen Gefühlsabsichten durchspielen?*

Ja, natürlich. An welche Gefühlsabsicht denkst du?

Wie ist es, wenn mir jemand Schuldgefühle einjagen will?

Nun, du kannst dir bereits selbst die Antwort geben. Geh den ganzen Zyklus noch einmal durch am Beispiel von Schuldgefühlen.

Nein, lassen wir das lieber. Dieser Gefühlszustand ist dafür sicher nicht geeignet.

Warum nicht. Diese befreiende Erkenntnis trifft auch auf diesen Gefühlszustand zu.
Versuch es ruhig mal und schau, was dabei herauskommt.

*OK. Ich versuch es mal. Nehmen wir mal an, meine Mutter möchte mir Schuldgefühle
einjagen.*
1. *Wenn sie die Absicht hat, dass ich unter Schuldgefühlen leiden soll, so zeigt sie mir
   damit, dass sie selbst noch unter Schuldgefühlen leidet.*
2. *Wenn ich mit Schuldgefühlen reagieren würde, würde die Neigung meiner Mutter,
   Schuldgefühle auslösen zu wollen, noch verstärkt und ich würde mich irgendwie mitschuldig machen an ihrem desolaten Gemütszustand.*
3. *Mit ihrer Absicht, bei anderen Schuldgefühle auslösen zu wollen, verstärkt sie gleichzeitig auch ihre eigene Neigung, mit Schuldgefühlen zu reagieren.*
4. *Wenn andere bei ihr die Schuldmaschine anwerfen würden, würde sie sofort in diese
   Falle tappen und mit Schuldgefühlen reagieren. Sie könnte mit solch einer Situation
   nur schwer umgehen. Ich denke, sie ist dann auch sehr leicht durch Schuldgefühle zu
   manipulieren.*
5. *Diese düstere Absicht kann sie nicht glücklich machen. Solange sie diese Absicht
   hegt, kann sie nicht frei von Schuldgefühlen sein.*

Und wenn du das siehst, wie fühlst du dich deiner Mutter gegenüber, wenn du den Eindruck hast, dass sie dir Schuldgefühle einjagen will?

*Ich hab sie lieb. Ich hab Mitgefühl. Ich hab Verständnis für ihre Verstrickungen, für
ihr seelisches Dilemma. Niemand hat ihr je dieses Wissen vermittelt. Wahrscheinlich
hatte sie auch Menschen um sich, die diese Strategie auf sie angewandt haben. Wie*

*furchtbar, sie hat viel Zeit in ihrem Leben mit diesem düsteren Gemütszustand ver-
bracht. Sie wäre bestimmt auch am liebsten frei von diesen erdrückenden Gefühlen,
wenn sie nur wüsste, wie das geht.*

Bestimmt. Wenn sie die Wahl gehabt hätte. Wenn sie das Wissen gehabt hätte.

*Oder wenn sie Menschen um sich gehabt hätte, die weitgehend frei von unnötigen
Schuldgefühlen gewesen wären. Menschen, die nie versucht hätten ... die nie die Absicht gehabt hätten, dass meine Mutter unter Schuldgefühlen leiden soll.*

Genau. So ist es. Aber spielt es jetzt noch eine Rolle für dich, ob die Menschen um dich
herum, zum Beispiel deine Mutter, frei ist von dem Wunsch, dir Schuldgefühle einzuja-
gen, damit du frei von Angst, Ärger und Schuldgefühlen sein kannst?

Sicher nicht. Wenn ich die Zusammenhänge durchschaue, bin ich frei.

Brauchst du es wirklich, dass dein Bruder frei von Provokationsabsichten ist, dass du
dich frei fühlen kannst von Angst, Gekränktsein und Wut?

*Nein, ich kann mich frei fühlen, wenn ich Achtung und Respekt vor ihm habe. Wenn
ich eine wohlwollende Absicht habe. Und wenn ich auch Achtung und Respekt vor mir
selbst habe.*

Und wer entscheidet es, ob du bei Provokationen deine Selbstachtung bewahrst?

Ich selbst entscheide das.

Ja. Und wer entscheidet es, ob du Achtung, Respekt und eine wohlwollende Absicht
deinem Bruder gegenüber hast, dein Bruder oder du selbst?

Auch ich selbst.

Richtig. In wessen Hand liegt es also, ob du dich bei verbalen Provokationen frei oder
unfrei fühlst?

In meiner.

Wer ist dafür verantwortlich, ob du aus dem reaktiven oder dem kreativen Bereich heraus antwortest?

Ich selbst bin es.

Und wer trägt dazu bei, dass dein Bruder in Zukunft häufiger oder weniger provoziert?

Huch. Soll ich das auch sein?

Was meinst du? Was ist, wenn du selbst mit einer Schädigungsabsicht aus turbulenten Gefühlen heraus reagierst, ihm wehtun willst, ihn ärgern willst?

Dann verstärke ich sowohl meine eigene Bereitschaft, unglücklich zu reagieren, als auch seine Neigung, weiterhin provozieren zu wollen. Er wird wahrscheinlich mehr provozieren.

Hm. Also bist du doch verantwortlich, wie dein Bruder dir begegnet?

Ich bin zwar nicht für sein Provozieren verantwortlich ... das ist ja seine Wahl ..., aber ich bin mitverantwortlich.

Inwiefern?

Ich bin sozusagen der verstärkende Faktor. Bin ich in dieser Situation frei von turbulenten Gefühlen, so wirkt meine innere Freiheit ansteckend und bewirkt indirekt auch ein Freiwerden meines Bruders.

OK. Und wenn dein Bruder frei ist von schmerzlichen Gefühlen, was dann?

Dann wird er bestimmt weniger provozieren. Dann will er niemandem mehr wehtun. Ist er frei von der Schädigungsabsicht, fallen diese ganzen neurotischen Spielchen weg.

Und ich habe ihm dabei geholfen?

Ja, du hast ihm dabei geholfen. Durch deine innere Freiheit und dein kreatives Reagieren wirkst du auch befreiend auf deinen Bruder.

Nur wenn ich selbst frei bin ... frei bin von schmerzlichen und turbulenten Gefühlen, wirke ich befreiend auf den anderen?

Nelson Mandela sagte 1994 in seiner Antrittsrede als Präsident von Südafrika: „Und wenn wir unser eigenes Licht scheinen lassen, geben wir unbewusst anderen Menschen die Erlaubnis, dasselbe zu tun. Wenn wir von unserer eigenen Angst befreit sind, befreit unsere Gegenwart automatisch andere."

Die innere Freiheit scheint wie gute Laune ansteckend zu sein.

Nur der Befreite wirkt befreiend. Dein Licht scheint nicht für dich allein. In deinem Licht können auch andere besser sehn.

Also fasse ich es noch einmal zusammen. Wenn ich es tatsächlich schaffe, bei Provokationen meine Selbstachtung zu bewahren, die ja in meiner Hand liegt und nicht vom Fehlverhalten anderer abhängt ... wenn es mir tatsächlich gelingt, auch Achtung und Respekt vor demjenigen zu haben, der noch glaubt, mich provozieren zu müssen ... wenn ich klar sein inneres Dilemma und seine geistigen Verstrickungen erkenne und, wie er selbst seinen leidvollen Zustand sogar noch verstärkt ..., wenn ich eine wohlwollende Absicht behalte, dann bin ich wirklich frei und wirke befreiend auf den anderen. Dann kann ich kreativ, flexibel und klug reagieren.

Ja, genau. Indirekt erkennt auch dein Gegenüber, dass er nicht mehr provozieren muss. Dass er es nicht mehr braucht, um sich aufzuwerten. Dass es etwas Besseres gibt. Er wird frei von diesem inneren Zwang, provozieren und wehtun zu müssen.

Das ist ja ganz toll. Wenn ich frei bin und aus dem Zustand von Wohlwollen und Inspiration heraus handle, bin ich auch die größte Hilfe für den anderen. Also steht und fällt alles mit mir.

So ist es. Du bist eine kreative Kraft. Du bist eine heilende Kraft. Du bist das Licht, das auch andere zum Strahlen bringt. In dir ist das Leben. In dir ist das Licht. Gewiss, du bist erleuchtet und du wusstest es nicht.

Danke für diesen Dialog. Danke für diese inspirierenden Worte.

DIALOG 22

Im letzten Dialog sprachen wir über die selbstschädigende Wirkung einer übelwollenden Absicht: Wer wehtun will, dem tut was weh. Aber auch: Wer wehtun will, der tut sich weh, der verletzt und schädigt sich selbst, er verstärkt seinen eigenen Schmerz ... er vergrößert und verfestigt sein eigenes Leid. Wer Übel will, der ist übel dran. Er verdirbt sich selbst langfristig viele Glücksmöglichkeiten.

Und er merkt es noch nicht einmal.

Richtig. Er weiß nicht um diesen Zusammenhang. Er hat dieses Wissen nicht. Seine Strategie ist einfach überholt, veraltet, untauglich. Auf jeden Fall untauglich für ein harmonisches Miteinander, untauglich für ein glückliches Leben. Würde ein Mensch, der wirklich glücklich ist, andere ärgern wollen?

Nein, bestimmt nicht.

Würde ein glücklicher Mensch wollen, dass sich andere Menschen klein und minderwertig fühlen?

Nein, das auch nicht.

Würde ein glücklicher Mensch wollen, dass andere unter Angst, Ärger oder Schuldgefühlen leiden? Dass andere unglücklich sind?

Nein, das kann ich mir nicht vorstellen.

Was, glaubst du, möchte ein wirklich glücklicher Mensch für seine Mitmenschen?

Ein wirklich glücklicher Mensch möchte, dass auch seine Mitmenschen glücklich sind.

Genau. Das ist die tiefste Absicht eines wahrhaft glücklichen Menschen. Sein Credo ist: „Mögen alle Menschen glücklich sein".

Das ist ja absolutes Wohlwollen!

Ja, bedingungsloses Wohlwollen. Der glückliche Mensch erfährt diesen Zustand von absolutem Wohlwollen. Er denkt und handelt aus diesem Bewusstseinszustand des Wohlwollens.

Das kann ich mir vorstellen. Wenn ich wirklich glücklich bin, dann hab ich viele Menschen gern und möchte einfach, dass es auch ihnen gut geht.

Der innere Zustand, den wir Glücklichsein nennen, korrespondiert nicht nur mit einem Gefühl tiefer Dankbarkeit, Achtung und Respekt vor dem Leben, sondern auch mit dem Gefühl von echtem Wohlwollen, dem starken Wunsch für das Glück anderer. Von Albert Schweitzer stammt der Ausspruch: „Ich bin Leben, das leben will, umgeben von Leben, das leben will". Der Glückliche will nicht nur für sich allein glücklich sein. Er will auch andere glücklich sehen und zu deren Glück beitragen. Er möchte am liebsten, dass alle Menschen glücklich sind.

Ja, das stimmt. Wenn ich wirklich froh und glücklich bin, möchte ich auch, dass sich alle anderen freuen. Das Gefühl von Wohlwollen scheint untrennbar mit echtem Glücksempfinden verbunden zu sein.

Genau. So ist es. Die drei Wurzeln eines glücklichen Lebens sind das Empfinden tiefer Dankbarkeit für das, was du hast, Achtung und Respekt vor dem Leben und absolutes Wohlwollen auch für andere.

Und bin ich erst mal auf diesem Level des Glücks angekommen, hab ich auch Zugriff auf alle anderen Superqualitäten wie interne Weisheit, Kreativität, Inspiration, Intuition, Geistesgegenwart, Selbstvertrauen, einen klaren Kopf in schwierigen Situationen, Zuversicht, Interesse, Neugierde, mentale Stärke, geistige Klarheit, Begeisterungsfähigkeit, Herzlichkeit und die Fähigkeit zu lieben.

Ganz bestimmt.

Das ist ja die absolute Bereicherung! Das ist ja der Hammer! Unfassbar!

Schön, dass du das sehen kannst. Wie lautet noch mal die befreiende Erkenntnis aus dem letzten Dialog? „Die Gefühle, die …"

*„Die Gefühle, die ich in einem anderen auslösen **möchte**, verstärken sich in mir selbst." Hurra, das gilt auch für die positiven, die glücksfördernden Gefühle! Aber wie mach ich das?*

Überleg mal, was das für dich bedeutet. Welche Gefühle möchtest du in deinem Leben häufiger oder intensiver erleben? Welche Gefühle möchtest du in dir verstärken?

Und die soll ich dann anderen Menschen wünschen?

Soll?

Nein, muss ich natürlich nicht. Doch wenn ich es wirklich tue ... wenn ich wirklich möchte, dass andere glücklich sind und positive Gefühle erleben ... hm.

Ja, genau. Wenn das deine Absicht ist ... wenn das dein starker Wunsch für die anderen ist, was dann? Was hat diese positive Absicht, diese wohlwollende geistige Haltung für eine Wirkung auf dich selbst?

Entsprechend unserer befreienden Erkenntnis verstärke ich diese Gefühlsqualitäten in mir selbst. Sie nehmen zu. Ich werde sie häufiger und intensiver erleben.

Haha. Wohl denen, die dir wohlwollen. Der innere Zustand des bewussten Wohlwollens ... ist gut für wen?

Der tut mir selbst gut. Das Wohlwollen ist zwar auf andere gerichtet ... es zielt auf meine Mitmenschen ... doch erfahre ich selbst die positiven Wirkungen meiner wohlwollenden Einstellung.

Von dem Philosophen Bertrand Russel stammt der Ausspruch: „Eine der größten Glückmöglichkeiten ist es, möglichst viele Menschen spontan gern zu haben". Wenn du jemanden gerne hast, dann möchtest du auch, dass es ihm gut geht.

Folglich ist dieser schöne Gefühlszustand des Gernhabens und des Liebens immer auch mit dem Empfinden des Wohlwollens verbunden.

Richtig. Genau das ist es. Der Zustand des Glücklichseins, wie der Zustand der Liebe ist untrennbar mit der Absicht des Wohlwollens verbunden. Verstärkst du also dein Wohlwollen für andere, so verstärkst du damit gleichzeitig deine Fähigkeit zu lieben und glücklich zu sein.

Aber wie mache ich das? Wie schaut das ganz konkret aus. Kann ich das wirklich üben?

Ja, das kannst du. Und es macht sogar richtig Spaß. Es ist eine starke und sehr schöne Erfahrung, wenn du dieses bewusste Wohlwollen praktizierst. Du kannst nicht jedem Menschen Gutes tun, doch Gutes wünschen, das kannst du. Also lass uns ganz konkret werden. Welche Gefühlsqualität würdest du gerne in deinem Leben häufiger und intensiver erleben wollen?

Hm, da gibt es viele positive Gefühle, die ich gerne häufiger oder intensiver empfinden möchte.

Wähle einfach einen oder zwei positive Gefühlszustände aus, die du bei dir verstärken möchtest, das reicht für den Anfang.

OK. Ich wünsche mir in meinem Leben einfach mehr inneren Frieden und seelische Kraft.

Jetzt könntest du erst mal darüber nachdenken, welche Vorteile es für dich hätte, wenn du tatsächlich in deinem Leben mehr inneren Frieden und seelische Kraft spüren würdest. Überleg dir die positiven Folgen und Wirkungen dieser beiden Gefühlsqualitäten für deinen Alltag.

Ich verstehe. Wenn ich mir der Vorteile dieser beiden Gefühlszustände bewusst werde … wenn ich klarer die positiven Folgen und den Nutzen sehe, den diese beiden Gefühle für mich haben …

Ja, wenn du wirklich deren positive Wirkungen auf dich sehen würdest, was wäre dann?

Dann erhöht dies meine Motivation zu üben.

Und nicht nur das. Was noch?

Ich würde auch erkennen, was diese beiden Gefühlszustände für Vorteile und positive Folgen für meine Mitmenschen hätten.

Ja, mache einfach diese Vorteil-Nutzen-Überlegung für dich selbst, aber auch in Bezug auf andere Personen. Was hätte es für Vorteile für deine Mitmenschen, wenn sie in ihrem Alltag mehr inneren Frieden und seelische Kraft spüren würden.

Es macht schon Spaß, in diese Richtung zu denken. Das klingt so nach heiler Welt. Aber warum nicht mal die Fantasie auf diese Weise gebrauchen.

266

Da sprichst du bereits zwei Aspekte an, die für die Übung des bewussten Wohlwollens ganz wichtig sind, nämlich Spaß und Fantasie. Das Wichtigste bei dieser Übung ist, dass du Freude daran hast, dass sie dir Spaß macht, dass du deine Fantasie einsetzt und die Übung sehr leicht, locker und kreativ gestaltest.

Hört sich gut an. Ich übe also mit Freude, mit Fantasie und lass mir immer wieder etwas Neues einfallen, bin kreativ und ...

Mache die Übung mit einem Gefühl der Leichtigkeit und der Beschwingtheit. Hab einfach Spaß daran. Mit der Übung wirst du sehen, wie du mit immer mehr Freude und Leichtigkeit bewusstes Wohlwollen praktizieren kannst.

Und wie mache ich das jetzt ganz konkret?

Nachdem du dir grundlegend darüber klar geworden bist, welche Vorteile diese beiden Gefühlszustände von „innerem Frieden" und „seelischer Kraft" sowohl für dich selbst als auch für deine Mitmenschen haben, beginnt deine Konzentrationsübung.

Konzentrationsübung?

Ja, in gewisser Hinsicht ist es eine Konzentrationsübung. Du konzentrierst dich auf eine andere Person. Oder sagen wir besser, es ist eine Bewusstheitsübung. Du lenkst dein Bewusstsein locker auf eine andere Person. Du musst nichts Besonderes tun. Du musst diese Person noch nicht einmal ansehen.

Ich lenke meine Aufmerksamkeit also auf eine andere Person, ohne mich angestrengt zu konzentrieren, richtig?

Ja, genau. Du wählst eine Person aus, die in deiner Nähe ist, lenkst locker deine Aufmerksamkeit auf diese Person und wünschst ihr inneren Frieden und seelische Kraft. Dabei formulierst du den Gedanken: „Ich wünsche dir inneren Frieden und seelische Kraft". Zunächst kommt dir das vielleicht nur wie eine Worthülse vor, doch mit der Übung nimmt die Intensität deiner wohlwollenden Absicht zu und du wünschst es dem andern aus tiefen Herzen und mit großer Freude und mit dieser gewissen Leichtigkeit.

Ist ja irre! Ist es egal, welche Person ich mir aussuche, oder sollte es eine Person sein, die sehr unruhig und nervös ist?

Es spielt keine Rolle, wie der psychische Zustand dieser Person ist. Wähle einfach eine Person aus. Es spielt auch keine Rolle, ob diese Person dir sympathisch oder unsympathisch erscheint, glücklich oder unglücklich, groß oder klein, dick oder dünn, jung oder alt ist. Jeder Mensch sehnt sich nach Glück. Jeder Mensch sehnt sich nach der Erfahrung von innerem Frieden und seelischer Kraft. Vor allem du sehnst dich nach diesen beiden Gefühlszuständen, das ist Grund genug, sie anderen Menschen zu wünschen.

Gemäß der befreienden Erkenntnis „Gefühlszustände, die ich in einem anderen Menschen auslösen möchte, verstärken sich in mir selbst", erlebe ich dann auch selbst inneren Frieden und seelische Kraft.

Ja. Immer häufiger und immer intensiver. Das ist die ganze Magie dieser Übung: „Was du möchtest – gib!" nur spielt sich das hier auf der Ebene der Absicht, der Intention, des Wünschens und Wollens ab. Die Gefühle, die du anderen wünschst, wachsen in dir selbst.

Also überlege ich mir, welche Gefühle ich bei mir selbst zum Wachsen bringen will, und genau diese Gefühlszustände wünsche ich dann intensiv und mit dieser gewissen Leichtigkeit und Freude anderen Menschen. Ich kann mir jetzt schon vorstellen, wie mir dieser Prozess immer mehr Spaß macht. Wie es mir immer leichter fällt, anderen Menschen von innen heraus Glück zu wünschen, inneren Frieden und seelische Kraft.

Ja, bringe deine besten Gefühle zum Blühen. Lass sie wachsen. Erlebe immer häufiger und intensiver glückliche Gefühlszustände. Und ab und an machst du einfach den Vorteil-Nutzen-Check. Du meditierst dann über die positiven Folgen und Wirkungen dieser glücklichen Gefühle für dich und deine Gesundheit, dein Leben, deine zwischenmenschlichen Beziehungen, deinen Beruf. Aber mache diesen Vorteil-Nutzen-Check auch für deine Mitmenschen und stell dir vor, wie deren Gesundheit, Leben und deren zwischenmenschlichen Beziehungen aussehen würden, wenn sie auch häufiger und intensiver diese glücklichen Gefühlszustände erleben würden.

Wenn ich wirklich anderen intensiv glückliche Gefühle wünsche und über die positiven Folgen meditiere, komme ich selbst in eine gehobene Stimmungslage. Mit einer verbesserten Stimmungslage kann ich bestimmt auch flexibler, kreativer und geschickter reagieren.

Was wiederum zu günstigeren Ergebnissen in der Umwelt führt und dir erneut Anlass zu mehr Freude gibt.

Glückliche Gefühle wünschen? Mit welchen Gefühlszuständen könnte ich denn noch dieses bewusste Wohlwollen üben? Bis jetzt hatte ich die beiden Gefühle: innerer Frieden und seelische Kraft.

Du brauchst dich nur zu fragen, welche Gefühle du wachsen lassen willst. Als Anregung gebe ich dir hier eine Liste positiver Gefühle, mit denen du großzügig üben kannst. Versuch's mal damit:

Liste positiver Gefühle

Fähigkeit zu lieben	innere Ausgeglichenheit
geistige Klarheit	Inspiration
herzliches Mitgefühl	mit sich im Reinen sein
innere Ruhe	Sinn für Zärtlichkeit
Begeisterungsfähigkeit	tiefe Verbundenheit mit den Mitmenschen
strahlende Gesundheit	Zielstrebigkeit
Verständnis	Achtung vor sich selbst
Beharrlichkeit	Fähigkeit, anderen Freude zu machen
Fähigkeit zu staunen	Geborgenheit
geistige Kraft	innere Harmonie
Herzlichkeit	Fürsorge
innere Sicherheit	innere Freiheit
Lebensfreude	klaren Kopf in schwierigen Situationen
persönliche Ausstrahlung	tiefes Glück
Besonnenheit	Einfühlungsvermögen
Einsatzfreude	Geduld
Flexibilität	Geschicklichkeit im Umgang mit Menschen
eine positive Lebenseinstellung	innere Freude
Tatkraft	Mut
Weisheit	seelische Kraft
Dankbarkeit	Spontaneität
Entschlossenheit	Zuversicht
Gleichmut	Ausdauer
Humor	Fähigkeit, viele Menschen gern zu haben
menschliche Größe	Geistesgegenwart
Selbstbewusstsein	Belastungsfähigkeit
tiefe Freude	innere Gelassenheit
Widerstandskraft	Kreativität
einen wachen Verstand	Aufgeschlossenheit
Interesse	seelische Stabilität
innerer Frieden	…
Selbstvertrauen	…
tiefe innere Zufriedenheit	…

Such dir aus dieser Liste 5 - 7 Gefühle oder Eigenschaften aus, die du gerne häufiger oder intensiver erleben würdest. Vielleicht reichen ja auch schon drei. Such dir deine Lieblingsgefühle aus und lasse sie wachsen.

Wähle zunächst als Ziel deiner Übung völlig unproblematische Situationen aus. Überall, wo Menschen sind, kannst du dieses Glückstraining machen: im Cafe, im Supermarkt, in der Fußgängerzone, einfach überall.

Und es ist unerheblich, ob mir diese Leute gefallen oder nicht.

Richtig. Das spielt keine Rolle. Wenn du willst, übe zunächst mit denen, die dir sympathisch sind, später ist es egal, da spürst du bewusstes Wohlwollen für jede Person. Nach dem Motto: „Mögen alle Menschen glücklich sein." Natürlich gibt es auch noch Steigerungsmöglichkeiten.

Einen höheren Schwierigkeitsgrad?

Wenn du so willst, ja. Du kannst diese Übung des bewussten Wohlwollens auch unter erschwerten Bedingungen durchführen.

Ich bin gespannt. Das lieb ich.

Doch warte! Nicht zu schnell! Beginne wirklich zunächst in einfachen Situationen. Es erfordert doch einige Übung, bis du erfährst, dass der Gedanke „Ich wünsche dir inneren Frieden und seelische Kraft" zu einer intensiven spürbaren Absicht wird und du deinen Mitmenschen wirklich aus tiefsten Herzen und mit Freude diese Erfahrung von innerem Frieden und seelischer Kraft wünschst.

Ich verstehe. Erst dann, wenn dieser Gedanke nicht nur ein Gedanke oder eine Worthülse ist, wie du sagst, sondern ich es ernst meine und dem andern wirklich diese hilfreichen Gefühle wünschen kann, dann kann ich zur nächsten Stufe fortschreiten.

Richtig. Denn erst dann kommst du ja auch in den Genuss, dass du erlebst, wie genau diese Gefühlsqualität, die du im anderen sehen möchtest, in dir selbst aufblüht.

Je ernsthafter und intensiver ich es anderen wünschen kann, desto schneller und intensiver erlebe ich dieses erfreuliche Gefühl in mir.

Ja, so ist es. Wobei mir das Wort „ernsthaft" doch sehr nach Mühe und Anstrengung klingt.

Ich verstehe. Am besten wäre es, wenn ich diese Übung zwar sehr intensiv, doch mit großer Freude und einer gewissen Leichtigkeit mache. Wenn ich ganz großzügig und verschwenderisch Gedanken des Wohlwollens auf meine Mitmenschen verströme.

Genau. Oder wie ein Leuchtturm, der sein Licht weit hinausstrahlt und sozusagen den ganzen Horizont abscannt, so verströme du dein Licht wohlwollender Gedanken, Empfindungen und Wünsche für jeden, den du siehst.

Gut, aber wie kann ich jetzt den Schwierigkeitsgrad erhöhen?

Dazu komm ich jetzt. Doch erinnere dich noch einmal daran. Wohlwollende Gedanken und Absichten tun dir wohl, tun dir gut. Dieses Bewusstsein des Wohlwollens ist inkompatibel mit anderen negativen Gefühlszuständen.

Heißt das, dass ich damit auch meine Angst vor einer Prüfung auflösen kann?

Genau. Stell dir vor, du bist kurz vor einer mündlichen Prüfung oder du musst auf dein Bewerbungsgespräch warten. Du bist sehr ängstlich, aufgeregt und übernervös. Jetzt setz dich hin, und während du warten musst, lenke den Strahl deines Bewusstseins ... lenke deine ganze Aufmerksamkeit weg von dir, weg von deiner Angst, hin auf andere Menschen. Wünsche jetzt diesen Menschen, egal, wer da vorbeikommt, inneren Frieden und seelische Kraft, einen klaren Kopf in schwierigen Situationen und ein Gefühl von Begeisterung für das Leben und Inspiration.

Huch. Ob ich das in dieser Situation schaffe?

Ich weiß es nicht, wieweit dir das gelingt. Doch ist dies eine goldene Gelegenheit, die Kraft und die Magie dieser befreienden Erkenntnis zu üben und zu erfahren. Wohlwollen vertreibt die Angst. Wohlwollen befreit dich von düsteren, turbulenten Gefühlen.

Hm, das wäre eine Herausforderung. Ich bin gespannt. Das probier ich auf jeden Fall. Da bekomme ich bestimmt meinen Kopf frei.

Du kannst dieses bewusste Wohlwollen üben, wo immer du bist. Doch überfordere dich nicht. Beginne in unproblematischen Situationen und steigere dann den Schwierigkeitsgrad und trainiere in Situationen, in denen du ängstlich, besorgt bist. Situationen, in denen du normalerweise Erwartungsangst hast: z.B. beim Zahnarzt, vor Prüfungen, vor Bewerbungsgesprächen, vor Auftritten und Präsentationen.

Das ist ja eine hervorragende Ablenkungsstrategie!

Es ist weit mehr als nur eine Ablenkungsstrategie. Du wirst es spüren. Dieses bewusste Wohlwollen bringt dich auf ein besseres Stimmungsniveau. Deine ängstliche Stimmung löst sich auf, wie der Nebel, wenn die Morgensonne kommt. Update your brain!

Super! Ich freu mich drauf! Bei welchen Gelegenheiten könnte ich diese Wohlwollen-Meditation noch anwenden?

Die nächste Stufe wäre dann ein Anlass, bei dem du normalerweise Ärger, Groll und Wut empfindest. Fange auch dabei ganz klein an. Der Straßenverkehr gibt dir dabei sehr viele gute Übungsgelegenheiten. Kannst du dir vorstellen, wie du das Fehlverhalten anderer Verkehrsteilnehmer dafür willkommen heißen kannst?

Och, da gibt es viele goldene Gelegenheiten, wie du immer sagst. Unfreundliche Zeitgenossen gibt's ja überall. Jeder von ihnen kommt mir für mein inneres Training gerade richtig.

Heißt das, dass du zu allen Menschen freundlich sein musst, dir alles gefallen lassen musst oder gar immer lächeln musst?

Nein, ganz und gar nicht. Bewusstes Wohlwollen spielt sich ja in meinem Innern ab. Es bringt mich gut drauf. Es macht meinen Kopf frei. Ich kann dann flexibel und kreativ reagieren. Ich kann nach außen freundlich sein, muss es aber nicht.

Richtig. Die Gedanken sind frei. Und wenn jemand anderes schlecht und abwertend über dich denkt, warum solltest du dann nicht auch wohlwollend über ihn denken dürfen.

Die Gedanken sind frei! Wie ich über meine Mitmenschen denke und welche Absichten ich hege, das bestimme ich selbst. Und ich kann ja die Gedanken auswählen, die mir gut tun. Die mich frei machen. Die meine Stimmung verbessern und die mich infolgedessen geschickter handeln lassen.

In der Bibel sagt Jesus: „Segnet, die euch fluchen." Segnen heißt so viel wie Gutes wünschen, Glück wünschen. Fluchen ist das Gegenteil. Fluchen heißt Schlechtes wünschen. Wer fühlt sich besser und wohler, der anderen Gutes wünscht oder der anderen Schlechtes wünscht?

Wer wirklich anderen Gutes wünschen kann, der fühlt sich natürlich besser. Wer anderen Schlechtes wünscht, der fühlt sich schlecht.

Wie fühlst du dich also, wenn du demjenigen, der dir Schlechtes wünscht, Gutes wünschst?

Gut. Gut fühle ich mich dann.

Und wie fühlst du dich, wenn du demjenigen, der dir Schlechtes wünschst, auch Schlechtes wünschen würdest?

Dann würde ich mich auch schlecht fühlen. Ich würde mich genauso schlecht fühlen wie der andere.

Und möchtest du das?

Bestimmt nicht. Ich möchte mich frei und wohl fühlen.

Und wie kriegst du das hin?

Durch bewusstes Wohlwollen!

Machen wir es ganz konkret. Du möchtest dich innerlich frei und wohl fühlen.

Ja.

Was wünschst du dann deinem übelwollenden Mitmenschen?

Ich wünsche ihm, dass er sich frei fühlt. Ich wünsche ihm Befreiung von seinem Schmerz, seiner Wut, seinem Fluchenmüssen. Ich wünsche ihm, dass es ihm wohl geht, dass es ihm wirklich gut geht. Gute Besserung! (Haha).

Jesus wusste offensichtlich, welche befreiende Wirkung das Segnen, das Glückwünschen auf den Betreffenden selbst hat. Er wusste aber auch, welche einengende und belastende Wirkung das Fluchen und Übelwollen für den Betreffenden selbst hat.

Aber ich sehe da noch einen viel größeren Gewinn.

Nämlich?

Bei dieser Glückwünsch-Strategie kommt es nicht zur Eskalation. Dadurch, dass ich mich durch sein Fluchen nicht verletzt, gekränkt oder sonst irgendwie verärgert fühle, bleiben mein Kopf klar und meine Absicht positiv. Ich kann also auch in schwierigen Verkehrssituationen klüger und geschickter reagieren.

Auch die alte chinesische Weisheit „Reagiere klug – auch wenn man dich unklug behandelt" lässt sich hiermit leichter umsetzten. Damit kannst du eskalierende Gesprächsverläufe stoppen, ohne auf das Wohlverhalten des anderen zu warten.

Meine Güte, das ist aber dann wirklich schon eine sehr hohe Stufe. Da muss ich bestimmt lange üben, bis ich diesen Meistergrad erreicht habe.

Du willst innerlich frei sein? – Wünsche dem anderen Befreiung! Befreiung von Ärger, Wut und Groll. Befreiung von Angst und Schmerz. Segnet, die euch fluchen! Segnen und Gutes wünschen ist ein Akt deiner Freiheit. Je öfter du es übst, um so schneller bist du frei.

Frei von einengenden, turbulenten Gefühlen.

Ja, aber auch frei für … frei für flexibles, geschicktes, kluges und kreatives Handeln.

Das ist ja der Hit! Und der Straßenverkehr liefert mir dafür super Trainingsgelegenheiten.

Achte ganz besonders auf die nächsten 10 Trainingspartner im Straßenverkehr. Jeder, der dir unfreundlich begegnet … jeder, der beleidigend, wütend oder arrogant reagiert, ist dein Trainingspartner. Ein Trainingspartner für deine innere Freiheit … für einen völlig neuen Kurs. Für eine völlig neue Qualität des Empfindens und Reagierens. Er hilft dir auf eine ganz besondere und sehr wertvolle Art.

Ha, ha. Und er weiß gar nichts davon. Das ist mein Geheimnis. Ich wünsche ihm Befreiung von seinen negativen Gefühlen und ich wünsche ihm inneren Frieden und seelische Kraft, einen klaren Kopf in schwierigen Situationen, innere Freude und Begeisterung für das Abenteuer Leben.

Wenn du dies einige Male in realen Alltagssituationen praktiziert hast, wirst du sehen, wie viel Spaß das macht, du wirst deine Trainingspartner mit völlig neuen Augen sehen. Du kannst dir jetzt noch nicht vorstellen, wie menschlich, wie hilfreich und unterstützend dir jeder einzelne erscheint.

Die nächste unfreundliche oder übellaunige Verkäuferin, die mir ihre freudlose Gemütslage zeigt, gibt mir Anlass, ihr von Herzen ein Gefühl tiefer Freude zu wünschen. Unglaublich!

Und wie fühlst du dich, wenn du ihr das wirklich von Herzen wünschen kannst? Wie fühlst du dich, wenn du dir immer wieder neue Aspekte guter Wünsche für den anderen einfallen lässt?

Großartig! Einfach genial! Wie von einem anderen Stern!

Ist das für dich nur eine oberflächliche Ablenkungsstrategie?

Nein. Bestimmt nicht. Das ist der Hammer! Schon die Vorstellung, es zu versuchen … zu üben macht Spaß.

Das klingt nach Vorfreude.

Das ist eine völlig neue Perspektive für mich. Eine völlig neue Freiheit.

Bewusstes Wohlwollen steht ganz oben an der Spitze der Gefühlsleiter, zusammen mit innerer Freude, Dankbarkeit und Inspiration. Dieses Gefühlsniveau liefert dir ein Höchstmaß an innerer Freiheit, Kreativität und Fingerspitzengefühl, ja Weisheit. Natürlich beinhaltet es auch die darunter liegenden Stufen wie Faszination, Staunen, Interesse, Neugierde, Selbstvertrauen und Gelassenheit.

Es ermöglicht mir dann die altchinesische Weisheit umzusetzen: „Reagiere klug – auch wenn man dich unklug behandelt." Ich reagiere dann eher flexibel und kreativ und vielleicht auch unerwartet als reaktiv impulsiv wie eine Marionette oder eine Maschine auf Knopfdruck.

So ist es. Total unerwartet. Unkonventionell. Denn deine Reaktionen sind jetzt nicht mehr von den Launen deiner Mitmenschen abhängig. Du selbst gestaltest dein Denken, Fühlen und Handeln. Wenn dich jemand verächtlich anschaut oder dich beleidigt, kannst du erkennen, dass er unfrei ist und dass sein Reden und Handeln von düsteren, negativen Gefühlen bestimmt wird. Er glaubt so handeln zu müssen. Wenn du das erkennst, dann fällt es dir immer leichter nach dem Motto zu leben: „Auch denen, die dir grollen, begegne mit Wohlwollen".

Schön, wenn man so etwas kann. Das ist wirklich der Meistergrad! Das ist das, was Jesus meinte, wenn er sagte: „Segnet, die euch fluchen."

Ja, Jesus war offensichtlich innerlich frei und er sprach und handelte aus einem sehr hohen Stimmungsniveau. Und natürlich wollte er auch, dass wir frei sind, dass wir glücklich sind und aus einem hohen positiven Stimmungsniveau heraus handeln, weil dies auch die besten Ergebnisse für uns alle bringt. Wer flucht, glaubt fluchen zu müssen. Er ist nicht frei. Sieh ihn dir genau an. Er befindet sich in einem düstern, negativen Gefühlszustand. Die Ergebnisse die aus diesem Bewusstseinszustand kommen, sind oft nicht sehr effektiv, im Gegenteil, sie verschlimmern oft die Situation. Durch Achtung und Respekt vor dem Andersdenkenden und durch bewusstes Wohlwollen wirkst du der Eskalation von Streit und verbalen Attacken, aber auch körperlicher Gewalt entgegen. Und du weißt ja: Der körperlichen Gewalt geht meist verbale Gewalt voraus. Wollen wir also in unserer Gesellschaft die Gewalt vermindern, so müssen wir auch lernen, geschickt mit der verbalen Gewalt umzugehen.

Und die emotionale Grundlage verbaler Attacken sind meist negative Gefühlszustände wie Angst, Ärger, Wut, Gekränktsein und Hilflosigkeit.

Richtig. Willst du also wirklich geschickt mit den verbalen Tiefschlägen anderer umgehen, so achte auf den emotionalen Hintergrund. Schau genau hin und erkenne, aus welchem Gefühlsniveau heraus der andere handelt. Leidet er gerade unter negativen Emotionen? Ist er das Opfer düsterer, turbulenter Gefühle? Ist er verstrickt in reaktive, fremdbestimmte Verhaltensweisen?

Das erinnert mich an deinen Ausspruch: „Aus einem gekränkten Herzen kommt die größte Scheiße." Je negativer und turbulenter die Gefühle sind, umso schlechter und wundersamer sind dann auch die Verhaltensweisen, die aus dieser Stimmungslage stammen. Deshalb ist es so wichtig, dass ich mich von den negativen Gefühlen des anderen nicht anstecken lasse.

Ja, das wäre sehr wichtig, aber warum?

Je besser mein eigener Gemütszustand ist, desto stabiler, kreativer und einfallsreicher werde ich mit den Fehlreaktionen anderer umgehen können. Also ist meine gute Stimmung nicht nur gut für mich, sondern auch gut für meinen Konfliktpartner.

Und für wen noch?

Ach ja, für die „Zuschauer", für die Personen, die sehen, wie wir verbal und emotional miteinander umgehen. Wie ich dich kenne, hast du deine eigene Definition von „guter Stimmung".

Nämlich. Was glaubst du, wie ich „gute Stimmung" definieren würde?

OK, ich versuch es mal. Gute Stimmung heißt deshalb gute Stimmung, weil sie gut für alle ist ... weil sie gute Ergebnisse für alle bringt.

Super. Auch für deine Katze ... für deine Blumen ... für deine ganze Umgebung ..., nicht nur für dich. Dein Licht scheint nicht für dich allein. In deinem Licht können auch andere besser sehen. Deshalb sag ich dir: „Shine on and on!"

Wäre ja auch super für unsere Gesellschaft, wenn dieses Bewusstsein ansteckend wäre.

Wäre?

Huch. In der Ist-Form klingt es so anmaßend oder doch sehr naiv.

Versuch's mal. Wir sind ja unter uns.

Dieses Bewusstsein ist auch supergut für unsere Gesellschaft. Dieses Bewusstsein ist ansteckend. Hm, was sag ich da? Ich spreche das so aus, als würde ich es schon glauben.

Würde? ... Glauben?

OK. Dieses Bewusstsein ist supergut für unsere Gesellschaft. Und weil es so supergut ist, deshalb wirkt es einfach ansteckend.

Musst du das glauben?

Ach was. Wenn etwas wirklich gut für unsere Gesellschaft ist, dann setzt sich das auch durch, ob ich das glaube oder nicht.

Von Nelson Mandela stammt der Ausspruch: "And as we let our own light shine, we unconsciously give people permission to do the same." (Und wenn wir unser eigenes Licht scheinen lassen, geben wir unbewusst anderen Menschen die Erlaubnis, dasselbe zu tun.)

Da ist sie wieder!

Was denn?

Ja, da ist sie wieder, deine Heile-Welt-Vision! Die klingt immer wieder durch. Dass eine friedlichere und glücklichere Gesellschaft doch möglich sein könnte.

Könnte?

Eine friedlichere und glücklichere Gesellschaft ist auf jeden Fall möglich. Ganz bestimmt. Haha ... haha. Da bin ich überzeugt. Haha ... haha.

Was lachst du?

Ich bin ein Teil dieser Gesellschaft. Wenn ich friedlicher und glücklicher bin ... wenn ein Mensch glücklicher ist ..., dann ist diese Gesellschaft schon etwas friedlicher und glücklicher.

Jeder einzelne trägt dazu bei. Jeder einzelne ist wie ein kleiner Tropfen oder besser noch wie ein kleines Licht. Stell dir eine brennende Kerze vor. Diese Kerze liefert etwas Licht. Du kannst mit dieser Kerze Hunderte von Kerzen anzünden, ohne dass deine Kerze weniger Licht hat.

Und alle haben mehr. Da ist Licht für alle da. Ist ja eine schöne Vision, ein schöner Traum. Jetzt verstehe ich auch, welche Bedeutung das Glück jedes einzelnen für unsere Gesellschaft insgesamt hat.

Jeder Einzelne kann in gewisser Hinsicht den Durchschnittswert positiver Stimmung in unserer Gesellschaft verbessern, wenn er sich auf seine ursprüngliche Aufgabe besinnt. Wenn er weiß, weshalb er hierher auf diesen Planeten gekommen ist. Wenn er sich wieder an sein Ziel und seine Bestimmung erinnert: „Glücklichsein und zum Glück anderer beizutragen". Wenn er lernt, auch mit den scheinbar negativen und widrigen Verhaltensweisen seiner Mitmenschen konstruktiv und kreativ umzugehen. Wenn er wirklich die alte chinesische Weisheit praktiziert: „Reagiere klug – auch wenn man dich unklug behandelt."

Das ist ja genau das Gegenteil von dem, was ich bisher praktiziert habe.

Nämlich?

Naiv zu glauben, dass andere für mein Glück zuständig seien, dass andere ideal rea-
gieren müssten, damit ich mich frei und wohl fühlen kann. Wie naiv von mir zu glau-
ben, dass andere sich immer wunschgemäß verhalten müssten, damit ich klug reagie-
ren kann.

Hm, interessant.

Aber mir war auch nie bewusst, welche Rolle der Einzelne und das Glück des Einzelnen
für unsere Gesellschaft spielen, die Funktion des Einzelnen in unserer Gesellschaft.

Nie bewusst?

Doch. Immer wieder mal kam mir die Idee, so eine Vermutung, die ich aber sehr
schnell wieder verworfen habe und durch sogenannte „realistische" Gedanken ersetzt
habe. Ich wäre mir sonst wie ein Träumer vorgekommen.

Dr. Martin Luther King hatte den Mut, einen Traum zu haben, und hat ihn gelebt. Er
sagte:"I have a dream". Wenn du seine Rede hörst, in der er diese Worte sprach, dann
spürst du die ganze Kraft seiner Vision. Bevor etwas Wirklichkeit wird, ist es als Vision im Kopf eines einzelnen vorhanden ... dann in Köpfen von mehreren ... dann von
vielen.

Er hat sich offenbar nicht geschämt eine Vision zu haben, die über den gegenwärtigen
Status weit hinausreicht.

Richtig. Eine Vision reicht immer über die gegenwärtigen Gegebenheiten hinaus weit in
die Zukunft. Und John Lennon von den Beatles sang in einem seiner schönsten Songs:
"You may say I'm a dreamer but I'm not the only one." Auch er sah die Notwendigkeit,
positive Visionen zu haben, die dann von mehreren geteilt werden. Auch er hatte sich
nicht geschämt Visionen einer friedlicheren Welt zu haben.

Hm, man kommt sich so albern, so naiv, so kindlich vor, wenn man solche Gedanken
hegt.

Man?

Ich komme mir dabei so ... nein, ich kam mir dabei so albern und naiv vor. Ich weiß ja, wie ich denke, welche Visionen ich wähle, liegt in meiner Hand. Und vielleicht sollten wirklich mehr Menschen den Mut haben, von einer friedlichen Welt mit glücklichen Menschen zu träumen.

Ja, warum eigentlich nicht. Alles beginnt mit einer Vision. Aber wer soll den Anfang machen?

Wahrscheinlich beginnt alles mit mir selbst.

Wahrscheinlich?

Sicher. Die Vision beginnt in meinem Kopf. Ich darf von einer friedlichen und liebevollen Gesellschaft mit möglichst vielen glücklichen Menschen träumen.

Auch dann, wenn es nicht danach aussieht? Wenn die Realität so ganz anders aussieht?

Ja, gerade dann. Gerade dann, sonst wären es keine Visionen. Visionen gehen immer über die gegenwärtige Realität hinaus, wie wir soeben besprochen haben. Ich möchte mir mehr erlauben von einer heilen oder heilenden Welt zu träumen, ohne mich zu schämen. Ich möchte die Vision aufrechterhalten ... die Vision von mehr Liebe, Frieden, Mitgefühl, Freude, gegenseitiger Hilfe und Engagement in unserer Gesellschaft. Ich möchte diese Kraft spüren, die Dr. Martin Luther King gefühlt haben muss, als er sagte: „I have a dream“. Die Schwarzen waren damals unfrei, doch er hatte den Traum von Freiheit für sie. Und wäre es nicht toll, wenn immer mehr Menschen sich erlauben würden ihre Visionen einer heilen Welt zu träumen?

Doch denke daran, der mutige Traum, die geniale Vision ist nur der Anfang. Je mehr Menschen diese Vision für möglich halten, desto schneller wachsen das Tempo und die Kraft ihrer Verwirklichung.

Aber wie bekommt man diese Vision in die Köpfe von immer mehr Menschen? Durch Missionieren?

Glaubst du das wirklich?

Nein, eigentlich nicht. Es genügt wahrscheinlich, wenn sie in meinem Kopf klarer und stärker wird.

Wahrscheinlich?

Du siehst, ich hab da noch meine Zweifel. Ich bin mir nicht sicher. Denn wenn sie nur in meinem Kopf ist, ist das doch zu wenig.

Wenn deine Vision von einer friedlichen Welt mit glücklichen Menschen in deinem Kopf immer klarer und stärker wird, dann nehmen auch dein Wohlwollen, deine Liebe und dein Mitgefühl zu. Dann wächst auch die Kraft deiner Zuversicht und deiner inneren Freude. Auf diesem hohen Stimmungsniveau hast du Zugriff auf deine interne Weisheit und Intuition. Du hast Fingerspitzengefühl und fühlst dich immer häufiger inspiriert. Du machst die geniale Erfahrung klug zu reagieren, auch wenn man dich unklug behandelt. Und du erwartest nicht mehr, dass deine Mitmenschen sich besser, klüger und liebevoller verhalten, damit du glücklich sein kannst. Du erkennst die Selbstverantwortung für dein Glück und die Mitverantwortung für das Glück deiner Mitmenschen.

Aha, ich verstehe. Es ist dann mehr diese Kraft und das Bewusstsein hinter meinen Worten als die Worte selbst. Es ist die Kraft des bewussten Wohlwollens, die ansteckend und befreiend wirkt. Und wer möchte nicht diese befreienden Erfahrungen machen. Das will doch jeder.

So ist es.

Danke. Mögen alle Menschen glücklich sein.

www.update-your-brain.de

info@update-your-brain.de

Weitere Bücher aus dem Verlag Via Nova:

Liebe als Erfüllung aller Wünsche
Eine praktische Liebestherapie
Jürg Theiler

Paperback, 256 Seiten, ISBN 978-3-86616-110-8

Die Menschen sehnen sich nach Liebe, einer dauerhaften Liebesbeziehung, und setzen oft ihre ganze Energie ein, sie zu verwirklichen, weil sie dadurch Glück und Erfüllung erwarten.Warum gelingen aber solche Beziehungen häufig nicht oder zerbrechen wieder nach kurzer Zeit? Der Tiefenpsychologe Jürg Theiler ergründet in diesem Buch die psychischen Ursachen für Gelingen und Misslingen von Liebesbeziehungen, auch an Beispielen. Er erklärt, wie die in der Evolution des Lebens entwickelten Gehirnteile in der Psyche des Menschen unterschiedliche Bedürfnisse und Wünsche erzeugen, die einander oft widerstreiten, sich aber auch gegenseitig ergänzen und zusammen der Erhaltung und Weiterentwicklung des Lebens dienen und nur durch die Liebe in Einklang gebracht werden können. Durch eine bestimmte Fragetechnik und 36 „Ein-Sichten" kann der Leser seine psychische Ausgangslage und den Weg erkennen, wie er mit seinem Partner, seiner Partnerin seine Wünsche nach Liebe erfüllen kann.

Medizin für die Seele
Lebens- und Seelenkräfte im Alltag mobilisieren
Prof. Franz Decker

Paperback, 224 Seiten, 32 Grafiken, ISBN 978-3-86616-115-3

Für viele Menschen ist es heute sehr schwierig, den Herausforderungen des Alltags in unserer komplexen, schnelllebigen Welt gerecht zu werden, das eigene Leben selbstverantwortlich zu gestalten und sinnvoll und erfüllt zu leben. Prof. Franz Decker zeigt in seinem Buch diese Probleme auf, aber auch Möglichkeiten, die „Überlebenskräfte", die unerschöpflichen Kraftquellen der Seele und des Geistes, zu wecken und zu entwickeln, um in seelischem Gleichgewicht, mit Freude, Gelassenheit, Mut und Zuversicht das Leben zu bestehen. Das Buch erwuchs aus eigener Erfahrung und basiert auf den neuesten Erkenntnissen, dass durch eine entsprechende Neuorientierung und Seelenprogrammierung ein erfülltes und ausgeglichenes Leben möglich ist. Beispiele veranschaulichen und überzeugen. Es bietet sehr einprägsam ein Programm zur Förderung der Lebens- und Seelenkräfte im Alltag sowie Übungen zur Entspannung, Besinnung, Meditation, mentalen Lebensänderung und emotionalen Stabilisierung. des Arbeitsplatzes ausgelöst wurde. Dieses Buch wird zu einem Ratgeber, Lehrer und weisen Freund werden, der dem Leser jederzeit hilfreich zur Seite steht.

Dein Seelenhaus
Ein direkter Weg mit der Seele zu sprechen
Peter Reiter

Hardcover, 200 Seiten, ISBN 978-3-86616-062-0

Spielerisch die eigene Seele erkunden,Vorzüge und Defizite seiner Persönlichkeit in wenigen Minuten erkennen lernen und dabei auch noch Spaß und Entdeckerfreude haben – geht das? Ja, mit der hier vorgestellten und neu entwickelten Methode von Dr. Peter Reiter ist dies einfach. Nicht nur, dass Sie endlich wissen werden, welche Talente und Fähigkeiten in Ihnen schlummern, Sie erkennen in diesem Bild des Seelenhauses sofort, schnell und sicher Ihre Defizite oder Bereiche, die der Zuwendung, Entwicklung und Heilung bedürfen. Sie verändern mit dem Umbau des Seelenhauses auch Ihre Seelenmuster und von da ausgehend auch Ihre äußere Erscheinung und Ihr Verhalten zur Mitwelt. Dies funktioniert bei Ihnen selbst wie auch bei Ihren Freunden, Kindern, Partnern oder Klienten und Patienten – eine kurze Bildmeditation genügt, um das Innere zu erfassen. Es geschieht mühelos, nur über eine entsprechende Visualisation und Absicht, denn die Lebensenergie folgt den Gedanken oder Bildern.

Karten der Partnerschaft
Liebe in Partnerschaft und Beziehungen
90 künstlerisch gestaltete, farbige Karten mit Begleitbuch
Chuck Spezzano

ISBN 978-3-86616-090-3

Die Karten der Partnerschaft wollen dazu beitragen, eine Beziehung auch dann lebendig zu erhalten, wenn die Phase der ersten Verliebtheit vorbei ist, und sie wollen dem Paar, das sie befragt, dabei helfen, erfolgreich alle Hindernisse und Klippen zu umschiffen, die jede Beziehung überwinden muss, um auf lange Sicht glücklich und erfolgreich sein zu können.Wie schon bei den Karten des Lebens hat die Künstlerin Petra Kühne auch hier wieder zu jedem Thema der insgesamt 90 Karten ein vollendetes kleines Kunstwerk geschaffen. Ein Begleitbuch erläutert die Bedeutung jeder Karte, zeigt Prinzipien auf, die verstehen helfen, was eine Beziehung voranbringt und was sie zurückhält, und macht Vorschläge für mögliche Befragungen. Die Karten der Partnerschaft sind eine wirklich gelungene Fortsetzung der bereits vor einigen Jahren bei Via Nova erschienenen Karten der Liebe und knüpfen nahtlos an deren großen Erfolg an.

50 Wege, loszulassen und glücklich zu sein
Wegweiser, Vergangenes loszulassen und
glücklich in der Gegenwart zu leben
Chuck Spezzano

Hardcover, 168 Seiten, ISBN 978-3-936486-20-9

Dieses Buch des weltweit bekannten Lebenslehrers Chuck Spezzano ist ein wichtiger Wegweiser für alle, die einen Ausweg aus ihrer Lebenskrise suchen, eine Veränderung in ihrem Leben herbeiführen und eine bessere und glücklichere Gegenwart und Zukunft für sich eröffnen wollen. In kurzen und einprägsamen Lektionen erklärt der Verfasser an vielen Beispielen, wie alte Muster aus der Vergangenheit unser Handeln in der Gegenwart beeinflussen, und macht deutlich, dass wir nur dann wahrhaftig glücklich sein können, wenn wir die Fähigkeit entwickeln, Vergangenes loszulassen.
Die Wahrheit seiner Lehren und Prinzipien erweist sich immer wieder in ihrer praktischen Umsetzung im Alltag, ganz gleich, ob die Krise durch den Verlust einer Beziehung, den Tod eines geliebten Menschen oder den Verlust der Gesundheit oder des Arbeitsplatzes ausgelöst wurde. Dieses Buch wird zu einem Ratgeber, Lehrer und weisen Freund werden, der dem Leser jederzeit hilfreich zur Seite steht.

Das Wir-Gefühl leben
Die Überwindung des täglichen Egoismus
Ein Beziehungsbuch
Sabine Schönbrunn-Otto – Klaus Otto

Paperback, 188 Seiten, ISBN 978-3-86616-077-4

In unserer Epoche entfaltet sich offenbar ein neues Bewusstsein über die Zusammenhänge des Lebens und des Seins. Das vorliegende Buch regt den Leser an, sich selbst zu erforschen, seine Möglichkeiten, Freiheiten und Abhängigkeiten zu erkennen und sich aus seiner Ich- bzw. Du-Bezogenheit weiterzuentwickeln zu einem Wir-Bewusstsein der Partnerschaft, des Gemeinsinns, der mitmenschlichen Vernetzung. Die Autoren fordern die Leser auf, für ihr Leben selbst die Verantwortung zu übernehmen, nicht andere für Defizite und Verletzungen verantwortlich zu machen, sich vielmehr ihrer Intuition zu öffnen und ihr bei der Lösung ihrer Lebensaufgaben zu vertrauen.
Aus ihrer Erfahrung als Therapeuten beschreiben und erklären sie Fallbeispiele – wie Kommunikations- und Beziehungskonflikte, Eltern-Kind-Probleme, Zwänge und innere Verletzungen im Privat- und Berufsleben – und zeigen Verhaltensweisen, Methoden und Übungen auf, wie man solche Probleme lösen und in den verschiedenen zwischenmenschlichen Beziehungen authentisch und glücklich leben kann.

Arbeit ... ist mehr als Geldverdienen
Chancen für inneres Wachstum und Selbstverwirklichung
Martin Woznica

Paperback, 216 Seiten, ISBN 978-3-86616-114-6

Der Autor fordert uns in seinem Buch auf, Arbeit neu zu definieren und völlig andere Wege zu wagen. Solange wir Arbeit mit Gelderwerb, Selbstverwirklichung, mit Karriere oder Abenteuerurlaub gleichsetzen, so seine These, verschließen wir uns selbst einem großen Teil unserer Entwicklungsmöglichkeiten. Aber auch die großen gesellschaftlichen Themen wie Arbeitsmarktpolitik, Kranken- und Rentenversorgung erscheinen hier in einem völlig neuen Licht. Das Bild der Arbeit, das Woznica entwirft, ist keine lästige oder monotone Maloche, mit der wir uns dann eine angenehme Freizeit ermöglichen. Sie dient bei weitem nicht nur der Existenzsicherung, sondern in zunehmendem Maße der Entfaltung unserer Talente und der Entwicklung der Persönlichkeit, kurz der Selbstverwirklichung. Wo dieser Weg tief in uns selbst führt, treten immer deutlicher die Parallelen zu einer Entwicklung hervor, die man, von einem ganz anderen Ausgangspunkt kommend, als spirituell bezeichnen kann. So beschreibt er, wie wichtige Grundhaltungen eines spirituellen Lebens bei der Arbeit gelernt und eingeübt werden können.

Mit Yoga Nidra das Leben meistern
Das Energiepotenzial des Unbewussten erkennen und die Kreativität der Alpha-Ebene nutzen
Anna Röcker

Hardcover, 192 Seiten, ISBN 978-3-86616-069-9

Leicht erlernbare „magische" Praktiken ermöglichen es auf verblüffend einfache Weise, die Fähigkeiten des Geistes optimal und zielgerichtet zu nutzen. Auf verschiedenen Stufen führt Yoga Nidra von einer ganzheitlichen, tiefen Entspannung bis hin zur Lösung von alten Mustern und Blockaden sowie Programmierungen aus der Kindheit. Davon frei zu werden eröffnet völlig neue Möglichkeiten, die innere Stimme zu hören und das eigene kreative Potenzial zu entwickeln und für die eigene Lebensgestaltung einzusetzen. Im besten Sinne führt Yoga Nidra nicht nur zur eigenen Weiterentwicklung und inneren Freiheit, sondern zur Mitgestaltung und Erhaltung der Schöpfung. Yoga Nidra ist für jeden Menschen geeignet, da es sich um ein in sich schlüssiges System handelt. Das uralte Yoga Nidra-Wissen wird damit zum Schlüssel für die „neue Zeit", von der die moderne Gehirnforschung spricht.

Durch Energieheilung zu neuem Leben
Atlas der Psychosomatischen Energetik
Dr. med. Reimar Banis

Hardcover, 408 Seiten, Großformat, vierfarbig, ISBN 978-3-936486-15-5

Jeder Mensch, der mehr über sich, seinen unbewussten Charakter erfahren möchte, kann von diesem Buch nur profitieren. Der Leser findet Informationen aus allen Kultur-Epochen und spirituellen Disziplinen über die Lebensenergie, die Chakras und deren herausragende Bedeutung für Gesundheit, Lebensfreude und Sinnfindung im Leben. Der Autor verbindet das naturwissenschaftliche Weltbild mit Erkenntnissen der modernen Energiemedizin und uralter spiritueller Erkenntnisse. Ein neues Weltbild wird sichtbar, in dem die seelische Evolution des Einzelmenschen den eigentlichen Schlüssel darstellt. Dr. Banis schildert ein neues, einfaches System der Energiemedizin, das er entdeckt hat, um Energieblockaden in kürzester Zeit zu erkennen und zu heilen – die Psychosomatische Energetik.